U0922599

红色之证

雨花台烈士纪念馆革命文物选录

雨花台烈士纪念馆　编

南京出版传媒集团　南京出版社

编 委 会

主　　编　刘　斌

副 主 编　杨永清

策　　划　闻慧斌

编写人员　闻慧斌　叶雅慧　白　莹　顾　芗

前 言

习近平总书记十分重视革命文物工作，他指示："革命文物承载党和人民英勇奋斗的光荣历史，记载中国革命的伟大历程和感人事迹，是党和国家的宝贵财富，是弘扬革命传统和革命文化、加强社会主义精神文明建设、激发爱国热情、振奋民族精神的生动教材。""加强革命文物保护利用，弘扬革命文化，传承红色基因，是全党全社会的共同责任。"

近来年，雨花台烈士纪念馆遵照习近平总书记的指示，对雨花英烈相关的革命文物进行广泛征集、系统挖掘、深度研究、展示利用，出版了一系列研究成果，《红色之证——雨花台烈士纪念馆革命文物选录》就是革命文物展示利用的成果之一，也是进行革命传统教育和爱国主义教育的一本生动而鲜活的教材。

雨花台烈士出生于 19 世纪末 20 世纪初，一个大厦将倾、风雨飘摇的时代，他们以兼济天下之心，救民族于危亡，救人民于水火，用他们的鲜血和生命，守护着大多数痛苦的人类，在他们短暂而光辉的一生中，留下了一些闪光的记忆。这些闪光的记忆，或体现在一封稀松平常的家书中，或体现在一本心灵独白的狱中日记里，或体现在一首慷慨激昂的绝命诗中，或体现在平时所读书籍、习作、书画作品之中，这些烈士的遗物多散落在烈士后人、难友、亲友、民间收藏家手中，经过雨花台烈士纪念馆一代又一代文物工作者的多方寻找、不懈努力，终于辗转回到烈士纪念馆中，成为珍贵的馆藏文物。这些文物，兼具思想性和艺术性，是烈士留存于世的宝贵财富。

例如贺瑞麟这个只有19岁的革命者，靠着对党的事业的无限忠诚，在生命即将结束之前，抱着要对党做最后贡献之心，将革命志士在狱中的黑暗生活和顽强斗争详细记录下来，他的《死前日记》是其他革命烈士在狱中经历的重要历史见证，更反映了烈士自己决不背叛党和革命的决心，记录了共产党人最真实的所思所想，直击人心，令人的心灵深深震撼。再如陈君起烈士在狱中寄意丹青，坚持作画，她所画的梅花图，左上方题有“瘦梅虽老，犹鲜艳耐寒”字句，诗画结合，立意深远。迎雪吐艳、凌寒飘香的梅花，自古以来就是铁骨冰心和清洁高雅的象征，更是烈士高尚人格的真实写照，这幅画充分展示了以陈君起烈士为代表的革命女性，勇敢地挣脱命运的束缚，在国家和民族危难之时挺身而出，用她们的坚毅顽强，表达出时代女性不畏强势、不屈不挠的人生态度和革命意志。还有很多革命文物，如叶刚烈士创作的《红叶童话集》、郭凤韶烈士临摹的毛笔字、焦恭士烈士读书时期获得的银盾等，无不体现出雨花英烈的多才多艺，而这些烈士在各方面都走在时代的前列，是民族的精英，中华的才子。本书共收录一级文物18件/套，二级文物23件/套，三级文物19件/套。每一件文物都附有文物档案和历史印记，可以让广大读者更深入地了解文物和文物背后的故事。

希望广大读者能通过本书，汲取到思想的力量、信仰的力量、道德的力量，与文物工作者们一样，关爱革命文物、关爱烈士和烈士后人，用心用情用力保护好、管理好、运用好革命文物资源，为开创新时代革命文物工作新局面再立新功，为实现第二个百年奋斗目标、实现中华民族伟大复兴中国梦作出新的更大贡献！

编者

2022年10月21日

目 录

青春光华

畢業證書

陳振

年二十二歲江蘇嘉定籍

右生在本塾師範科肄業此科所有三學年課程業已完畢謹授此書為證

丁未十二月十七日

谢文锦烈士
读书时期制作的刻瓷碗

谢文锦（1894—1927），原名用绣，又名聚霞，浙江永嘉人，中共党员。1917 年毕业于浙江省立第一师范学校。1920 年加入上海社会主义青年团。1921 年被派往莫斯科东方大学学习并于次年加入中国共产党。回国后，任共产国际代表、苏联军事政治顾问鲍罗廷翻译，中共中央秘书。1924 年秋回到家乡创建中共温州独立支部。1926 年 8 月任中共南京地委书记。1927 年 4 月 10 日夜参加中共南京地委紧急扩大会议时被捕，数日后牺牲。

文物档案

该件文物是谢文锦就读于浙江省立第一师范学校期间制作的工艺作品，三级文物，1985年由浙江永嘉县党史办拨交。碗高 5.1 厘米，口径 12 厘米，底径 6 厘米，瓷质，撇口，深腹，圈足，胎质洁白，刻瓷工艺。碗内素白，碗口外沿饰有一粗一细两条金边，外壁刻有“老圃秋容淡”“壬子冬文锦作”，并配以一只蝴蝶穿行于三朵盛开的菊花之间，碗底红色印章模糊不可考。

历史印记

谢文锦考入当时著名的师范学校——浙江省立第一师范学校后，受到李叔同等大师的艺术熏陶，这只刻瓷碗正是谢文锦在这一时期制作的工艺作品。刻瓷作为中国传统陶瓷装饰技法之一，使用硬质工具在瓷器上镌刻出山水、花鸟、人物、书法等纹饰，根据画面需要再填以墨彩，也被称为“瓷器上的丹青”，流行于清末民初时期，存世量较少。此碗刻画线条流畅，刻工细腻，碗壁上的“老圃秋容淡”出自宋代韩琦名句“虽惭老圃秋容淡，且看黄花晚节香”，与旁边三朵盛开的菊花相呼应，整个画面构图清新淡雅，充满了中国画的笔墨情趣。

这件集诗、书、画、印于一体的刻瓷碗，不仅展现了谢文锦扎实的书法绘画基础和熟练的镌刻技法，还体现了他对高尚节操的赞誉与向往，更彰显了以谢文锦为代表的雨花英烈所具备的较高艺术修养与审美意识，传递出雨花英烈的初心与使命，具有较高的历史、艺术价值，同时对研究民国刻瓷发展、民俗审美、师范教育也有一定的参考价值。

陈君起烈士的务本女塾毕业证书

陈君起（1885—1927），女，原名陈墨云，又名陈振，江苏嘉定（今属上海）人，中共党员。1924年加入中国社会主义青年团，年底加入中国共产党，创建南京妇女问题研究会。1925年任共青团南京地委妇女委员。1926年任国民党南京市党部妇女部部长。1927年任中共南京地委妇女委员，同年4月10日夜参加中共南京地委紧急扩大会议时被捕，数日后牺牲。

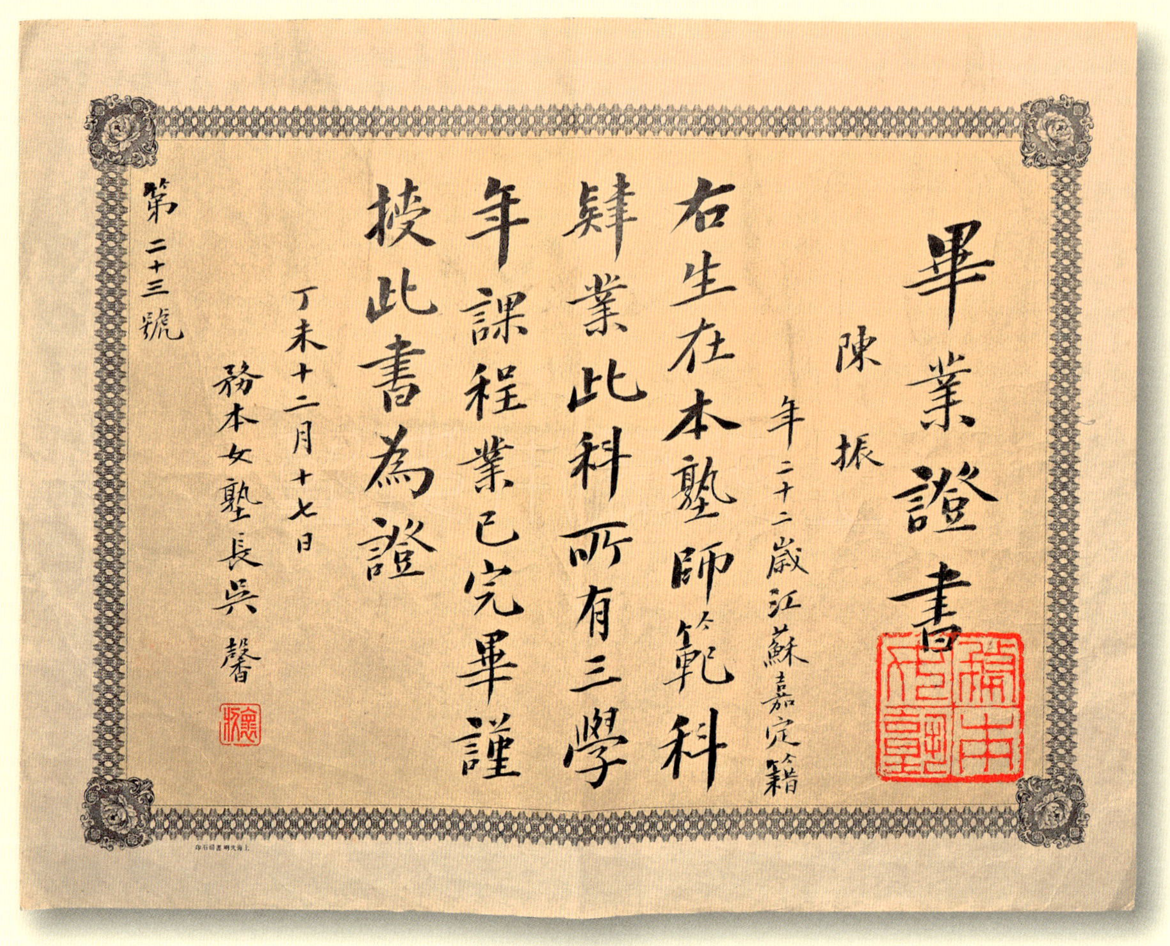
畢業證書

陳振

年二十二歲江蘇嘉定籍

右生在本塾師範科肄業此科所有三學年課程業已完畢謹授此書為證

丁未十二月十七日

務本女塾長吳馨

第二十三號

文物档案

该件文物是 1907 年陈君起的务本女塾毕业证书，三级文物，1962 年由陈君起之子曾鼎乾捐赠。证书长 34.7 厘米，宽 27.5 厘米，纸质，呈淡黄色，中间印有“上海务本女塾”六字篆书水印，四周饰以淡紫色花纹边框，由上海文明书局印制。证书上写有“陈振，年二十二岁江苏嘉定籍，右生在本塾师范科肄业，此科所有三学年课程业已完毕，谨授此书为证”，落款为“丁未十二月十七日，务本女塾长吴馨，第二十三号”，两枚印章分别为“务本女塾”及吴馨的字“怀疚”。

历史印记

陈君起出生于江苏嘉定（今属上海）的一个富裕家庭，自幼进入私塾，接受现代启蒙教育。1904 年，为了摆脱包办婚姻，她逃离家乡来到上海，进入务本女塾学习。该校由开明绅士吴馨创办于 1902 年，是上海第一所由国人自办的女子学校。陈君起在务本女塾师范科就读期间，不仅接受了先进的师范教育，开阔了眼界，而且受到了一位参加同盟会的地理老师的民主共和启蒙教育。1907 年，陈君起顺利毕业，经人介绍来到南京成为一所小学的教员，由一位新女性慢慢成长为革命者。

这件陈君起的务本女塾毕业证书，字迹清晰，保存完好，是十分罕见的务本女塾早期毕业证书实物，也是研究民国时期女子学校以及教育文化史的珍贵史料。就陈君起而言，这张毕业证书不仅是对她三年学习成果的充分肯定，更是她女性意识觉醒与社会责任意识树立的见证，为她今后从事妇女解放与革命事业奠定了重要基础。

陈景星烈士
中学时期写给父母的信

陈景星（1908—1930），又名刘大伟，辽宁海城人，中共党员。1927年考入沈阳奉天省立第三高级中学。1929年7月考入金陵大学，10月加入中国共产党。1930年2月参与发起成立南京自由大同盟，春季任中共金陵大学支部书记，6月任中共南京市委委员、常委，7月任市行动委员会委员，8月因中共南京党组织遭破坏被捕，9月牺牲，年仅22岁。

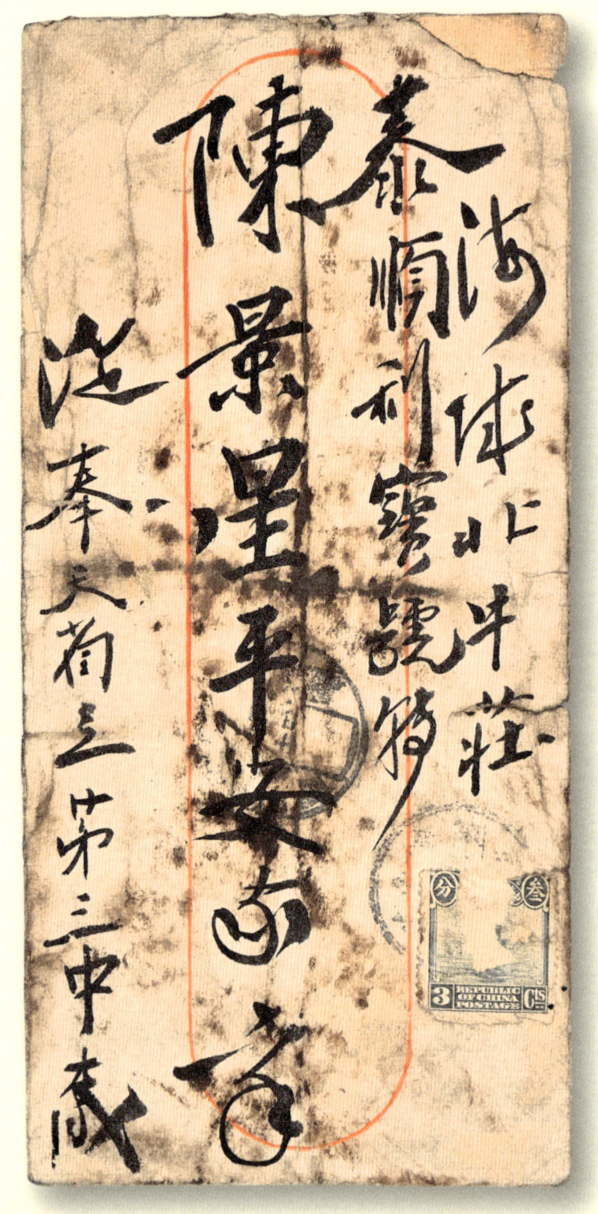
陳景星平安函
分 叁
3 REPUBLIC OF CHINA POSTAGE Cts

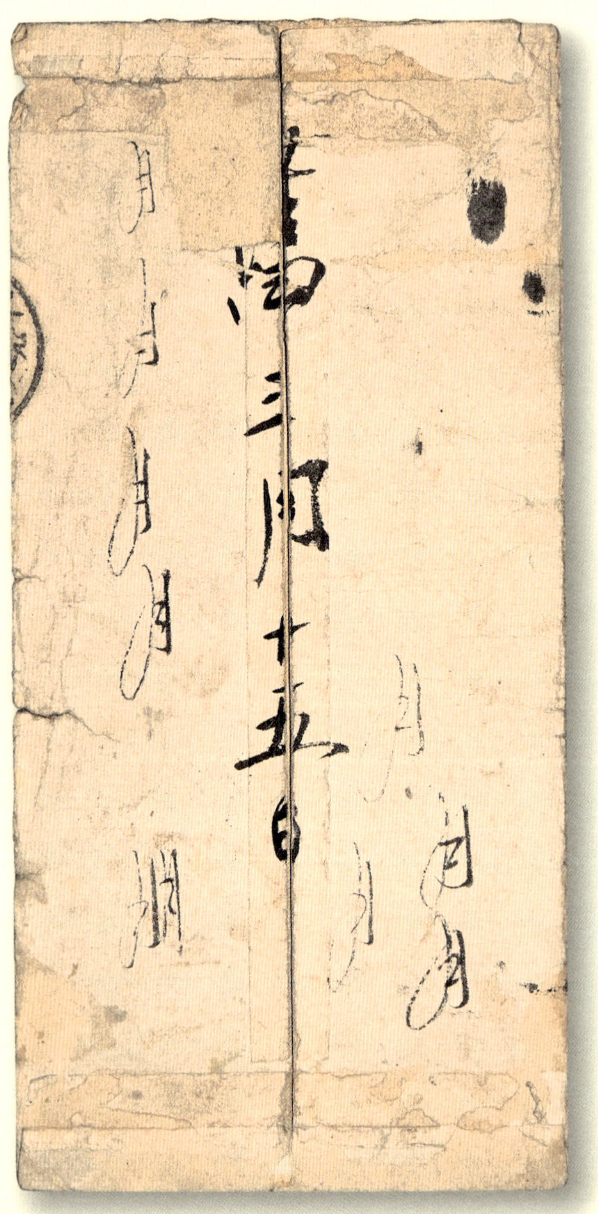

文物档案

该件文物是陈景星高中时写给父母的信，三级文物，1964 年由陈景星的侄子陈忠孝捐赠。信封长 9 厘米，宽 18 厘米。信纸两张，长 16 厘米，宽 26.5 厘米，均为纸质。信封上写有“海城北牛庄泰顺利宝号转陈景星平安家书，从奉天省立第三中缄”，右下方贴有 1 张面值 3 分的邮票。

父母親大人座前金安，
跪禀者　昨得手賜，展讀之下，欣慰之至，真為有淵眼
笑，實天為我佑，大人得出惡症之域，亦我先之德澤也，不然焉能再勤
操家政，使子輩安心苦讀哉。至於男在外之欣快，又難口言筆述也。然
大人玉体方愈，萬望善加保養，決不要再復氣着上火，再使犯病，乃男至誠之望也。
至於家內雖為力耕薄田幾日收成之少，與所費之多，又入不抵出之意，然圖志
勵行勤操工作，天或有佑，樂得豐年，或可不致凍餒之憂，即容有負債之
時，而男勤讀功苦，或能再償之一日，亦不足為憂也，而所最望者，即
大人不可再進上年之次，是忠諫也，內容有心內不愉時，可念子等之求學及後日之待
遇，猶可為大人之解憂添快，再鳳翹表兄性行和暢，作事完善，農家之工作竟不出
伊之心目，大人可諸事負之，可善加代之，不要有再熱臉紅之日，使親戚減疎骨肉不
睦，更遺笑處方，此更為大人檢點處。更有祖母高堂年逾八旬，人世無幾，就此
時可款加扶持，免致後日餘憾，亦為要也之幸也。再男之在外不勞掛念，自知苦功等
事。然此季費用之多，猶非昔比，亦因奉票毛荒，諸貨昂漲，再因高級中學不同初
中，所以費用化的多也，而男撿用五百多元，猶感乏用，而大人言給男郵來錢百許元
實不足用，萬望再郵來二百多元，或可付用，大人想之，六百元錢不如去年二百元錢
何嘗多化，所以大人不要以男多化也。餘更不禀，上面示各節，望大人鑒之是幸，可免禍憂也。跪禀
男景星面示
四月初三上

历史印记

陈景星出生在辽宁省海城县陈家台村一个中农家庭，全家节衣缩食送他读书。1927年秋，其母抵押了家中的几亩田，供其进入沈阳的奉天省立第三高级中学就读。陈景星秉性刚直、嫉恶如仇，从这封信中可以看出他笔锋苍劲有力，正如其人，性格刚毅。

信中陈景星为家人身体康复而欣快，希望父母保重身体，自己方能在外安心苦读。他一面了解到家里已入不敷出，一面自己在校省吃俭用勤奋念书，却因“奉票毛荒，诸货昂涨”，手头极紧。“即容有负债之时，而男勤读功苦，或能再偿之一日，亦不足为忧。”表达了他希望通过求学之路，为家人解忧添快的心愿。

石璞烈士的金陵大学投考报名单

石璞（1913—1930），号国柱，辽宁铁岭人，中共党员。1929年7月考入金陵大学，年底加入中国共产主义青年团，不久转为中共党员。1930年2月参加南京自由大同盟，8月因中共南京地下党组织遭破坏被捕，9月牺牲，年仅17岁。

(Form 1)

金陵大學
THE UNIVERSITY OF NANKING

投考報名單

APPLICATION FORMS

NOTICE

Form 1

This Form **completely filled in**, must be sent to the Registrar not later than the time specified in the University calendar, and must be accompanied by a matriculation fee of two dollars, by a deposit fee of four dollars, by a picture of the applicant pasted in the blank space provided, and by a catalogue of the school or schools from which he comes.

注 意

第一式

報名者須將第一式之各項逐一填明,加貼本人最近半身相片一張,於本校所規定報名截止期以前,連同最近所在學校之最近詳章一份,報名費洋二元並保證金洋四元一併由郵局掛號寄至本校教務處.

How To Have Your Picture Taken

1. Take off your hat and your spectacles.
2. Do not make alterations on the negative or the print.
3. The print should show the full face which should be at least one inch long from top of forehead to below the chin.
4. The print should be made on the best quality of paper.
5. The print should not be pasted on thick paper.

照像須知

(一) 照像時須去眼鏡及帽

(二) 像片不可修改

(三) 面盤大小自額至頷須有一英寸之長

(四) 像片須用上等紙質印成

(五) 像片不可粘在硬紙板上

(1) *Name*..........

(2) *Application No.*..........

(3) *Examination Center*..........

Date..........

(4) *Seat No.*..........

(5) *Admitted No.*..........

Date..........

(6) *Registration No.*..........

Date..........

(7) *Remarks*..........

下列各項概由本校教務處填入

The Spaces below are to be filled in by the Registrar

Subfreshman Examination

SUBJECTS	GRADES
Chinese	
English	
Mathematics	
History & Geography	
General Science	

Freshman Examination

SUBJECTS	GRADES
Chinese	
English	
Mathematics	
Chemistry	
,, Lab.	
Physics	
,, Lab.	
Biology	
,, Lab.	
History & Geography	
Social Science	

Remarks:

Advanced Standing

No. of credits presented =

No. of credits given for adv. standing =

Notified: Date

Signed

No. of credits required toward graduation =

Probable year of graduation =

Freshman and Sophomore requirements to be fulfilled =

Remarks: admitted to the Subfreshman class on probation. Required to take English 118

9/19/29

Office Information

GENERAL

Matriculation Fee No. 1487

Date 9/13/29 Signed

Deposit Fee No. 171

Date refunded Signed

Certificate

Catalogue

FORM I

Picture

Applicant's Personal History

Guarantor's Certificate

Application for Admission

FORM II

Principal's Recommendation

School Seal

Picture

Record

FORM III

Dean's Recommendation

System of Grading

Picture

Record

已故

文物档案

该件文物是1929年石璞投考金陵大学时填写的报名单，二级文物，1966年由石璞的兄长石瑛捐赠。报名单长22厘米，宽29厘米，纸质。正面贴有入学收据单及石璞的半身相片，相片中的石璞稚气未脱，目光坚定。反面履历书部分记录了石璞的个人基本信息、家庭状况、学历状况，左下方为保证书，右下方入学志愿书部分有石璞的亲笔签名及私章。

注意：以上之永久通信地址及家長之通訊為遼寧省鐵嶺縣地方法陵西鄰宅

投考者之履歷書
APPLICANT'S PERSONAL HISTORY

投考者須以中文詳細填明以下諸條
The applicant should fill in carefully in Chinese the spaces below

姓名：(中文)石璞 (英文)Shih Pu.
性別：男
年齡：現年十六歲(實足年齡)生於西歷1913年八月
籍貫：遼寧省鐵嶺縣北门裡
現居：遼寧省鐵嶺縣書檢廳西隣宅
電報通否 通 快信通否 通 平信需幾日 五日
永久通信地址 遼寧省鐵嶺縣書檢廳西鄰
電報通否 通 快信通否 通 平信需幾日 五日
學校成績單應寄何處：南京太平巷奉直會館
家庭狀況：父母在世否 均在 兄弟姊妹幾人 兄三姊二
曾否結婚 未定 家長或保護人姓名 石銘三
年歲 五十三 與本人之關係 父子
現在職業 士 通信地址 遼寧鐵嶺書檢廳西鄰
在本校之費用由何人擔負,姓名 石銘三
與本人之關係 父子 通信地址 遼寧鐵嶺書檢廳西鄰
黨籍：曾否入中國國民黨 曾入
宗教：家庭中信何宗教(佛,道,回,基督,無宗教)
個人信何宗教(佛,道,回,基督,無宗教)
如信基督教,曾否受洗 受洗日期
屬何公會(中文名稱) (英文名稱)
教會地址 牧師姓名
入學志願：擬入本校預科抑本科 預科
擬入何學科(文,理,農,林,工業化學,醫預,國文專修)

本人學歷：
(1) 初級中學
曾否入初級中學 曾入
畢業時期 1927
校名 遼寧省立第一初級中學 校址 遼寧大東關
該校爲官立,私立,抑教會立
(2) 舊制四年中學
畢業時期 有無畢業文憑
校名 校址
自 年 季學期起至 年 季學期止共
學期.該校爲官立,私立,抑教會立
(3) 高級中學
已畢業否 未 畢業時期 有無畢業文憑
如未畢業已修畢高中二年級全年課程否 已畢
修畢時期 1929夏 有無證明書 有
校名 東北大學附屬中學校 校址 遼寧北陵前
該校爲官立,私立,抑教會立 官立
自1927年秋季學期起至1929年夏季學期止共
四 學期.入該校以前曾否在其他高級中學肄業 未
校名 校址
該校爲官立,私立,抑教會立 自 年
季學期起至 年 季學期止共 學期
(4) 大學
中學畢業後曾否入其他大學肄業
校名 校址
現在該大學 科 年級肄業
自 年 季學期起至 年 季學期止共
學期.該校爲官立,私立,抑教會立

保證書
GUARANTOR'S CERTIFICATE

保證人須以中文詳細填明以下諸條
The guarantor should fill in carefully in Chinese the spaces below

高哲民 現年 三十 歲係 遼寧 省 瀋陽 縣人
今願保學生 石璞 入貴校肄業所有關於該生在校
一切行爲概由鄙人完全負責此致金陵大學校長

保證人 高哲民 具
蓋章

中華民國十八年七月十一日
保證人：住址 中央党部
通信處 中央党部宣傳部编撰科
職業 党務工作員
與學生之關係 朋友

附註
(1) 保證人須住在南京或附近通信便利之處
(2) 本校學生或他校學生不得作保證人
(3) 本校教職員如非親戚不得作保證人

入學志願書
APPLICATION FOR ADMISSION

學生 石璞 今願就學
金陵大學謹當遵守校章盡
學生本分並增進學校榮譽
此致

金陵大學校長 學生 石璞 具
蓋章 Shih Pu

中華民國十八年七月廿日

历史印记

1927 年石璞考入东北大学附属高中，在校期间广泛阅读外国古典文学作品以及国内进步杂志书籍，积极参加破除迷信的校外宣传活动，支持并加入学校进步学生组织的宣传无产阶级文学的进步文艺团体，这些经历也为他日后走上革命道路奠定了基础。

1929 年石璞与友人结伴来到南京并考入金陵大学物理系，在金陵大学读书期间，他继续接触进步书刊、马列著作和革命文艺作品后，在时任中共金陵大学支部书记陈景星的影响下加入了中国共产党。他立下座右铭不断鞭策自己："努力才是人生，颓唐只见人死。勿以恶小而为之，勿以善小而不为。思想要系统化，行动要纪律化，生活要平民化。勿悲观、勿怠惰、勿自傲。"

走上革命道路的石璞在校内外积极开展党的地下活动。1930 年的暑假，石璞深知革命斗争任务艰巨，选择留在南京继续从事革命工作，然而不幸被捕。由于石璞年龄不足 18 岁，依法不能处以极刑，敌人便将他的年龄由 17 岁改为 19 岁以符合法律规定，将其杀害。这张报名单呈现了石璞青少年时的求学历程，是他报考金陵大学的见证，也如实反映其真实年龄，具有重要的史料档案价值。

郭凤韶烈士读书时期临摹的书法作品

郭凤韶（1911—1930），女，浙江临海人，中共党员。1925 年考入临海女子师范学校。1926 年加入中国共产主义青年团。1929 年秋考入南京晓庄学校，在校转为中共党员，年底参加中共南京市委宣传部工作。1930 年 9 月为营救被捕同志，在南京下关火车站被捕，同月牺牲，年仅 19 岁。

刺史上柱
國魯郡開
贈太保郭
公廟碑銘

弁序御題
額額金紫
光禄大夫
撿挍刑部

文物档案

该文物是郭凤韶读书时期临摹的书法作品，1951年由郭凤韶的母亲李泳青捐赠，三级文物。纸张宽31.3厘米，长28.4厘米，共计2张，毛边纸，纸质细腻，薄而松，呈淡黄色。临摹内容为“刺史上柱国鲁郡开赠太保郭公庙碑铭并序御题额额金紫光禄大夫检校刑部”，出自唐代书法家颜真卿的作品——《郭家庙碑》。

历史印记

郭凤韶出身于书香世家，外祖父是当地一位颇有名望的书法家，曾是同盟会会员的父亲也擅长书法。受家人影响，她在书法上造诣颇深，擅长颜体，作品雄浑却不失娟秀。郭家庙碑是唐代名臣郭子仪为其父郭敬之所立的家庙碑，唐代宗李豫隶书题额，颜真卿撰并书。《郭家庙碑》是颜真卿楷书风格成熟阶段的作品，碑文书法雄秀豪纵，格力天成，横轻竖重，纵横舒展，是盛唐书法的典范。

这两张临摹的作品，产生于郭凤韶少小励志的年华，从侧面反映出郭凤韶在殷实家境下所接受的文化熏陶，落笔风格体现出郭凤韶坚贞刚直的性格，充分展现了郭凤韶在书法上的造诣。郭凤韶在书法练习过程中，将不满意的字重新临写，体现了郭凤韶认真的学习态度和严格的自我要求。

姜辉麟烈士
青年时期的刺绣荷包

姜辉麟（1897—1932），女，化名姜石贤，江苏松江（今属上海）人，中共党员。1927年加入中国共产党。1928年任中共淞浦特委内部交通。1932年调中共江苏省委工作，同年冬返回上海途中在镇江被捕，解至南京，年底牺牲。

文物档案

该件文物是姜辉麟在青年时期的一件刺绣作品，三级文物，1959 年由姜辉麟的姐姐姜兆麟捐赠。荷包主体最长处 12.5 厘米，最宽处 8.5 厘米，丝、棉麻质，葫芦形制，两侧缀有红、粉、黄、蓝四色穗子，穗长 11 厘米。刺绣双面各有千秋，一面底色为丁香紫，绣有荷叶荷花，配以绿色包边；一面底色为米白色，绣有多彩花样，配以湖蓝色包边。

历史印记

姜辉麟出生于上海松江一个以教书和行医为业的清贫知识分子家庭，自幼聪明伶俐，擅长女工并以此补贴家用。刺绣作为中国传统艺术之一，实用性和艺术性完美结合，展示了女性特有的心灵手巧，寄托着她们对美好生活的向往，凝结着她们内心私密细腻的情感，具有浓郁的生活气息。

这件姜辉麟青年时代的刺绣作品做工精细，形象逼真：一面色彩鲜明，夺人眼球；一面清秀淡雅，线条明快。精湛的工艺与别致的设计，展示了姜辉麟深厚的刺绣功底，绣品中荷花“出淤泥而不染”的高洁形象也是姜辉麟高尚节操的直接映衬。五四运动时姜辉麟受到姐姐姜兆麟（上海松江第一位女共产党员）的影响，开始接受革命思想，融入革命洪流。姜辉麟作为雨花英烈女性群体的代表之一，身上闪耀的勇于冲破旧思想束缚、积极投身革命斗争的光辉，深刻诠释了初心的含义。

张炽烈士的 北京民国大学国文试卷及后记

张炽（1898—1933），字子昌，云南路南（今石林）人，中共党员。1924 年考入北京民国大学，同年加入中国共产党，任中共民国大学支部书记、北京地委西区委员。1926 年 5 月作为中共北方区委特派员前往大连巡视，担任中共大连地委宣传部部长。1927 年 3 月任中共云南特别委员会委员，8 月参加南昌起义。1929 年调中共中央机关做巡视工作。1930 年 7 月在上海组织发动法租界电车工人罢工斗争时被捕，解至南京。1933 年 4 月牺牲。

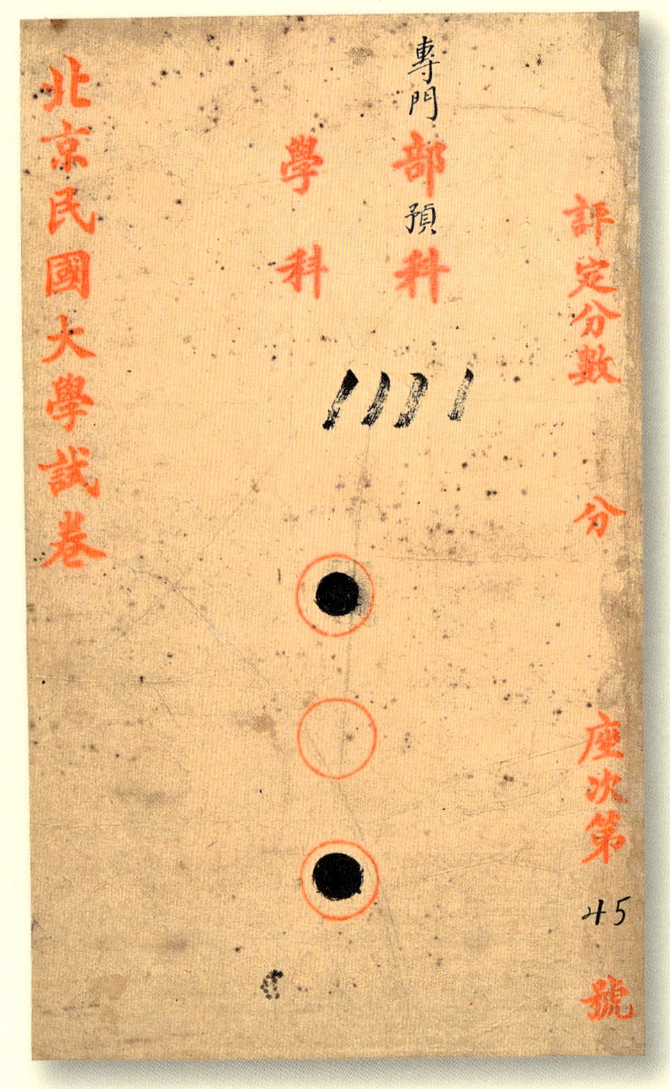

評定分數　分　座次第 45 號

專門部預科

學科

北京民國大學試卷

文物档案

该件文物是张炽就读于北京民国大学期间的国文考试作文及后记，三级文物，1951 年由云南省路南县人民政府拨交。试卷长 15 厘米，宽 25.2 厘米，纸质，共 5 张。试卷封面显示张炽就读于专门部预科，考试的座次为第 45 号。答卷为红色方格纸，内容是一篇题为“诸君志愿如何请各陈述之”的六百余字作文，最后是张炽写给其弟子昭、子光的后记，表明其“有进无已，不逆潮流”的思想理念。

諸君志願如何請各陳述之

曩吾少時、（肄業高小時）已有為國家社會造福之志、每讀中外偉人事略、見其心地光明磊落、行事轟轟烈烈、輒眉飛色舞、百讀不厭、甚且想見其為人而崇拜不置、是時丁軍國民教育呼聲最高之際、武裝和平甚囂塵上之秋、一般有志青年、多欲以班定遠自居、予亦大以為然、欲與之俱、徒以自以胸無所有、尚須攻苦、遂未遽投筆、然心之欲從戎也、滋甚、如是者數載、仍持前意入中校、然定遠故事、則固時時縈繞于中也、蓋予鑒于辛亥革命之成功賴兵力、故有意于軍、而吾校實行之軍事教育、其影響于我之人生觀亦甚大也、民八後、新文化漸萌芽、改造、改放、實驗主義等之呼聲、日高一日、新書報之出版、亦日多一日、予以好奇故、喜閱之、久之、從戎之念、漸漸打消、而代之以改造社會等矣、又以實驗主義之宜實驗也、改造之宜從小推行也、則糾集同志出刊物、批評吾鄉之教育實業等、促當事者之覺悟、改良、當事者不然、且欲禍予等、然予等愈協力奮鬥、並舉其害鄉肥己種種事實、以告鄉父老、全邑稱快、卒之打倒彼等、而公選所以代之者、此役對于吾邑雖小有俾益、然亦破壞有餘而建設不足、此予等所得最大之教訓也、予是感于學之不足、而升學之念愈熱矣、以中國政治之腐敗、不上軌道也、故頗欲研究政治以為將來根本改造之預備、又以為中國之所以不可收拾如今日之勢者、國內軍閥之橫行、國外帝國主義之侵略、亦其最大之一原因、故

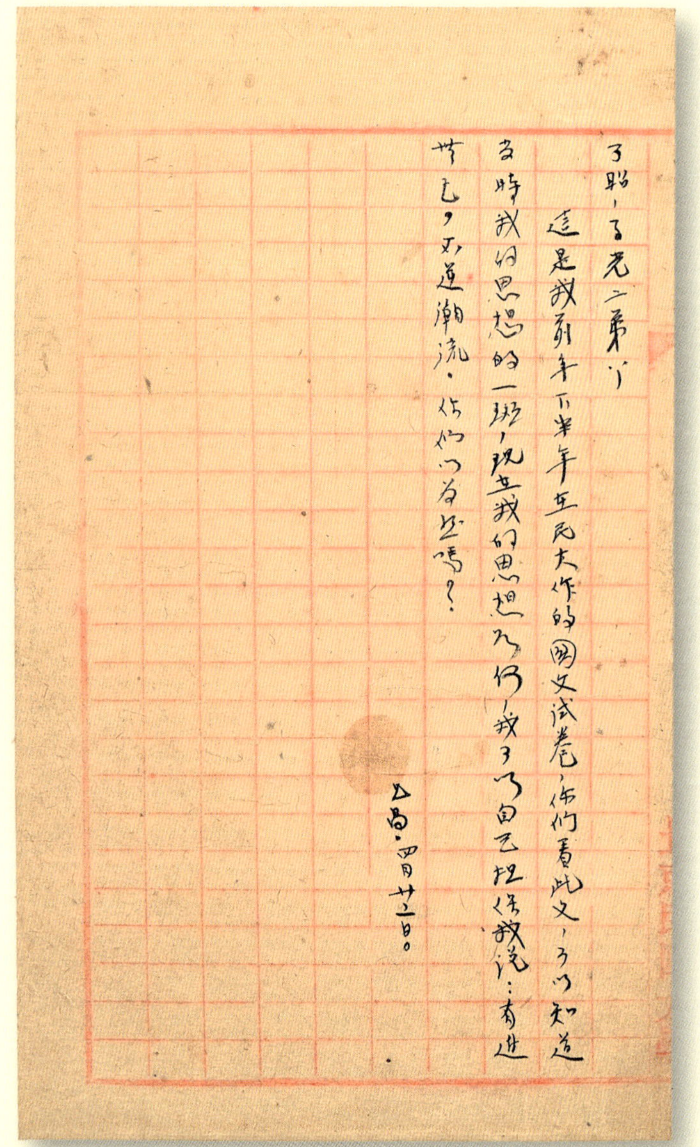

子昭、子光二弟：

這是我前年下半年在民大作的國文試卷，你們看此文，可以知道多時我的思想的一斑，現在我的思想如何，我可以自己担保我說：有進步了，不過潮流，你們以為然嗎？

五哥，四月廿二日。

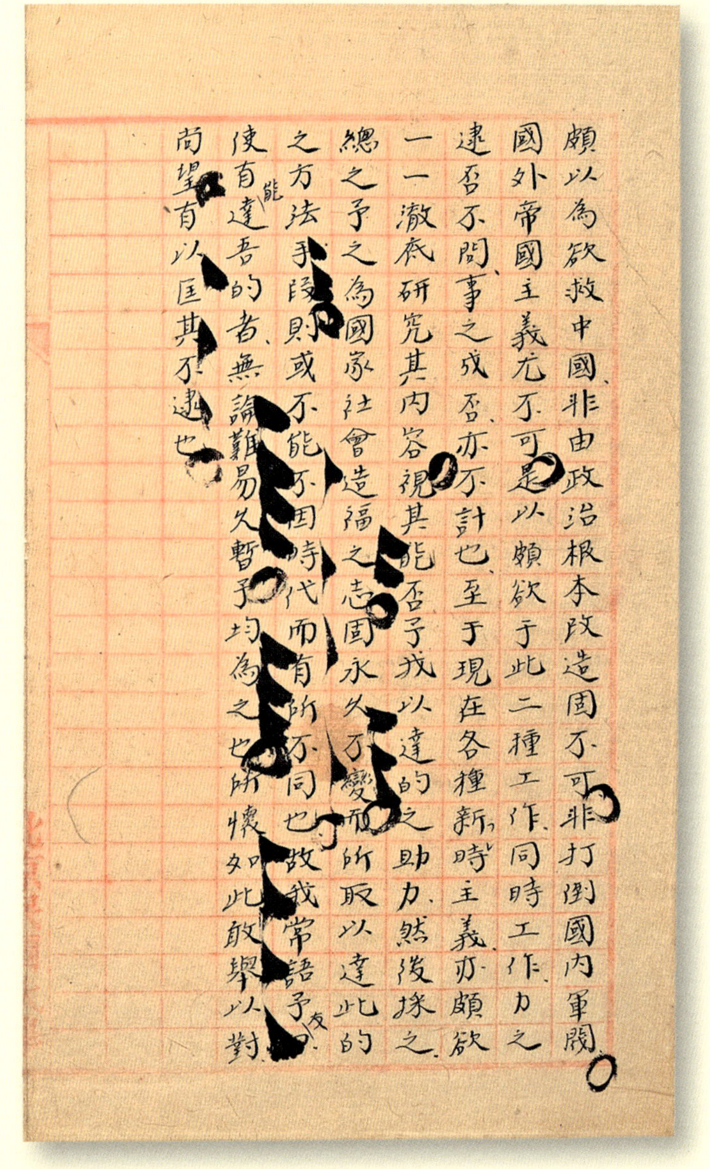

頗以為欲救中國，非由政治根本改造固不可，非打倒國內軍閥、國外帝國主義尤不可。是以頗欲于此二種工作同時工作，力之逮否不問，事之成否亦不計也。至于現在各種新時主義，亦頗欲一一澈底研究其內容，視其能否予我以達的之助力，然後採之。總之予之為國家社會造福之志固永久不變，而所取以達此的之方法手段則或不能不因時代而有所不同也。故我常語予友：使有能達吾的者，無論難易久暫，予均為之也。所懷如此，敢舉以對，尚望有以匡其不逮也。

历史印记

张炽自小热爱学习，13 岁时被父亲送到县城的高小学习，开始受到民主思想启蒙，并于就读云南省立第一中学校期间，积极参加学生爱国运动，接触到了马克思主义。中学毕业后他继续寻求革命真理、探索救国道路，于 1924 年考入北京民国大学政治经济系学习。

张炽的这篇论志愿作文，结构完整，条理清晰，开宗明义地表明自幼已有为国家社会造福之志；后文围绕如何实现这一理想进行阐述，层层递进，指出“欲救中国，非由政治根本改造固不可，非打倒国内军阀、国外帝国主义尤不可”；结尾再次点题，表明“尚使有能达吾的者，无论难易、久暂，予均为之也”的信念。全篇透露着张炽的忧民之心和报国之志，这亦可以解释此后即使面对艰难的革命道路，他仍然坚守救国救民之初心，并用这份崇高的理想信念影响着周围的人。此外，这件文物对研究北京民国大学历史以及民国大学教育也具有一定的史料参考价值。

邓中夏烈士
读书时期的手抄本

邓中夏（1894—1933），原名邓康，字仲澥，湖南宜章人。中国共产党创建时期的重要领导人，中国工人运动的杰出领袖，无产阶级革命家、理论家。1917年考入北京大学。1920年在北京加入共产党早期组织。1922年7月在党的二大上当选为中央执行委员，会后任中国劳动组合书记部主任。1923年7月任中共上海地方兼区执行委员会委员长，8月在中国社会主义青年团二大上当选为团中央执行委员会委员长。1925年5月任中华全国总工会秘书长兼宣传部部长。1927年8月在八七会议上当选为临时中央政治局候补委员。1928年3月赴莫斯科任中华全国总工会驻赤色职工国际代表。1930年7月任中共湘鄂西特委书记、红二军团政治委员。1932年任全国互济总会主任兼中共党团书记。1933年5月到上海法租界环龙路骏德里37号，与互济总会救援部部长研究工作时被捕，被关押在法租界巡捕房，因叛徒出卖身份暴露，被引渡到国民党上海市公安局看守所，9月转押至国民党宪兵司令部看守所，同月牺牲。

總論

今歐羅巴一洲有頭等之国五曰英曰俄曰德曰法曰奥二等之国四曰義曰和曰西班牙曰土耳其其義雖在二等駸駸乎有欲到頭等之勢三等之国五曰葡曰丹曰瑞典挪威曰比曰瑞士又有土耳其分出之四国曰羅馬尼曰布利加曰希臘曰塞耳斐殆皆四等之国也

地球萬国有君主之国有民主之国有君民共主之国凡称皇帝者皆有君主之權於其国者也中国而外有俄德奥土日本五国巴西前亦称皇帝而今改、為民主矣墨洲各国及歐洲之瑞士与法国皆民主之国也其政權全在議院而伯理璽天德無權焉歐洲之英荷義比西葡丹瑞典諸国君民共主之国也其政權亦在議院大约民權十之七八君權十之二三君主之勝於伯理璽天德者無幾不过世襲君位而已

總論　一

文物档案

该件文物是邓中夏读书时期的手抄本，一级文物，1959 年由邓中夏的妻子夏明捐赠。手抄本长 5 厘米，宽 13 厘米，厚 0.6 厘米，纸质，用纸绳装订。内分总论、势论、亚洲、疆城、形势、名胜、海洋、路程、水道、海防、江防、陆防等 21 部分。字体工整隽秀，标注齐全，归纳分类完备，并对其中出现的错别字在空白处逐一修改。

現在俄法勢連橫德與義勢合縱
德大將毛奇曰歐洲各國皆備兵法國更養精銳深防鏖戰也
德與俄婚姻之國甥舅之親然德皇之立兩朝於俄求援於俄卒不
可得也
光緒丁亥年德相俾思麥義相革里斯與相安得蘭息共立約三條
其約甚密外鮮知者大約防俄制法也其約之限期至一千八百九十一年
止後德義相去位與相病終各國處約解又展限六年約由奧相主稿德
義二相酌之三國允洽其條目外人仍未能知也
俄法亦立之約由法專主其稿由水師提督面呈其條目外人亦不得知
且詢之法人明言有是約詢之俄人力白其無蓋法欲倚俄以自強俄不欲
機謀外露也

近日法屢允俄貸債俄屢購軍火於法兩國兵輪來君主親致敬
兩國形勢瑞丹兩國又與德奧義交合希臘荷蘭西班牙又與俄法交合雖
外又露形迹而隱有相聯絡結党之勢
俄人嗜拉什鐙謂俄與齟齬皆德人為之
近來土耳其亂党紛起英人欲極力保護然難於措手也去歲九月法國亦
派兵輪往土國平亂義國亦派師船泊君士但丁城外與英艦相望英國
又派兵八百名及精鍊選鋒兵六百名水陸並進以逼土耳其又聞俄奧
兩國均派戰船至土十月美國亦派兵輪至土覘釁
各國商定以奧都維也納為會議土耳其總局
歐洲各國去年皆致書土廷逼令改革政制
土耳其阿米尼亞殺西人各國皆欲問罪欲奪土主自主之權代理土政

勢論　三

風聿至巨浪拍天距赤道四十三度夏時天氣如中國仲冬時候至冷之日
可御重裘若到六月寒氣更正也
法京仲冬得中度三十五六度仲夏得中度六十五六度寒暑之平可
五十一二度
紅海距赤道十三度熱反加於距赤道一度之新加坡由阿洲南風吹沙
漠炎蒸之氣入江海故也
柏林地偉與黑龍江同度三月尚冰雪
天道日移地球北方漸冷故古時北方生象今無粵東古無雪今有雪

雪

和蘭天氣極北而夏令天氣酷熱四月下旬已熱不可耐

亞洲

亞細亞洲全境不可分為三大洲中國之地東南皆濱大海由雲南徼外緬甸海
口溯大金沙江直貫雪山之北而得其源於是循雪山蔥嶺天山大戈壁以接瀚
海又由瀚海西東接於嫩江黑龍江之源至混同江入海口之口則有十八行省盛
京吉林朝鮮日本及黑龍江之南境內蒙古四十九旗西及回疆八城暨前後
藏部緬甸之東境暹羅越南南掌柬埔寨諸國此一大洲也由黑龍江之北
境訖瀚海以北外蒙古八十六旗及烏梁海諸部西轄伊犁科布多塔爾巴哈台環
浩罕布哈爾哈薩克布魯特諸游牧種有鹹海逾裏海以趨黑海折而東北依
烏拉嶺劃分歐亞兩洲之界直濤冰海奄有俄羅斯之本半國此又一大洲也
雪山以南合五印度及緬甸之四境兼得阿富汗波斯亞剌伯諸國土耳
其東中兩土此又一大洲也

亞洲　十二

度

三千里南北略同總計一億廿五千萬方里最小为北冰海面積正小不过
二萬五千里而已
海洋深淺大西洋北境僅英度二千餘尺其在鳥占蘭頓之南則深计
英度二萬三千四百八十尺最深为南大西洋如梯整士丹亚於夏島与
整屢澳呢布打拉海口英度皆深英度四萬零二百三十六尺大洋海於
日本旧金山一帶深英度一萬尺有奇於払香山智利一帶深英度一萬
二千五百尺於新金山紐斯蘭一帶深英度七千五百尺若印度海及北
南北冰海自二千尺至萬餘尺不等
大西洋多恒風恒風由寒帶吹向热帶方向恒偏於西航海遇之異常利
便所谓貿易風也印度海東北多颶颶風其風旋轉圈徑大至數百
里能吸起水氣成空管之形用砲轟之則散
太平洋常有風氣溫和大西洋多霧蓋西洋海水常與南北冰海
寒水遇冷热相激故多成霧印度海多風能散霧南北冰冰海之霧往之
迷天故行冰海最險
大西洋浪高处西人測计二十尺左右印度起旋風時浪高三十尺南北冰海
浪俱高好望角外近南冰海一帶浪高四十尺而行船反穩以其浪若斜坡
船因之順適非若他海中驟升驟降也
海水有烟鹹有淡大洋海多雨南北冰海多雪水淡大西洋海印度海
水最鹹大西洋八分水中有四分鹽質
北大西洋深七百丈未見底南大西洋深二千七百丈未見底洋海深处水
積力重動植不生
大西洋最深处在英吉利两島之西精算之士嘗量得一千二百六十丈有
奇近英吉利海底墳起作龜背形類皆三十丈左右海之夾於英国两
島中者別名阿有蘭海因左島得名法英之间有黑海名衣袖以其

海洋 二十四

水道

瀾滄江發源衛藏歷雲南暹羅東埔寨入南圻分为二支其一東流入海为
前江前江入海之处又分四支通舟者二淤塞者二而後江一氣貫注寬廣
深闊为暹羅東埔寨市船必由之道
俄提督斯威哲耳探尋巴米朗格拉湖一帶拔到喀拉庫拉湖玉阿克蘇者
通長不绝之河源深入俄国荒漠之地为歷来人迹所未到舉国相為
慶幸
伊拉瓦諦江即大金沙江之别名在暹羅湄南河之西印度恒河之東
南流入麻塔半海灣
天下大江以美之密西西比为最長四千四百洋里入墨西歌海灣次南
西墨利加之阿美人大西洋次尼羅江長三千六百洋里入地中海次俄之遮
尼舍入北冰海次中国之洋子江長三千三百洋里實中国之萬一千里入

水道 二十九

將来或東至塔什干達帕米爾或西越鹹海達阿母河入其鐵路有由裏
海繞阿斯哈巴特經布哈耳者亦与帕米爾相近矣據云各处鐵路原
议八年成功今工程已经大半大约五六年後便可蕆事矣
俄都至琿春俄程九千八百七十七里英程六千五百八十里華程二
萬里
由英渡法有三口一由加利至多甫一由司布倫至福克司敦一由地爾媿至
奴黑文

历史印记

邓中夏的父亲邓典谟是前清举人，在家庭的熏陶下，邓中夏从小酷爱读书，小时候就读于湖南宜章小学堂，在那里他开启了人生学习的第一步。凭借从小养成的好习惯，1915 年，邓中夏考入湖南高等师范学校（前身为岳麓书院），受教于杨昌济（杨开慧之父），并结识了在湖南第一师范读书、同为杨昌济学生的毛泽东等人。1917 年，邓中夏考入北京大学中国文学门，在北大他结识了图书馆主任李大钊。在李大钊和十月革命的影响下，邓中夏开始研究马克思主义，并投身到反帝爱国运动中。

在那个信息传播不便的年代，邓中夏的这本手抄本却包罗万象，涵盖了当时的国际形势、山川地貌、水道海防等，殊为难得，体现了年少的邓中夏胸怀天下。邓中夏还将手抄本中的错字逐一改正，体现了他严谨的学习态度，这些也为他在革命时期创办《国民》《劳动音》等杂志打下了坚实的基础。作为邓中夏亲笔手抄并保存完好的手稿，这本独一无二的手抄本每一页都彰显着烈士热爱读书的品质和勤奋好学的精神。

许包野烈士
在法国读书期间写给父母的信

许包野（1900—1935），又名许鸿藻，广东澄海人，出生于泰国华侨家庭，中共党员。1920年起先后赴法国、德国、奥地利留学，获哲学博士学位。1923年由朱德介绍加入中国共产党，参加中共旅欧支部。1926年到莫斯科东方大学任教。1931年九一八事变后回国。1932年5月任中共厦门中心市委巡视员，10月任中共厦门中心市委书记。1934年7月任中共江苏省委书记，同年11月任中共河南省委书记。1935年2月在河南开封主持河南省委工作时被捕，解至南京，不久牺牲。

（三）

在法每日只費十二個馬克（值不上一法郎），這相去豈不是太遠呢？兄現在在法總計每月的費用，至少還在五百方左右，而蕭君在法，則每月不過二千馬克，此（大約不過二百左右法郎），這相差亦豈不是太遠麼？而且法國的科學，比較德國不如，因此之故，就喚起兄之決心，但另有一點，是應該注意的，法國

（四）

是因為馬克太跌，所以其生活較低，若是高漲起來，那就要比法國較高了，因此之故，所以現在若要過德，必要多儲馬克，則將來萬一高漲，亦就可以無憂了，不然，那就危險萬分了。

蕭君過德，他有寫信給令與姊請他先籌三千元，以儲馬克，前他籌有

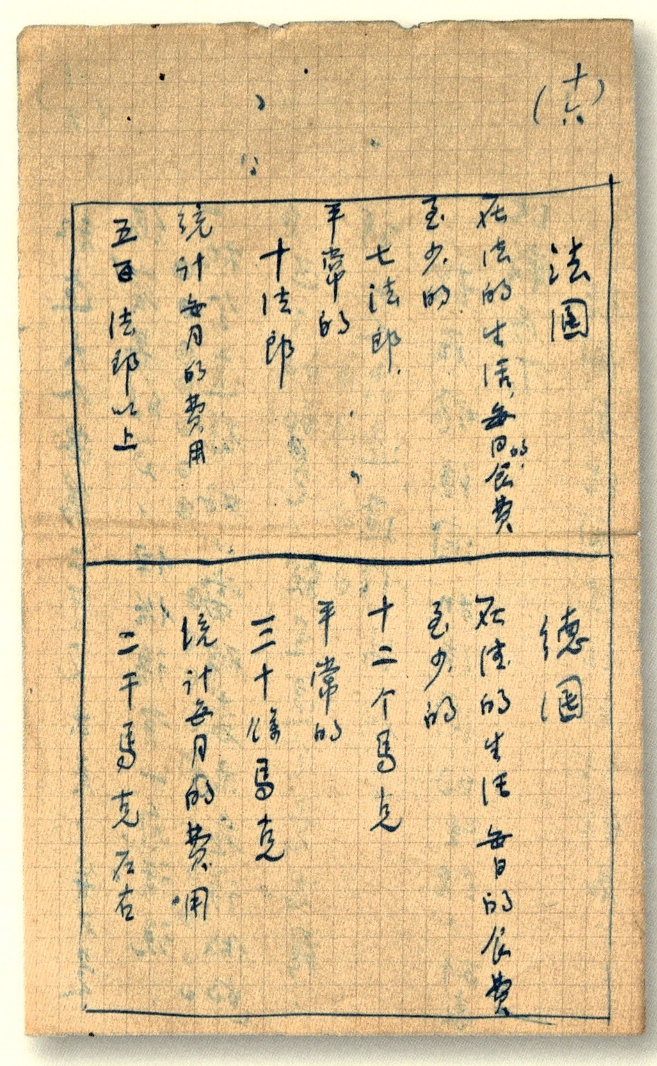

(十六)

法国

在法的生活，每月的伙食费至少的七法郎，平常的十法郎

统计每月的费用五百法郎以上

德国

在德的生活每月的伙食费至少的十二个马克，平常的三十信马克

统计每月的费用二千马克左右

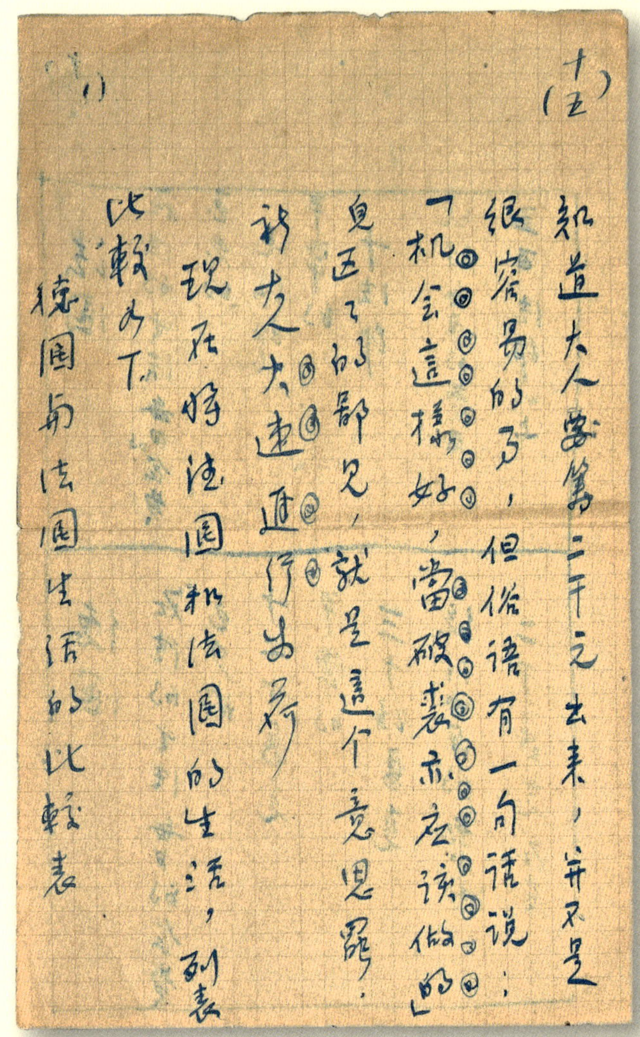

(十五)

知道大人要筹二千元出来，并不是很容易的了，但俗语有一句话说：「机会这样好，当破裂亦应该做的」自因了的节见，就是这个意思罢。我望大人火速进行为荷

现在将德国和法国的生活，列表比较如下

德国与法国生活的比较表

文物档案

该件文物是 1920 年许包野在法国读书时写给父母的信，三级文物，1985 年由许包野的妻子叶雁萍捐赠。信纸长 13.2 厘米，宽 21 厘米，纸质，共 7 张，有暗格纹。信中许包野表达了他从法国转到德国留学的打算，并请求其父亲帮忙筹措转学费用。

（三）

在法每日只费十二个马克，值不上一法郎，这相去岂不是太远吧？兄现在在法统计每月的费用，至少还在五百方左右，而留学界在法，则每月不过二千马克，〔大约不过二百左右法郎〕这相差亦岂不是太远么？而且法国的科学，比较德国不如，因此之故，就唤起兄之决心，但另有一点，是应该注意的，德国

（四）

是因为马克太跌，所以其生活较低，若是马克涨起来，那就要比法国较高了，因此之故，所以现在若要过德，必要多储马克，则将来马克高涨，亦就可以无忧了，不然，那就危险万分了。

萧君过德，他有写信给令兴姊请他先筹三千元，以储马克，若他筹有

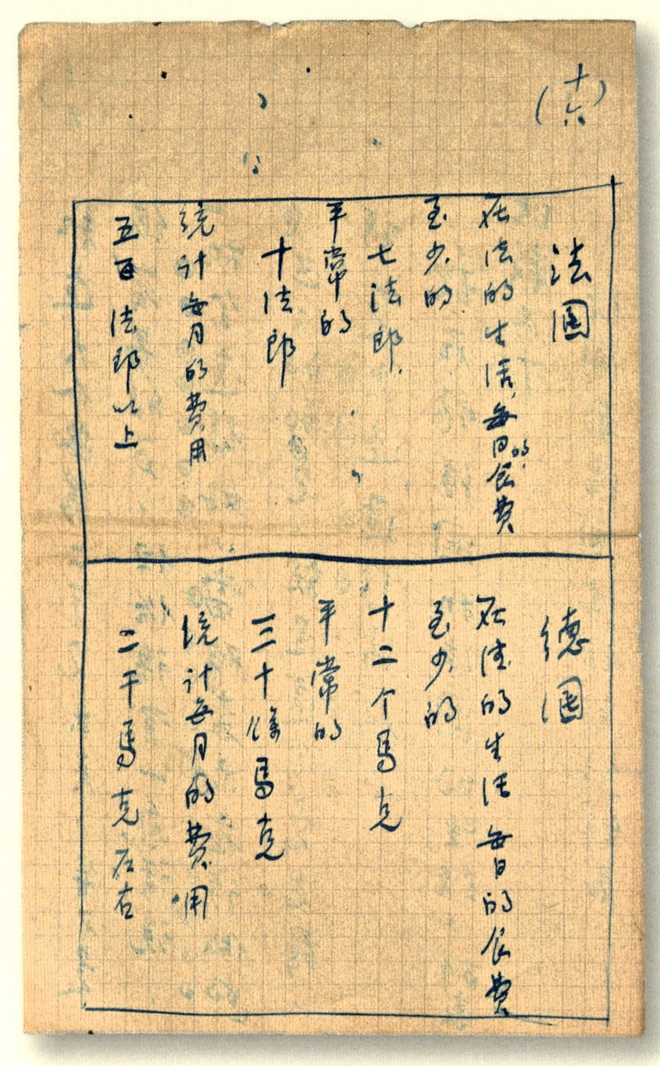

（十六）

	法国	德国
在法（德）的生活每日的食费	至少的七法郎 平常的十法郎	至少的十二个马克 平常的三十个马克
统计每月的费用	五百法郎以上	二千马克左右

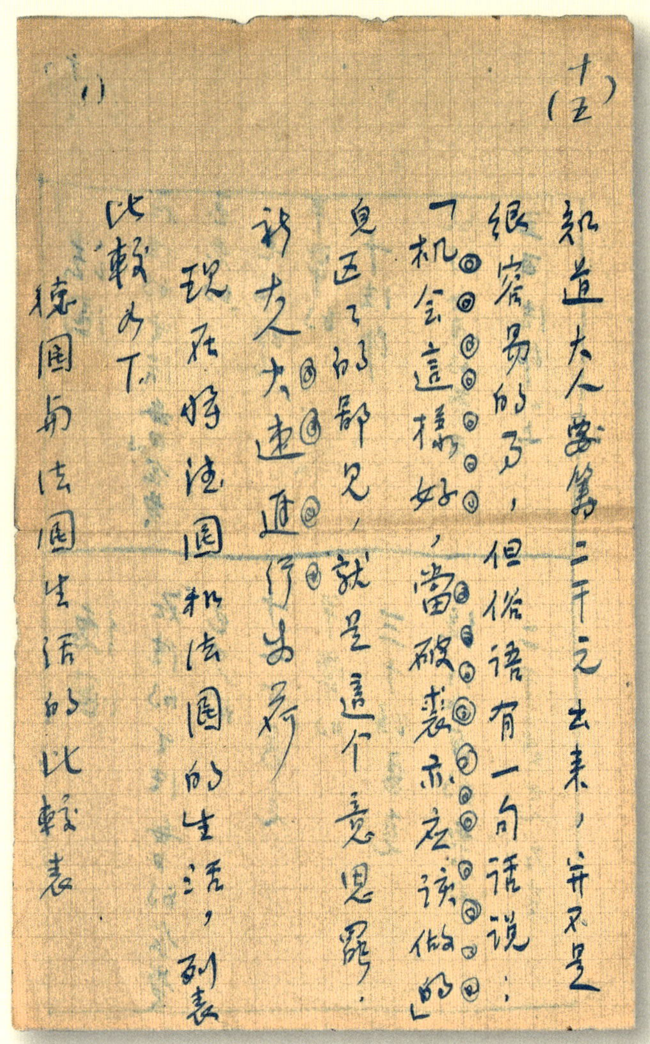

（十五）

知道大人要筹二千元出来，并不是很容易的了，但俗语有一句话说："机会这样好，当破裂亦应该做的"，[illegible]，就是这个意思罢，请大人火速进行为荷。

现在将德国和法国的生活，列表比较如下：

德国与法国生活的比较表

文物档案

该件文物是 1920 年许包野在法国读书时写给父母的信，三级文物，1985 年由许包野的妻子叶雁萍捐赠。信纸长 13.2 厘米，宽 21 厘米，纸质，共 7 张，有暗格纹。信中许包野表达了他从法国转到德国留学的打算，并请求其父亲帮忙筹措转学费用。

历史印记

1919年上半年，许包野投考华法教育会（蔡元培时任会长）组织的赴法勤工俭学，以第三名的优异成绩被录取。1920年4月，他辞别家人，前往法国里昂大学学习哲学和法律。这封信就是许包野在法国念书期间写给父母的信，告之法国社会动荡，法郎贬值，生活费用太高，而德国科学发达，生活费用较低。他将法国及德国每日的生活食费做了对比，并告知家人他打算转到德国留学。其父设法筹措，满足了他的要求。

许包野从法国转到德国的哥廷根，进入哥廷根大学继续攻读哲学与社会科学，并学习了军事学。留德期间，年轻的许包野如饥似渴地自学马克思主义书籍，研究马克思的哲学思想，认真探索革命真理，并积极参加中共旅欧支部组织的革命活动。1923年，经朱德介绍，许包野加入中国共产党，成为旅欧支部的一名先锋战士。这封简单普通的家书流淌出朴实无华的亲情，也透露出这名志向高远、思想独立的年轻人在国外留学时波澜起伏的生活，字里行间的“亲情”成为现在解读许包野求学路上初心不变的重要线索。

焦恭士烈士
读书时期获得的银盾

焦恭士（1918—1942），安徽当涂人，中共党员。1938年3月进入中国人民抗日军事政治大学学习，6月加入中国共产党，年底在新四军第二支队三团做民运工作。1940年任新四军新四团民运股副股长。1941年任新四军第四十六团民运股股长。1942年初任江宁县抗日民主政府秘书，3月在南京郊区被日伪军包围，突围时牺牲。

文物档案

该件文物是焦恭士少年时在学校参加演讲比赛获得的银盾，三级文物，1987 年由江宁县党史办拨交。银盾主体最长 16 厘米，最宽 12 厘米，铜、银质。底座最长 21 厘米，最宽 16 厘米，木质。银盾中间刻有“自强不息”四个大字，四周饰以花纹，抬头刻有“安徽省学生集中训练总队优胜纪念”，落款刻有“安徽省公路局局长姚世濂制赠”。

历史印记

焦恭士从小受到良好的家庭教育，聪明好学，积极上进。读书期间，焦恭士也很是活跃，演戏、演讲竞赛、运动会等活动他样样参加，常常获奖，在德智体等多方面表现突出。进入宣城师范学校，他和同窗好友还经常向报纸副刊《谷风》投稿，表达自己的观点。这件焦恭士在校期间参加演讲比赛时获得的纪念银盾，是焦恭士年少时期意气风发的见证，充分展现了焦恭士的才华。“自强不息”也是对焦恭士的间接评价，彰显了烈士坚毅的性格。

成贻宾烈士的国立中央大学校徽

成贻宾（1927—1949），江苏宝应人。1947 年考入国立中央大学。1949 年 4 月 1 日参加学生游行示威，被特务殴打，身受重伤，4 月 19 日牺牲。

國立中央大學

文物档案

该件文物是成贻宾就读于国立中央大学时佩戴的校徽，二级文物，20 世纪 50 年代征集。校徽为边长 4 厘米的等边三角形，铜质，珐琅工艺，顶部连接细链与搭扣，可方便别于上衣口袋盖的扣眼中。校徽正面为紫边、黄底，主体部分是学校的标志性建筑——牌楼门和穹窿顶大礼堂，上方自右向左依次为“国立中央大学”六个繁体红字，下方有数行水纹，背面印有校徽编号“5920”并配有一别针。

历史印记

1947 年成贻宾考入国立中央大学工学院电机工程学系。在校期间，他积极参加新民主主义青年社组织的革命活动，并成为中大学生进步社团电社的主要成员。

民国时期的高校学生将佩戴校徽作为一种自觉，用以证明身份、规范行为、警觉行动，并以此为荣。1949 年 4 月 1 日，成贻宾佩戴着这枚校徽，走在南京多所大专院校数千名师生举行的争生存、争和平请愿游行的队伍中，直至遭暴徒毒手，伤重不治而亡。这枚珍贵的校徽见证了成贻宾为反对内战、争取和平而做出的不懈抗争，也成为以成贻宾为代表的雨花英烈中的青年学子，读书不忘救国、心系国家前途命运的有力见证，具有较高的历史、艺术价值。

理想写照

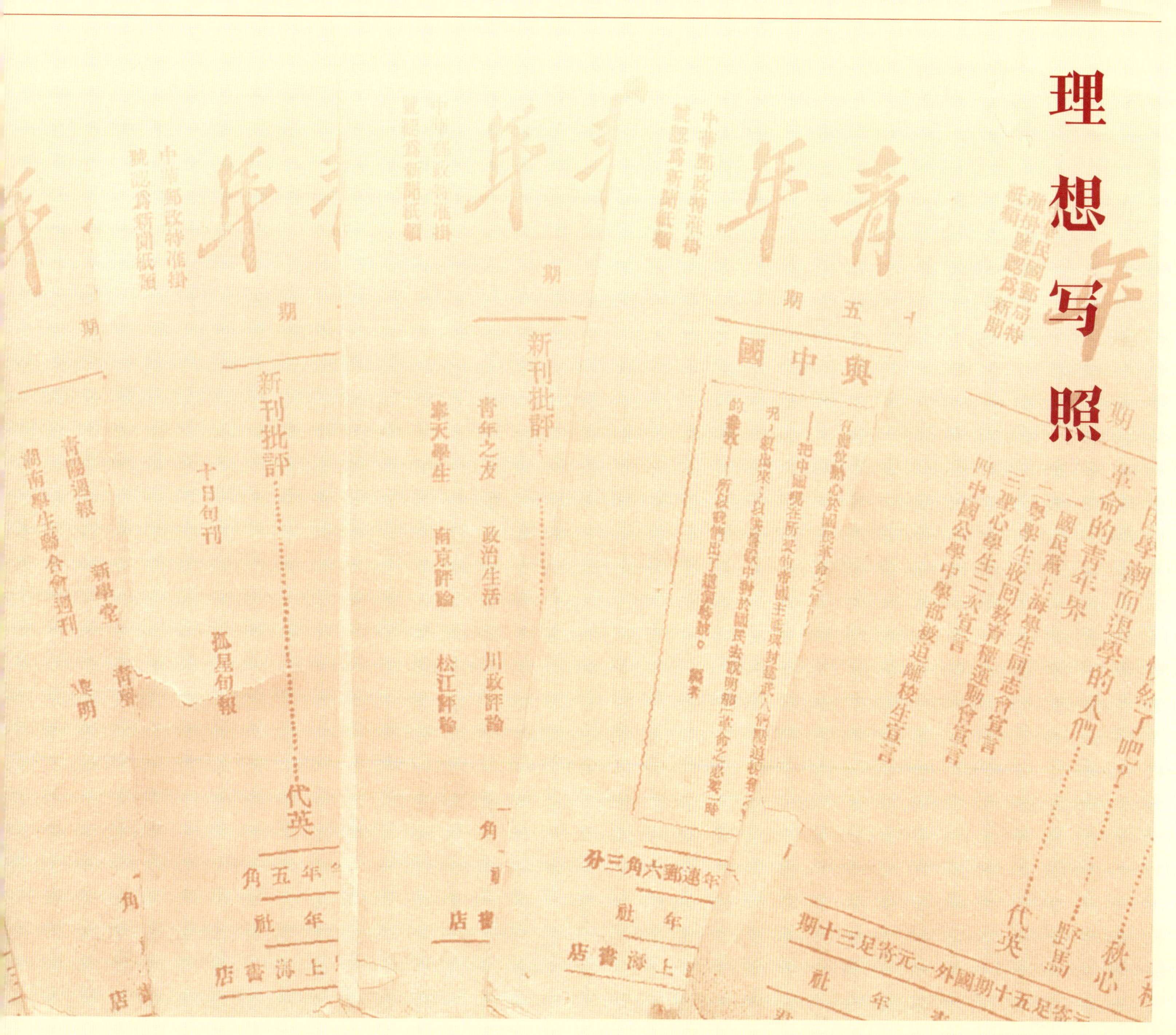

吴光田烈士中学时期的作文本

吴光田（1907—1927），江苏松江（今属上海）人，共青团员。国立东南大学政治经济系学生。1925 年加入中国共产主义青年团。1927 年 3 月被捕牺牲。

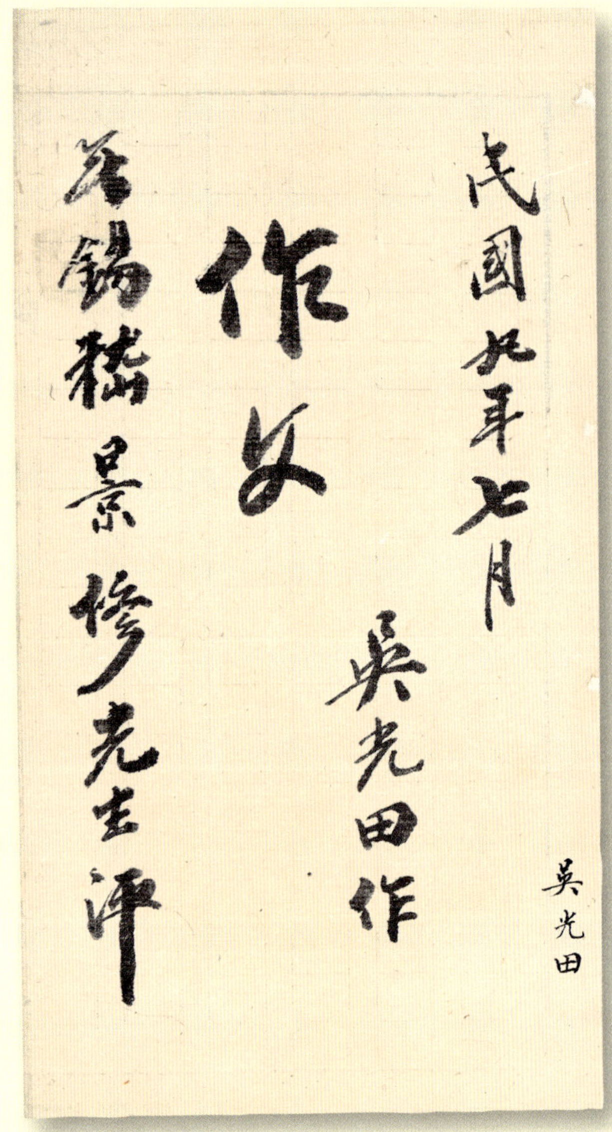
民國九年七月
吳光田作
作文
吳光田

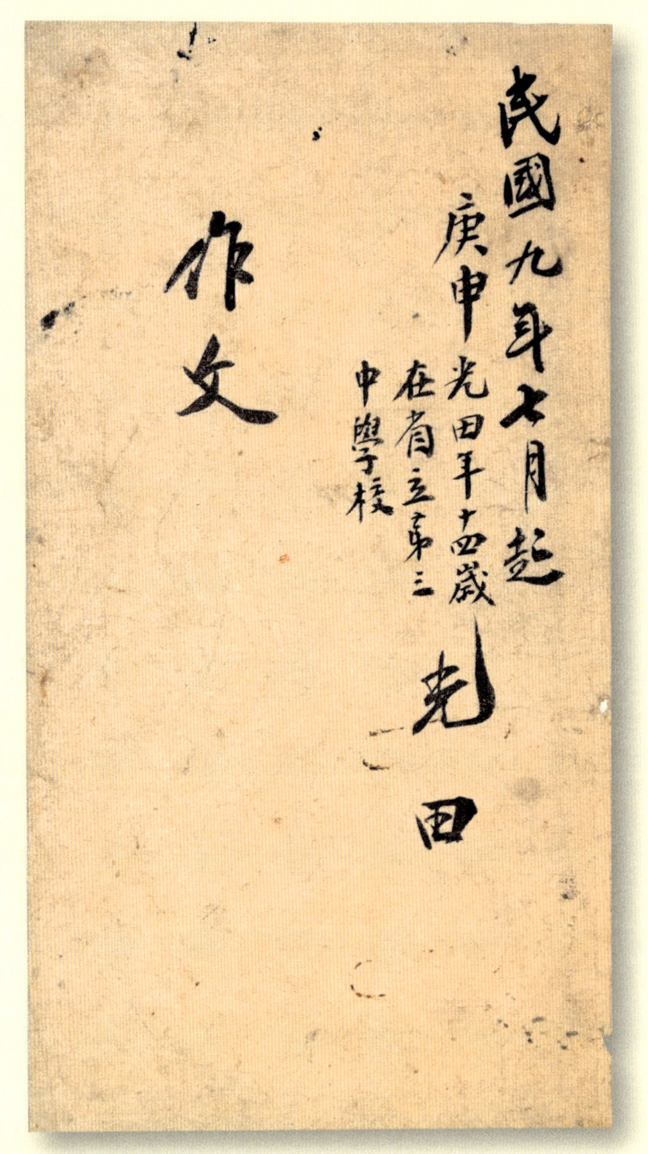
民國九年七月起
庚申光田年十四歲
在省立第三中學校
作文
光田

文物档案

该件文物是吴光田1920年在江苏省立第三中学读书时期的作文本，三级文物，1951年由吴光田的兄弟吴光寿捐赠。作文纸长11.4厘米，宽21厘米，纸质，内页为方格稿纸，共计29页。作文封面写有“民国九年七月起，庚申，光田年十四岁在省立第三中学校，作文”，附“光田”的落款，内容包括《述来学之志愿》《答友人问肄业本校状况书》《徐氏仆张乞人合论》《论左史师弟》等13篇作文，字迹工整有力，内有老师批语。

論左史師弟

左公者熹宗時之御史也史公者一書生也左公
日出微行偶入古寺見一生伏案卧文方成草左公
閱其文知此生他日必能為國擔當大事蓋言為心
聲故閱其文即知其心矣後史公考試左公即面署
第一於是有師弟之交其後左公以直諫而被炮烙

徐氏僕張乞人合論

我嘗讀徐氏僕與張乞人二傳其中之要徐氏僕
為忠張乞人為孝與廉夫人各有家家中之事不可
不顧為僕而能力事其主難已不顧其家而力事其
主尤難夫人各欲錢乞而孝難已乞而廉尤難嗚呼
徐氏僕之忠張乞人之孝廉尤難已今我國之官

答友問肄業本校狀況書

某某仁兄足下日來用力何似弟自高小畢業後倖
而第三中校錄取學校之面積甚廣周圍約二里
在縣署之後校中學生共三四百人教員共二十
餘人校中章程嚴肅故學生頗靜師長之教授各
科甚懇切得此良師良友雖愚昧亦當有進步

程嬰公孫杵臼論

拔劍而起挺身而鬭是不足為勇也天下有大勇者
猝然臨之而不驚無加之而不怒然後可謂大勇
余觀程嬰與公孫杵臼皆為存趙孤而死程嬰[illegible]而[illegible]
讐入山廿為賣主之賊十五年之唾罵不可忍也
而程嬰能忍之後既立趙孤自殺而死杵臼亦奉主而

讀唐甄大命書後

余嘗讀唐甄大命一篇其中之主要為不平二字富
者一飯十金一衣百金一室千金而猶欲錢之心如
谿壑貧者必至不得食而流為盜賊乞丐以至國家
不成為國家以此感觸吾心今雖為共和平等之世
界而實有名而無實也今吾國山東等處旱災窮者

記我之家庭

父[illegible]所[illegible]子[illegible]孝[illegible]家庭之所興也
可知矣夫家庭者人生所必有也然家庭中狀況各
是不同余家庭中父母雙全兄弟姊共有六人祖父
母已故十餘年矣余次未見真可哀哉我父親辦
公于松江今年已五十餘有三矣我哥是年暑假畢

述來學之志願

夫人各有志，以志之大小而不齊也。有好事圖功者，有清淨無為者。而余之志願，高小畢業則入中學。余所以來此求學者，以冀中學畢業而入大學也。由大學畢業而留學歐美。苟有所得，回國辦事，首先交通，建築全國鐵路，次修武備，訓練百萬精軍，與日本決一雌雄，以雪五月九日之恥，併恢復我國昔日之所損失者。此即余之志願也。惟撫躬自問，藐乎一身，能否達到目的，尚在不可知之數耳。

其志可嘉　收筆得體

历史印记

吴光田在江苏省立第三中学读书期间，善于观察，勤于思考，并将所思所想落笔形成文字。这些文章，一部分如《学必先难后获说》《记我之家庭》，从他的切身经历出发，涉及家庭、学业和生活习惯等，内容丰富，条理清晰；另一部分如《读唐甄大命书后》《程婴公孙杵臼论》，则是他在阅读经典名著后，结合政治时事发表的议论：他读唐甄的《大命》，感慨社会贫富不均，愤恨官吏中饱私囊；他读《史记・赵世家》，称道程婴与公孙杵臼的舍生取义。

吴光田的这些作文常常由点及面，由个体到群体，思考国家命运和社会现状。在经典名著和新思潮的双重影响下，青年吴光田早早确立了自己的理想信念，并在《述来学之志愿》篇中表达了希望自己学业有成，建设祖国，“恢复我国昔日之所损失者”的伟大志愿。在理想信念的指引下，吴光田后来考入国立东南大学，并加入了中国共产主义青年团，这些作文也成为吴光田理想之火点燃的见证。

恽代英烈士
主编的《中国青年》（周刊）

恽代英（1895—1931），字子毅，化名王作霖，祖籍江苏武进，出生于湖北武昌。中国共产党创建时期的重要领导人，著名的政治活动家、理论家、青年运动的领袖。1915 年考入私立武昌中华大学。1921 年加入中国共产党。1923 年当选为中国社会主义青年团中央执行委员会候补委员兼宣传部部长。1924 年国共合作时期任国民党上海执行部宣传部秘书。1926 年在国民党二大上当选为国民党中央执行委员，同年任黄埔军校政治主任教官兼中共党团干事。1927 年 1 月任黄埔军校武汉分校政治总教官，5 月在党的五大当选为中央委员。1928 年 6 月任中共中央宣传部秘书长。1929 年任中共中央组织部秘书长。1930 年任中共沪中、沪东区委书记。1930 年 5 月在上海前往老怡和纱厂联系工作时被捕。1931 年 2 月解至南京，4 月牺牲。

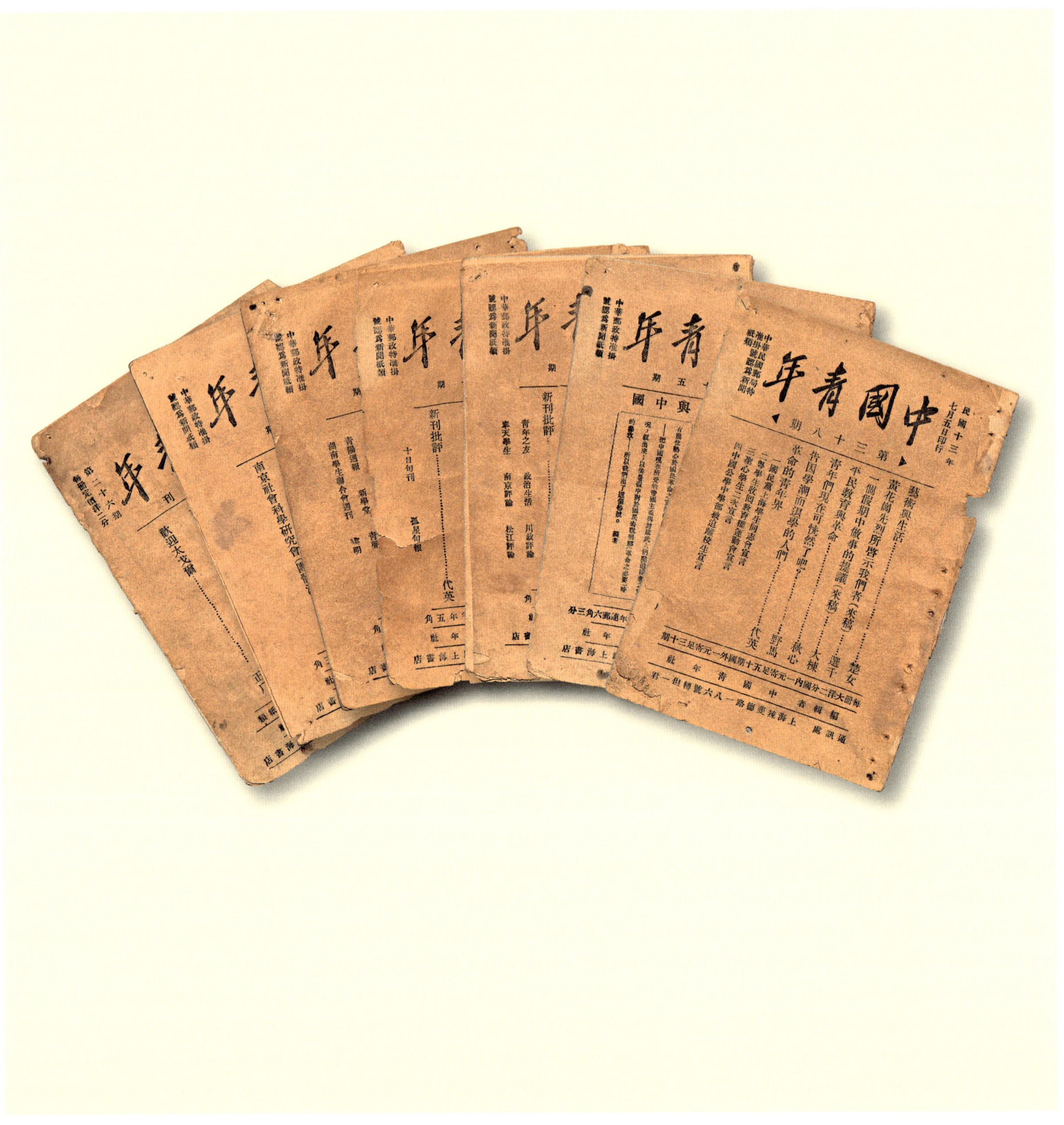

中國青年

中華民國郵局特准掛號認爲新聞紙類

民國十三年七月五日印行

第三十八期

藝術與生活……楚女
黃花崗先烈所啓示我們者（來稿）
一個假期中做事的提議（來稿）……選千
平民教育與革命
青年們現在可恍然了吧？……大棟
告因學潮而退學的人們……秋心
革命的青年界……野馬
一國民黨上海學生同志會宣言
二粵學生收回教育權運動會宣言
三聖心學生二次宣言
四中國公學中學部被迫離校生宣言……代英

每册大洋二分國內一元寄足五十期國外一元寄足三十期

編輯者 中國青年社

通訊處 上海辣斐德路一八六號轉但一君

文物档案

该套文物是恽代英主编的《中国青年》（周刊），二级文物，20 世纪 50 年代征集。周刊长 17 厘米，宽 22 厘米，纸质，馆藏共 7 期，分别为第二十六期、第二十九期、第三十期、第三十一期、第三十二期、第三十五期、第三十八期，刊登有恽代英撰写的《自从五四运动以来》《预备暑假的乡村运动》《惊心动魄的五月》《告因学潮而退学的人们》《中国革命与世界革命》等文章。

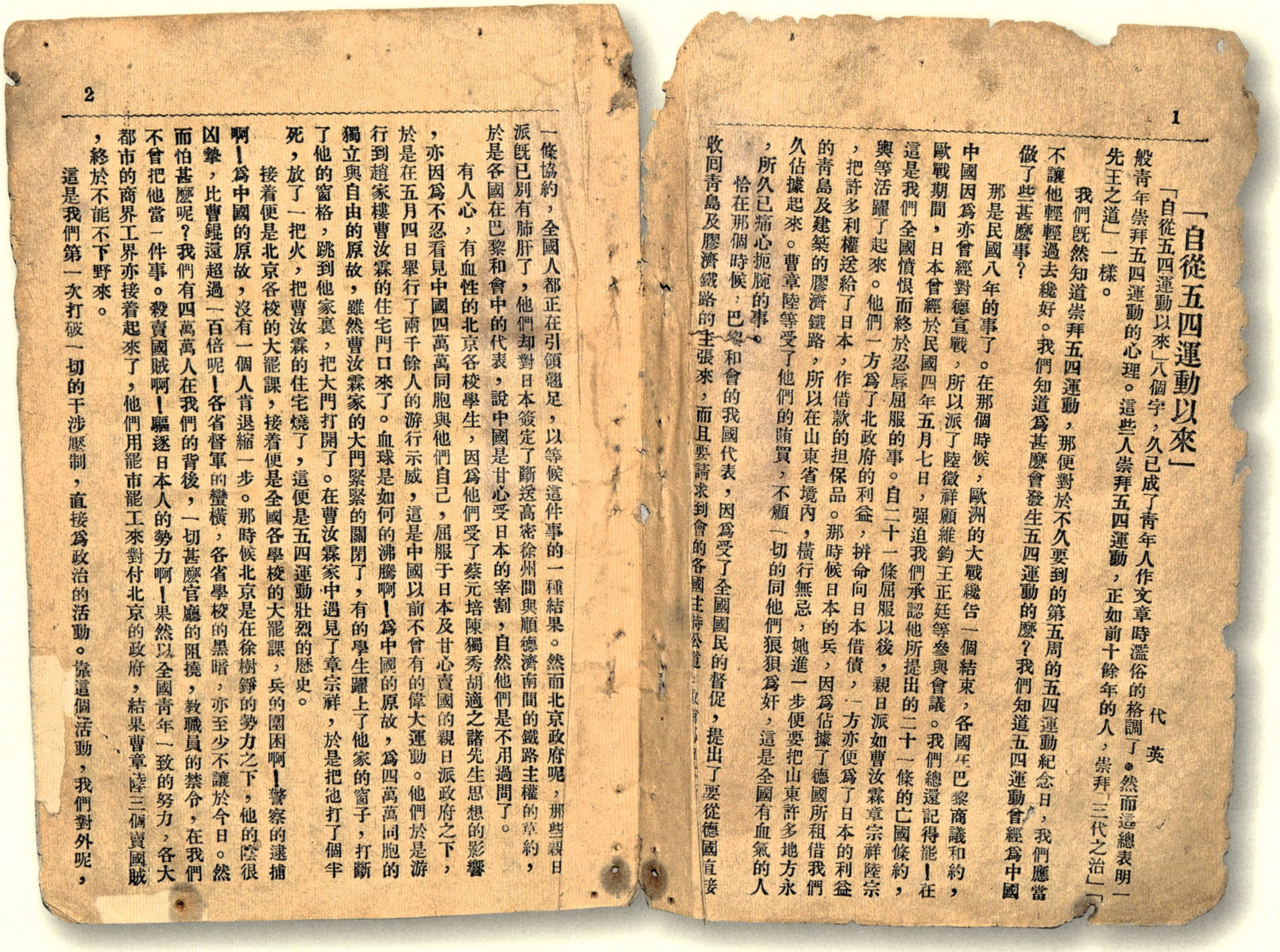

「自從五四運動以來」

代英

「自從五四運動以來」八個字，久已成了青年人作文章時濫俗的格調了。然而這總表明一般青年崇拜五四運動的心理。這些人崇拜五四運動，正如前十餘年的人，崇拜「三代之治」「先王之道」一樣。

我們既然知道崇拜五四運動，那便對於不久要到的第五周的五四運動紀念日，我們應當不讓他輕輕過去纔好。我們知道爲甚麼會發生五四運動的麼？我們知道五四運動曾經爲中國做了些甚麼事？

那是民國八年的事了。在那個時候，歐洲的大戰纔告一個結束，各國在巴黎商議和約，中國因爲亦曾經對德宣戰，所以派了陸徵祥顧維鈞王正廷等參與會議。我們總還記得能！在歐戰期間，日本曾經於民國四年五月七日，强迫我們承認他所提出的二十一條的亡國條約，這是我們全國憤恨而終於忍辱屈服的事。自二十一條屈服以後，親日派如曹汝霖章宗祥陸宗輿等活躍了起來。他們一方爲了北政府的利益，拼命向日本借債，一方亦便爲了日本的利益，把許多利權送給了日本，作借款的担保品。那時候日本的兵，因爲佔據了德國所租借我們的青島及建築的膠濟鐵路，所以在山東省境內，横行無忌，她進一步便要把山東許多地方永久佔據起來。曹章陸等受了他們的賄買，不顧一切的同他們狼狽爲奸，這是全國有血氣的人，所久已痛心扼腕的事。

恰在那個時候，巴黎和會的我國代表，因爲受了全國國民的督促，提出了要從德國直接收回青島及膠濟鐵路的主張來，而且要請求到會的各國主持公道[illegible]

一條協約，全國人都正在引領翹足，以等候這件事的一種結果。然而北京政府呢，那些親日派既已別有肺肝了，他們却對日本簽定了斷送高密徐州間與順德濟南間的鐵路主權的草約，於是各國在巴黎和會中的代表，說中國是甘心受日本的宰割，自然他們是不用過問了。

有人心，有血性的北京各校學生，因爲他們受了蔡元培陳獨秀胡適之諸先生思想的影響，亦因爲不忍看見中國四萬萬同胞與他們自己，屈服于日本及甘心賣國的親日派政府之下，於是在五月四日舉行了兩千餘人的游行示威，這是中國以前不曾有的偉大運動。他們於是游行到趙家樓曹汝霖的住宅門口來了。血球是如何的沸騰啊！爲中國的原故，爲四萬萬同胞的獨立與自由的原故，雖然曹汝霖家的大門緊緊的關閉了，有的學生躍上了他家的窗子，打斷了他的窗格，跳到他家裏，把大門打開了。在曹汝霖家中遇見了章宗祥，於是把他打了個半死，放了一把火，把曹汝霖的住宅燒了，這便是五四運動壯烈的歷史。

接着便是北京各校的大罷課，接着便是全國各學校的大罷課，兵的圍困啊！警察的逮捕啊！爲中國的原故，沒有一個人肯退縮一步。那時候北京是在徐樹錚的勢力之下，他的陰很凶摯，比曹錕還超過一百倍呢！各省督軍的蠻橫，各省學校的黑暗，亦至少不讓於今日。然而怕甚麼呢？我們有四萬萬人在我們的背後，一切甚麼官廳的阻撓，教職員的禁令，在我們不會把他當一件事。殺賣國賊啊！驅逐日本人的勢力啊！果然以全國青年一致的努力，各大都市的商界工界亦接着起來了，他們用罷市罷工來對付北京的政府，結果曹章陸三個賣國賊，終於不能不下野來。

這是我們第一次打破一切的干涉壓制，直接爲政治的活動。靠這個活動，我們對外呢，

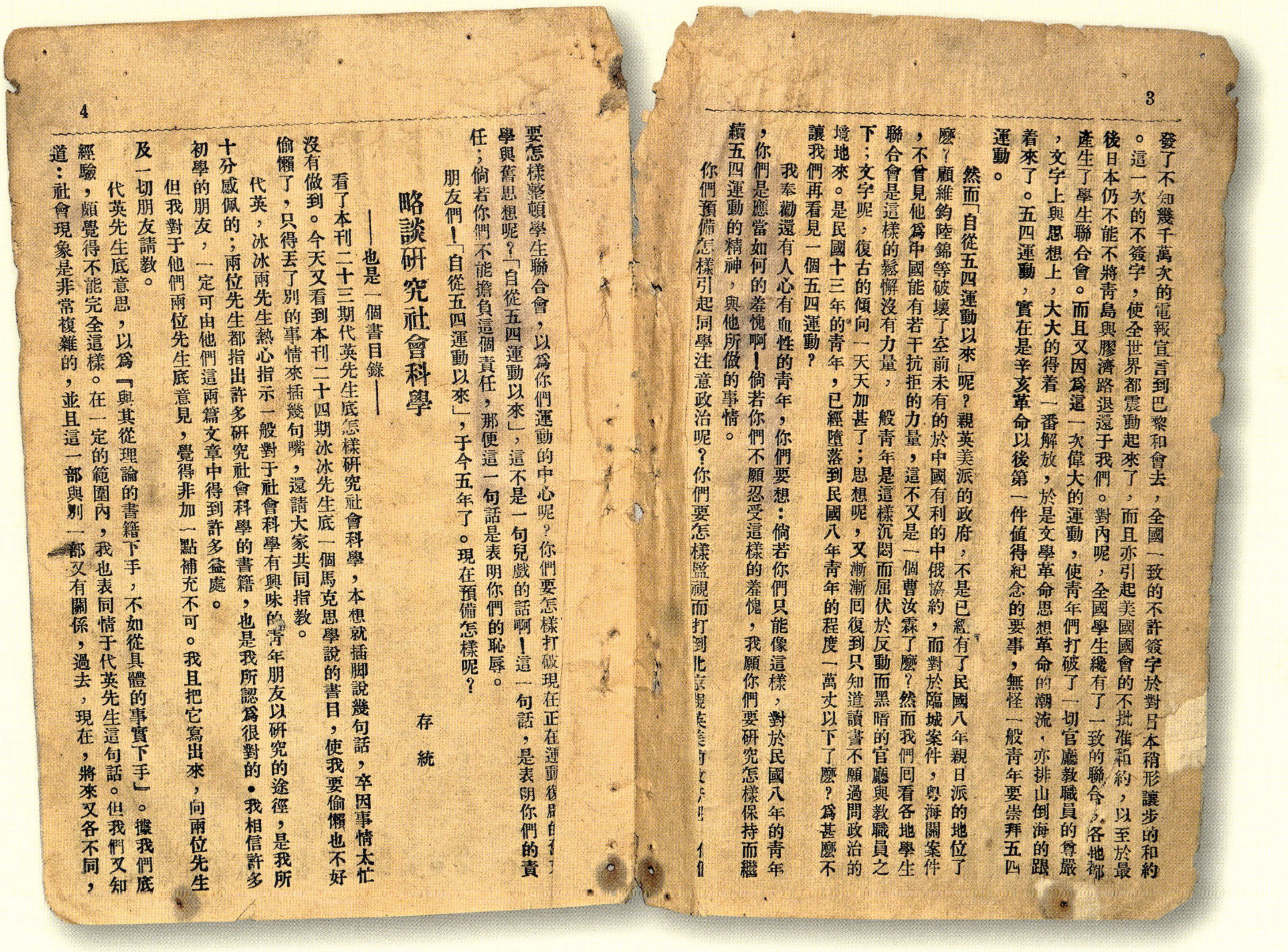

發了不知幾千萬次的電報宣言到巴黎和會去，全國一致的不許簽字於對日本稍形讓步的和約。這一次的不簽字，使全世界都震動起來了，而且亦引起美國國會的不批准和約，以至於最後日本仍不能不將青島與膠濟路退還于我們。對內呢，全國學生纔有了一致的聯合，各地都產生了學生聯合會。而且又因爲這一次偉大的運動，使青年們打破了一切官廳教職員的尊嚴，文字上與思想上，大大的得着一番解放，於是文學革命思想革命的潮流，亦排山倒海的跟着來了。五四運動，實在是辛亥革命以後第一件值得紀念的要事，無怪一般青年要崇拜五四運動。

然而「自從五四運動以來」呢？親英美派的政府，不是已經有了民國八年親日派的地位了麼？顧維鈞陸錦等破壞了空前未有的於中國有利的中俄協約，而對於臨城案件，粵海關案件，不會見他爲中國能有若干抗拒的力量，這不又是一個曹汝霖了麼？然而我們回看各地學生聯合會是這樣的鬆懈沒有力量，一般青年是這樣沉悶而屈伏於反動而黑暗的官廳與教職員之下；文字呢，復古的傾向一天天加甚了；思想呢，又漸漸回復到只知道讀書不願過問政治的境地來。是民國十三年的青年，已經墮落到民國八年青年的程度一萬丈以下了麼？爲甚麼不讓我們再看見一個五四運動？

我奉勸還有人心有血性的青年，你們要想：倘若你們只能像這樣，對於民國八年的青年，你們是應當如何的羞愧啊！倘若你們不願忍受這樣的羞愧，我願你們要研究怎樣保持而繼續五四運動的精神，與他所做的事情。

你們預備怎樣引起同學注意政治呢？你們要怎樣監視而打到北[illegible]你們

要怎樣整頓學生聯合會，以爲你們運動的中心呢？你們要怎樣打破現在正在運動後[illegible]學與舊思想呢？「自從五四運動以來」，這不是一句兒戲的話啊！這一句話，是表明你們的責任；倘若你們不能擔負這個責任，那便這一句話是表明你們的恥辱。

朋友們！「自從五四運動以來」，于今五年了。現在預備怎樣呢？

存統

略談研究社會科學

——也是一個書目錄——

看了本刊二十三期代英先生底怎樣研究社會科學，本想就插脚說幾句話，卒因事情太忙沒有做到。今天又看到本刊二十四期冰冰先生底一個馬克思學說的書目，使我要偷懶也不好偷懶了，只得丟了別的事情來插幾句嘴，還請大家共同指教。

代英，冰冰兩先生熱心指示一般對于社會科學有興味的青年朋友以研究的途徑，是我所十分感佩的；兩位先生都指出許多研究社會科學的書籍，也是我所認爲很對的。我相信許多初學的朋友，一定可由他們這兩篇文章中得到許多益處。

但我對于他們兩位先生底意見，覺得非加一點補充不可。我且把它寫出來，向兩位先生及一切朋友請教。

代英先生底意思，以爲『與其從理論的書籍下手，不如從具體的事實下手』。據我們底經驗，頗覺得不能完全這樣。在一定的範圍內，我也表同情于代英先生這句話。但我們又知道：社會現象是非常複雜的，並且這一部與別一部又有關係，過去，現在，將來又各不同，

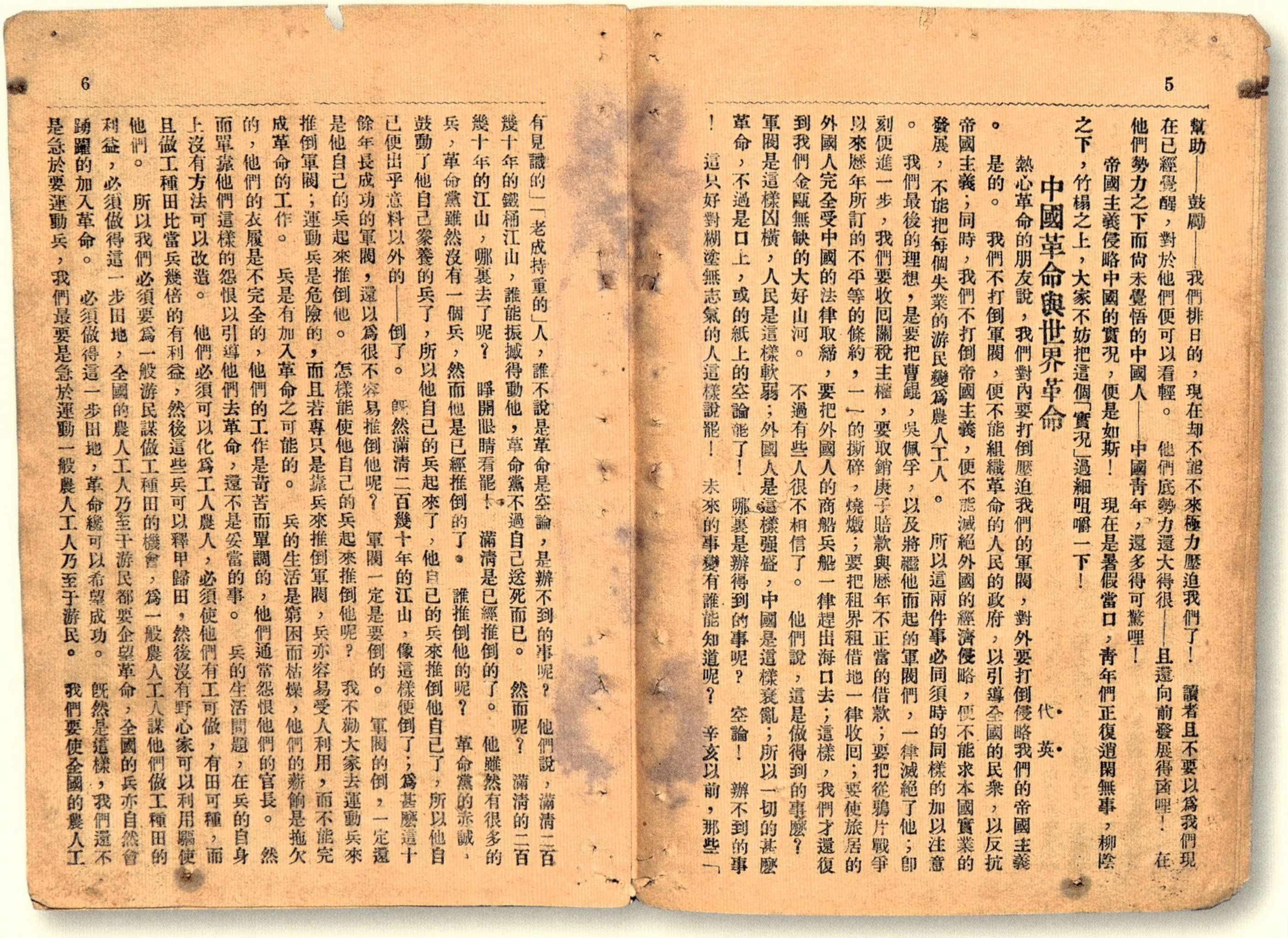

幫助——鼓勵——我們排日的，現在却不能不來極力壓迫我們了！ 讀者且不要以為我們現在已經覺醒，對於他們便可以看輕。 他們底勢力還大得很——且還向前發展得凶哩！ 在他們勢力之下而尚未覺悟的中國人——中國青年，還多得可驚哩！

帝國主義侵略中國的實況，便是如斯！ 現在是暑假當口，青年們正復逍閑無事，柳陰之下，竹楊之上，大家不妨把這個「實況」過細咀嚼一下！

中國革命與世界革命

代英

熱心革命的朋友說，我們對內要打倒壓迫我們的軍閥，對外要打倒侵略我們的帝國主義。是的。 我們不打倒軍閥，便不能組織革命的人民的政府，以引導全國的民衆，以反抗帝國主義；同時，我們不打倒帝國主義，便不能滅絕外國的經濟侵略，便不能求本國實業的發展，不能把每個失業的游民變為農人工人。 所以這兩件事必同須時的同樣的加以注意。

我們最後的理想，是要把曹錕，吳佩孚，以及將繼他而起的軍閥們，一律滅絕了他；卽刻便進一步，我們要收回關稅主權，要取銷庚子賠款與歷年不正當的借款；要把從鴉片戰爭以來歷年所訂的不平等的條約，一一的撕碎，燒燬；要把租界租借地一律收回；要使旅居的外國人完全受中國的法律取締，要把外國人的商船兵船一律趕出海口去；這樣，我們才還復到我們金甌無缺的大好山河。 不過有些人很不相信了。 他們說，這是做得到的事麽？軍閥是這樣凶橫，人民是這樣軟弱；外國人是這樣強盛，中國是這樣衰亂；所以一切的甚麽革命，不過是口上，或的紙上的空論罷了！ 哪裏是辦得到的事呢？ 空論！ 辦不到的事！ 這只好對糊塗無志氣的人這樣說罷！ 未來的事變有誰能知道呢？ 辛亥以前，那些「

有見識的」——「老成持重的」人，誰不說是革命是空論，是辦不到的事呢？ 他們說，滿清二百幾十年的鐵桶江山，誰能振撼得動他，革命黨不過自己送死而已。 然而呢？ 滿清的二百幾十年的江山，哪裏去了呢？ 睜開眼睛看罷！ 滿清是已經推倒的了。 他雖然有很多的兵，革命黨雖然沒有一個兵，然而他是已經推倒的了。 誰推倒他的呢？ 革命黨的赤誠，鼓動了他自己豢養的兵了，他自己的兵起來了，他自己的兵來推倒他自己了，所以他自己便出乎意料以外的——倒了。 既然滿清二百幾十年的江山，像這樣便倒了；為甚麽這十餘年長成功的軍閥，還以為很不容易推倒他呢？ 軍閥一定是要倒的。 軍閥的倒，一定還是他自己的兵起來推倒他。 怎樣能使他自己的兵起來推倒他呢？ 我不勸大家去運動兵來推倒軍閥；運動兵是危險的，而且若專只是靠兵來推倒軍閥，兵亦容易受人利用，而不能完成革命的工作。 兵是有加入革命之可能的。 兵的生活是窮困而枯燥，他們的薪餉是拖欠的，他們的衣履是不完全的，他們的工作是苛苦而單調的，他們通常怨恨他們的官長。 然而單靠他們這樣的怨恨以引導他們去革命，還不是妥當的事。 兵的生活問題，在兵的自身上沒有方法可以改造。 他們必須可以化為工人農人，必須使他們有工可做，有田可種，而且做工種田比當兵幾倍的有利益，然後這些兵可以釋甲歸田，然後沒有野心家可以利用驅使他們。 所以我們必須要為一般游民謀做工種田的機會，為一般農人工人謀他們做工種田的利益，必須做得這一步田地，全國的農人工人乃至于游民都要企望革命，全國的兵亦自然會踴躍的加入革命。 必須做得這一步田地，革命纔可以希望成功。 既然是這樣，我們還不是急於要運動兵，我們最要是急於運動一般農人工人乃至于游民。 我們要使全國的農人工人乃至游民，都知道革命是解決他們問題的唯一法子，他們要靠着革命滅絕一般刮削搗亂的軍閥，他們要靠着革命取銷一切非法的租稅，他們要靠着革命抗拒一切外國的勢力，使他們的工業農業得着利益。他們能這樣看清楚他們自身的利害關係，他們自然會祈求革命，禱祝革命。到了那個時候，我們何必還愁軍隊不加入革命呢？軍隊的家庭，他的親眷，他的朋友，都是一般祈求禱祝革命的農工游民；到了那時候，兵的父母亦要希望他革命；兵的子女亦要懇求他加入革命；兵到茶館的時候，茶館的堂倌鼓吹他革命；兵到酒館的時候，酒館的掌櫃勸勉他革命。我們何愁他不加入革命呢？軍閥終究是要被推倒的，他要被他自己的兵推倒他。朋友們！努力罷！這是一定可能的事呢！但是有些人說，縱然軍閥推倒了，要打倒外國的勢力終究是不可能的。他們說，外國的鎗炮不是十分可怕麼？外國的兵船不是非我們所能抵當麼？是的。這都是千眞萬確的。然而這並不見得外國的勢力不可以打倒。我常想一般人對於外國的勢力，是過於恐怖了；他們以爲所謂外國是一個整個的東西，其實決不是這樣。所以他們怕外國只不過是毫無根據的事情。我們要知道所謂外國決不是一個整個的東西，他們的少數強國，都是互相仇視的。英國與法國的猜忌是積久而愈深的，他們對德意見的不同，他們爭競的設置飛行軍，儼然像歐戰以前英德的暗鬥一樣。法國是要聯合捷克以壓迫德國的，意大利又聯合南斯拉夫以與法國相對抗，這又是歐洲國際間的一幕把戲。至於美國與日本，許多年便喧傳是免不了一場戰爭的。日本的把持滿洲，使美國無從染指，久已是美人所不快意；他的南進政策，又使美國不能不慮菲利濱之受日人威脅。對於美國方面，白種人的排斥黃種人，如加尼福民亞洲的移民案

，久爲日人所抗爭，然近來美國終於趁日本大災之後，通過了限制日本移民的法律，使日人大感着難堪，於是日美戰爭越成爲人人意中不久將要實現的事。我們看罷！現在所謂外國，既然是這樣的各懷鬼胎，我們在中間儘有自由利用的餘地，我們怕他們做甚麼呢？土耳其在歐戰後比中國還不如多了，基瑪爾將軍聯法以制英，聯美以制法，終於奪回君士坦丁堡，駸駸然有復興之勢。現在還留着一樣的機會給與中國人，只要中國人有力量，英國自然要聯我以對法，法國亦自然要聯我以對英，到那時候，我們所爭求的利益，他們還會爭先恐後的送給我們呢？有些人以爲我們一旦強盛起來了，外國人一定要協以謀我；他們不知道協以謀我，是事實上不易辦到的，倘若外國能協以謀我，早已瓜分我共管我了；惟其因爲他們內部紛歧，互相牽制，所以到現在待我亦不過如此。我們一旦強盛了，他們更不會有協以謀我的事，他們都會要拉攏我，協以謀對付他們的敵人呢。但不過靠聯絡一國的外國人，以反對他國的外國人，還不是最好的法子；因爲外交的手段總有時而窮的。我會用外交的手段來求我的利益，人家亦會用外交的手段來妨害我的利益；因此，所以土耳其用外交手段所得的利益，終究是很有限的。還有甚麼事可以更保障我們的完全勝利呢？那便是說，我們應當注意世界的革命勢力了。我們的錯誤，不但在乎誤認所謂外國是一個整個的東西，而且亦在乎我們誤認所謂英國所謂日本是一個整個的東西。英國的下面，不是有與英國政府站在反抗地位的愛爾蘭，埃及，印度等地革命的民衆麼？日本的下面，不是有與日本政府站在反抗地位的臺灣高麗等地革命的民衆麼？不要想待外國人隨時可以用聯軍來襲擊我們：假使在我們打倒外國勢力的時候，印度人有獨立的革命，英國人還有力量干涉我

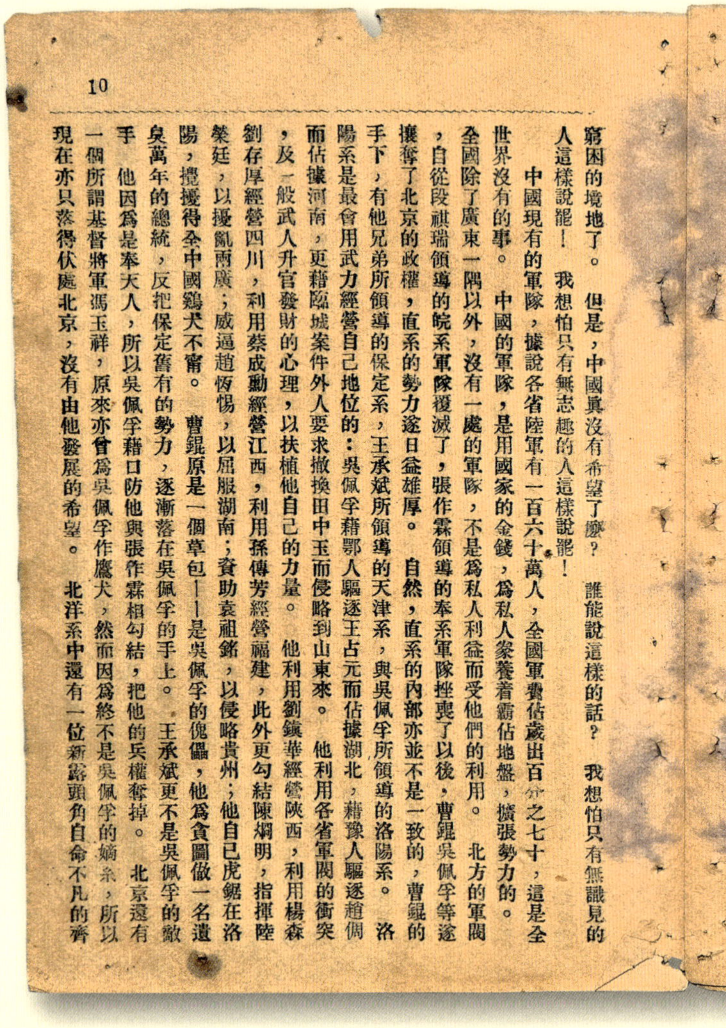

們麼？ 安南人有獨立的革命，法國人還有力量干涉我們麼？ 這樣推之於菲利濱高麗等處的革命，亦要使美國與日本沒有力量干涉我們。 中國是半殖民地的國家。 中國要求恢復獨立，必須與各殖民地的民族聯合的合作，然後可以達到最後的勝利。 我們還應當知道，各國的內部不僅有殖民地的革命民衆，還有一般赤色的進行共產革命的共產黨人。 共產主義在俄國的成功，第三國際對於世界革命的指導，使全世界共產黨人成了一個堅固，步伐一致的，世界革命黨徒。 無論在德國，在波蘭，在法國，在英國，通通立了他的根基，在歐洲第一是德國常在共產革命的潮流中捲着，似乎繼俄國而起的便是他了。 事實既然是這樣，那便連英法本國以內，亦埋伏了革命的種子，不但殖民地有可以與我們相提攜的革命的民衆，便是各強國自己內部的共產革命，亦要使他們的政府像俄國一樣的放棄對我們的侵略政策，我們的獨立的要求，一定會得世界革命的同志所尊重扶助，所以我們的獨立，在世界革命的中間，最可以得着理想的勝利。

「有了志願，便有法子」。 讓我們這樣做上去罷！ 讓我們對農人工人等宣傳，讓我們利用各國國際間的爭鬥，讓我們聯絡各殖民地乃到於各國內部的革命黨人，以進行世界的革命，中國靠了這，一定可以回復到完全獨立的地位。

中國的現狀

但一

中國成了一個怎樣的國家呢？ 成了一個軍閥橫行的國家，成了一個盜匪遍地的國家，成了一個全國國民顛連困苦似乎沒有救拔希望的國家，總而言之，中國今天實在陷於極悲慘

窮困的境地了。 但是，中國真沒有希望了麼？ 誰能說這樣的話？ 我想怕只有無識見的人這樣說罷！ 我想怕只有無志趣的人這樣說罷！

中國現有的軍隊，據說各省陸軍有一百六十萬人，全國軍費佔歲出百分之七十，這是全世界沒有的事。 中國的軍隊，是用國家的金錢，為私人豢養着霸佔地盤，擴張勢力的。全國除了廣東一隅以外，沒有一處的軍隊，不是為私人利益而受他們的利用。 北方的軍閥，自從段祺瑞領導的皖系軍隊覆滅了，張作霖領導的奉系軍隊挫喪了以後，曹錕吳佩孚等遂攘奪了北京的政權，直系的勢力遂日益雄厚。 自然，直系的內部亦並不是一致的，曹錕的手下，有他兄弟所領導的保定系，王承斌所領導的天津系，與吳佩孚所領導的洛陽系。 洛陽系是最會用武力經營自己地位的：吳佩孚藉鄂人驅逐王占元而佔據湖北，藉豫人驅逐趙倜而佔據河南，更藉臨城案件外人要求撤換田中玉而侵略到山東來。 他利用各省軍閥的衝突，及一般武人升官發財的心理，以扶植他自己的力量。 他利用劉鎮華經營陝西，利用楊森劉存厚經營四川，利用蔡成勳經營江西，利用孫傳芳經營福建，此外更勾結陳炯明，指揮陸榮廷，以擾亂兩廣；威逼趙恆惕，以屈服湖南；資助袁祖銘，以侵略貴州；他自已虎踞在洛陽，攪擾得全中國雞犬不甯。 曹錕原是一個草包——是吳佩孚的傀儡，他為貪圖做一名遺臭萬年的總統，反把保定舊有的勢力，逐漸落在吳佩孚的手上。 王承斌更不是吳佩孚的敵手　他因為是奉天人，所以吳佩孚藉口防他與張作霖相勾結，把他的兵權奪掉。 北京還有一個所謂基督將軍馮玉祥，原來亦曾為吳佩孚作鷹犬，然而因為終不是吳佩孚的嫡系，所以現在亦只落得伏處北京，沒有由他發展的希望。 北洋系中還有一位新露頭角自命不凡的齊

历史印记

1923 年 10 月 20 日，中国社会主义青年团机关刊物《中国青年》在上海创刊，《中国青年》作为共青团中央向外发声的主要书刊，以“服务青年成长，推动社会前行”为办刊宗旨，肩负宣传党的思想主张、推动团的重点工作、服务青年健康成长和营造良好舆论环境等重要职责，记录了不同历史时期中国青年的精神追求。创办人与编辑者为恽代英、林育南、邓中夏、萧楚女、任弼时、张太雷、李求实等，恽代英为首任主编。

1924 年 6 月 14 日《中国青年》第三十五期刊登了恽代英的文章《中国革命与世界革命》，他发文指出：“我们不打倒军阀，便不能组织革命的人民政府，以引导全国的民众，以反抗帝国主义；同时，我们不打倒帝国主义，便不能灭绝外国的经济侵略，便不能求本国实业的发展，不能把每个失业的游民变为农人工人。”他呼吁全国人民应踊跃地加入革命，打倒军阀，打倒帝国主义，实现中国完全的独立。

《中国青年》是中国近代史和中国共产主义运动史上最具战斗力和生命力的青年刊物，在黑暗的军阀统治下，这样一本 32 开的周刊，成为宣传马克思主义和共产党主张、揭露和批判国民党右派的重要阵地，成为青年们最喜爱的进步刊物，培养和影响了一代青年走上革命道路，具有重要历史意义与价值。

谭寿林烈士
中学时期的作文本

谭寿林（1896—1931），又名谭勉予，广西贵县人，中共党员。1921年考入北京大学，参加北京大学马克思学说研究会。1922年加入中国社会主义青年团。1924年加入中国共产党。1925年12月担任中共梧州地委书记兼梧州《民国日报》社社长。1928年任中华全国海员总工会秘书长。1931年任中华全国总工会秘书长，4月在上海恢复工会组织时被捕，解至南京，5月牺牲。

作文
作文
作文
譚壽林

作文
作文
作文
習問部
習問
譚壽林

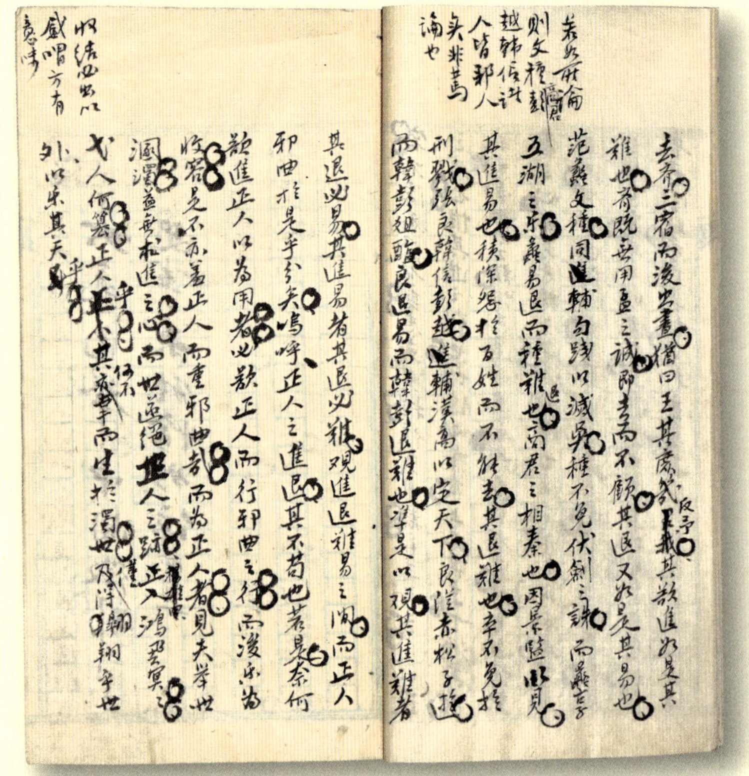

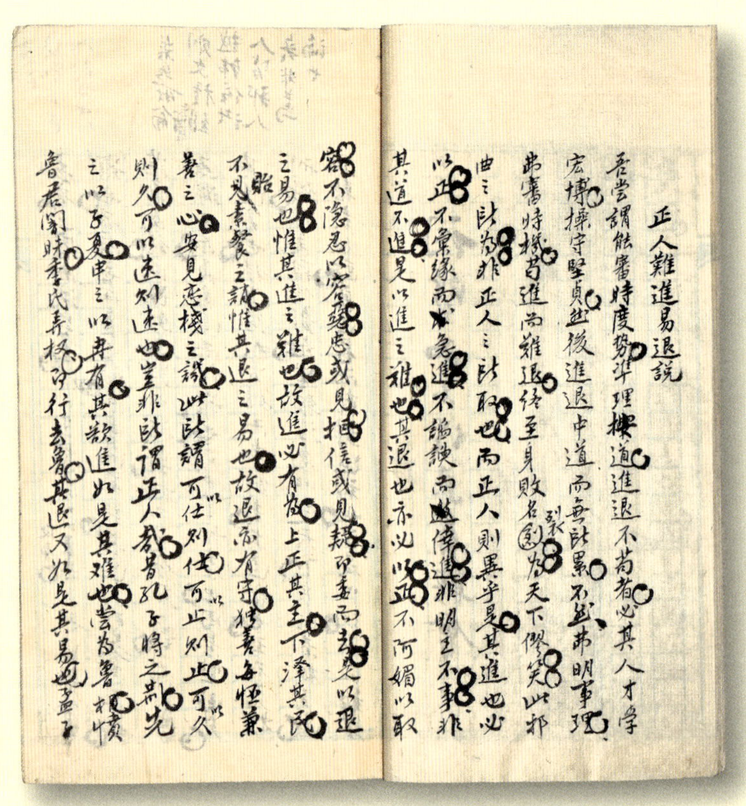

正人難進易退說

文物档案

该套文物是谭寿林在广西贵县中学读书时的作文本，二级文物，1959 年由谭寿林的兄弟谭寿余捐赠。作文本共计十册，其中最大一册长 14 厘米，宽 24 厘米，厚 0.5 厘米，最小一册长 13 厘米，宽 21.5 厘米，厚 1 厘米，包含《丈夫当以功济四海论》《非德不交论》《奸佞害国论》《赈贫论》等近百篇文章，内有老师批语。

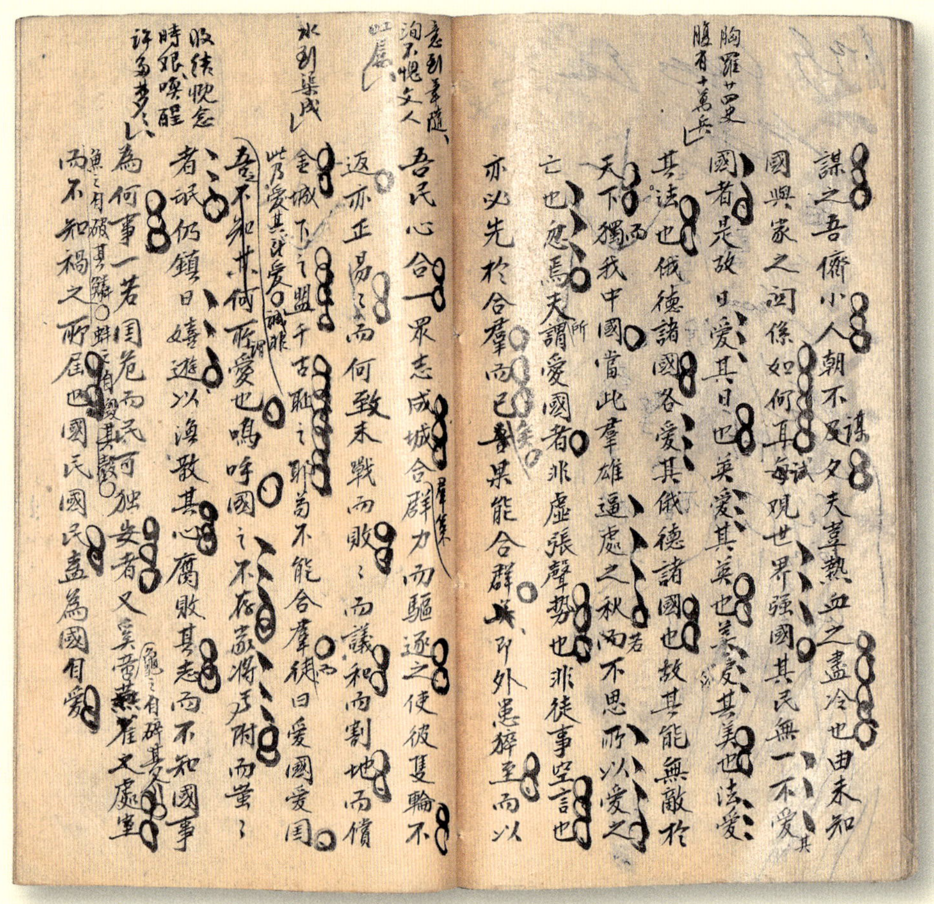

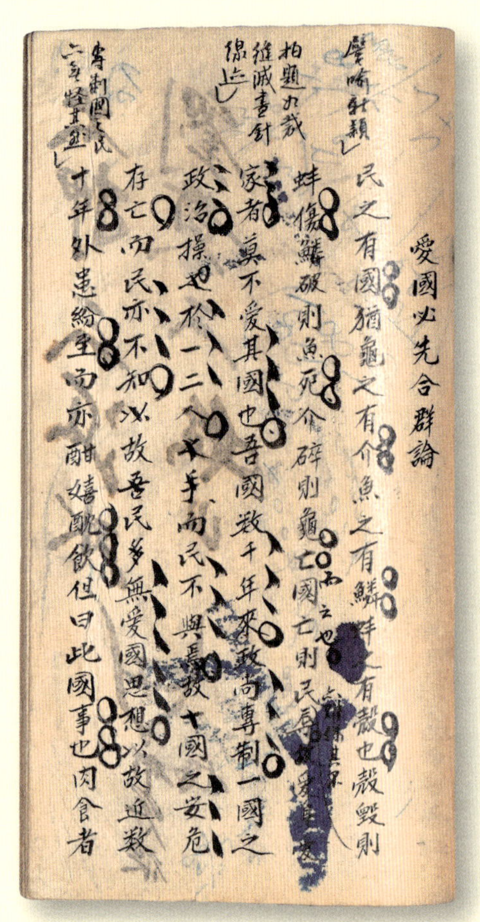

爱國必先合群論

《爱国必先合群论》："夫谓爱国者非虚张声势也，非徒事空言也，亦必先于合群而已矣，果能合群，即外患猝至而以吾民心合一众志成城，合群策群力而驱逐之。"

历史印记

1917 年谭寿林考入广西贵县中学，起初他多是写如《说名》《非德不交论》《正人难进易退说》等文，反映了他希望做一名“有德者”“正人”。1919 年，五四运动的滚滚浪潮席卷全国，谭寿林积极投身到这场反帝反封建的爱国运动中，写下如《爱国必先合群论》《国耻当雪论》《振兴实业可以开辟利源论》《丈夫当以功济四海论》等多篇文章，说明他在接触先进思潮的过程中，从一名朝气蓬勃、意志昂扬的知识青年逐渐转变成为一名忧国忧民、反帝爱国的进步人士。

谭寿林将满腔的爱国热情凝聚于笔端，挥洒于纸上。在《爱国必先合群论》一文中，他言辞坚定，语气激昂，号召民心合一，众志成城，驱逐外患；在《丈夫当以功济四海论》一文中，他希望做一名“功济四海”的丈夫，呼吁有志之士在国家危难时刻挺身而出，以复兴富强国家为己任，担当起反帝爱国之重任。谭寿林的这些作文字里行间透露了他将自己的命运前途与革命理想绑定在一起，是他从一名求知若渴的学生逐渐成长为一名自觉革命的共产主义战士的见证物。

高文华烈士写给父亲的信

高文华（1907—1931），化名程清，笔名高潮，江苏无锡人，中共党员。1924年考入黄埔军校第三期。1925年加入中国共产党，8月任国民革命军第三师连党代表。1926年任北伐军总司令部工兵团营指导员、团党代表。1927年11月任共青团无锡县委书记。1928年3月在无锡周山浜汤家桥联络工作时被捕，解至南京。1931年7月牺牲。

父亲：——

你初几寄的信我已得到那家好几天了（我这两星期都没有到得那家去，我和他很不亲近。今天到新新师去玩，遇见了他的书记才把信给我，得到已有半月都不见面了。

我有去处，我虽无事，但也有三块一月的薪水，一天到晚吃饭睡觉不做事过了，也有一块钱一天进来，放心，我决不会饿死，我三四个月后至少要有薪水，有时或有多些：

我接你来信，见你和母亲要我回去就山东铁路财务，实极奇怪，你既知我之意志，何须再写出这种信来，我是一个革命者，我岂会爱钱的事做呢？老实说：山东有六百元、八百元一月的事，我都不做的。你们要我回来又做什么呢？要到山东也是这样，山东也是我家，广东也是我家，有什么两样呢？你要我回来，有什么方法都是不行的，早已和你们讲过的"英雄一去不复还矣"。我自觉不能和你们再见面实极难过，请父母当看无此子罢！此子[illegible]矣。

还有一桩，我接家一信论及婚姻问题，这些信後我极不高兴，很想写出，想再写一信示责。我既看婚姻问题如此冷淡，我实不以为此俗重。故现在再行声明，婚姻问题请勿放在心上，如有则离之，如无勿虑之；无老婆乃终身清静自由，东西南北来去轻快，何有害及他人事。若有老婆则苦于出口矣。

祝家健

不孝子 文华 五月十号晚

文物档案

该件文物是高文华1926年写给父亲的信，三级文物，1974年由高文华的妹妹高福珍捐赠。这封信长21厘米，宽27厘米，纸质。信件中高文华回复了其父关于回山东铁路工作的想法，并针对自己的婚姻表达了看法。落款为“不肖子，文华，五月十号晚”。

历史印记

在黄埔军校期间，高文华接触了许多共产党员和共青团员，学习了更多的马克思主义理论。他阅读了《共产党宣言》《共产主义ABC》等理论著作，被马克思主义真理所指引的科学路径和所昭示的光明前景吸引，逐步建立起牢固的共产主义信仰。在他参加两次东征的这一年，高文华加入了中国共产党，成了信仰坚定的无产阶级革命者。

高文华在这封写给父亲的信中，婉拒了家人给他找的一份高薪而稳定的工作，表示自己是一名革命者，志在追求更崇高的理想，不会受金钱的牵动。同时，高文华深知“英雄一去不复还”，依旧无畏选择投身革命，真正践行了其“我要做的就是使天下穷苦人将来能够吃饱穿暖的事情”的理想信念。

朱务平烈士
编印的教课讲义

朱务平（1898—1932），原名朱焕明，字镜秋，安徽宿县人，中共党员。1923年加入中国共产党。1926年任中共临涣独立支部书记、中共宿县地方执行委员会书记。1928年任中共徐海蚌特委委员兼凤阳县委书记。1930年任中共长淮特委委员。1931年6月任中共长淮特委书记。1932年9月因中共长淮特委遭破坏在蚌埠门台子火车站被捕，解至南京，11月牺牲。

文物档案

该件文物是朱务平编印的教课讲义，二级文物，1958 年由朱务平之子朱兴礼捐赠。讲义长 19.6 厘米，宽 27 厘米，厚 0.1 厘米，纸质，筒子页，线装，采用刻印工艺。其内容分为“中国的现状”“中国的绅士”“互助的真义”三个部分。

中国青年

洋，今年殺工人許白昊等及律師劉芳的凶手麽？吳佩孚他有甚麽主張可以救中国？他何曾把中国四萬萬人的利益放在他的眼上？他所擁護的北京政府，不只是英法日美等帝的傀儡麽？不是曾經[illegible]辱民的臨城賠款案，李義元事件觀審案，而且最近簽定重大損失的德發債票案的當事人麽？甚麽叫北京政府？老實説，北京政府更是一些凶横的軍閥，与卑污的官吏議員，朋比為奸的，以对外則賣国於列强，对内則使吳佩孚等得以窮凶極惡的蹂躪殘刖全国同胞的一種匪徒的總機關罷了！吳佩孚[illegible]或者甚至于是吳佩孚的勢力歸於消滅呢？不然，錯的，吳佩孚的勢力是不能讓他這樣永久的存在的。然而我們在這裏必須濺正我們一種錯誤的觀念：必須不要想得吳佩孚是中國唯一的魔星，只要把吳佩孚打倒

朱明志

詩

頸上血

工人頸上血；
軍閥手中鐵；
頸可折，
肢可裂，
奮鬥的精神可不滅！
勞苦的羣衆們！
快起來團結！

中國的紳士

洋生

中國的紳士，是一種上不在天，下不在田，立於官僚軍閥與民衆之間，莫名其妙的一個階級。他們一方面勾結官僚軍閥以欺侮民衆，一方面也冒充代表民衆以挾制官僚軍閥。他們非民非官，亦民亦官，衙门裏去得，民衆團体中间也去得。他們大概是資産階級，（不必一定有不動産，但一種莫名其妙的資格，已經可以使他們一生吃着不盡。）所以最富於苟且的精神，最歡喜談的是"息事寧人"之所[illegible]

社会常識　第八頁

痛絶的便是革命。他们同时也是知識階級，緣于他們的一種惰性，和因襲的地位，常常為旧思想旧制度的擁護者，他們大概都是貪婪要錢的，一面可以分官僚軍閥的餘瀝，一面也可以吸民衆的膏血，当顧問，当諮議，当高等跑腿……是他们要錢的方法。推薦縣金局長，保舉县知事，以至領津貼的報紙，乃至包攬詞訟，侵佔官產，假慈善（舊教）育等事募捐……無一不是他们要錢的方法。他们是從旧时的"仕宦之家"的蜕变得來的，是從旧时的"君"的蜕变得來的，是從新近的學者，財閥中蜕变得來的，所以一切腐敗的思想行為，他们应有盡有，年来地方自治之絕無成績，代議制度之根本敗壞，乃至教育事業弄得像今天這樣無可收拾，他们要算功首罪魁。他们為把持事权，霸佔地盤，一個人可以兼差十幾處，仿佛是無所不能，

我們的資本与技術都敵不过外國人，我們只有将洋貨有自由加税的权力，才能保護我們的農人工人，使他們的生產品比洋貨價廉而易銷。所以我們最要緊是取銷協定関税，自自人伯五文的条約，這樣，實業才得發展，全中國的兵匪才会安心乐意一变為工人農人，中國才会有太平希望（一）（完）

朱明炤

互助的真義

帥人

互助兩字照字面上講起來，当然是助的扶助，但是我們怎樣方能實行互助呢？現在納兩句成語來說："各盡所能，各取所值"，即是上文的下句，要不取所值，只取所需，所有的剩餘，通同納出來，供給人類社會用。大家都照這樣做去，才叫做互助。

互助是人类和動物通有性，不待养成的，但絕不是

历史印记

学生时代的朱务平具有强烈的爱国民主意识，坚持学习革命理论，宣传革命思想，参加革命活动。1923 年，朱务平加入中国共产党后，积极传播马克思主义，深入开展学生运动，在学生斗争中逐渐成长。为了壮大革命力量，朱务平遵照党组织的指示，奔走多地进行革命宣传，不畏艰险推动建党工作，毫不动摇坚持地下斗争。他主持创办了长淮特委机关报《红旗报》，撰写文章，宣传共产党的方针路线，鼓舞长淮地区的劳苦大众与国民党反动统治做坚决斗争。

朱务平在刻写的授课讲义中悲愤地道出中国的现状："一个军阀横行的国家，一个盗匪遍地的国家，成了一个全国国民颠连困苦……中国今天实在陷于极悲惨穷困的境地了。"他呼吁保护农民与工人，取消协定关税；提倡并宣扬互助精神。讲义还包含工人运动时传唱的歌谣《颈上血》："军阀手中铁；工人颈上血；颈可折，肢可裂，奋斗的精神可不灭！劳苦的群众们！快起来团结！"这件文物就是朱务平本人宣扬先进思想、宣传革命工作的见证物，具有一定的史料研究价值。

陈原道烈士
读书时期的笔记本

陈原道（1902—1933），又名伯康，安徽巢县人，中共党员。1925年加入中国共产党并被派赴莫斯科中山大学学习。1929年2月回国，任中共中央宣传部秘书。1930年2月任中共河南省委常委、秘书长兼组织部部长。1931年2月任中共河北临时省委组织部部长。1932年11月任中共江苏省委常委兼上海革命工会党团书记。1933年1月在上海组织失业工人请愿示威时被捕，解至南京，4月牺牲。

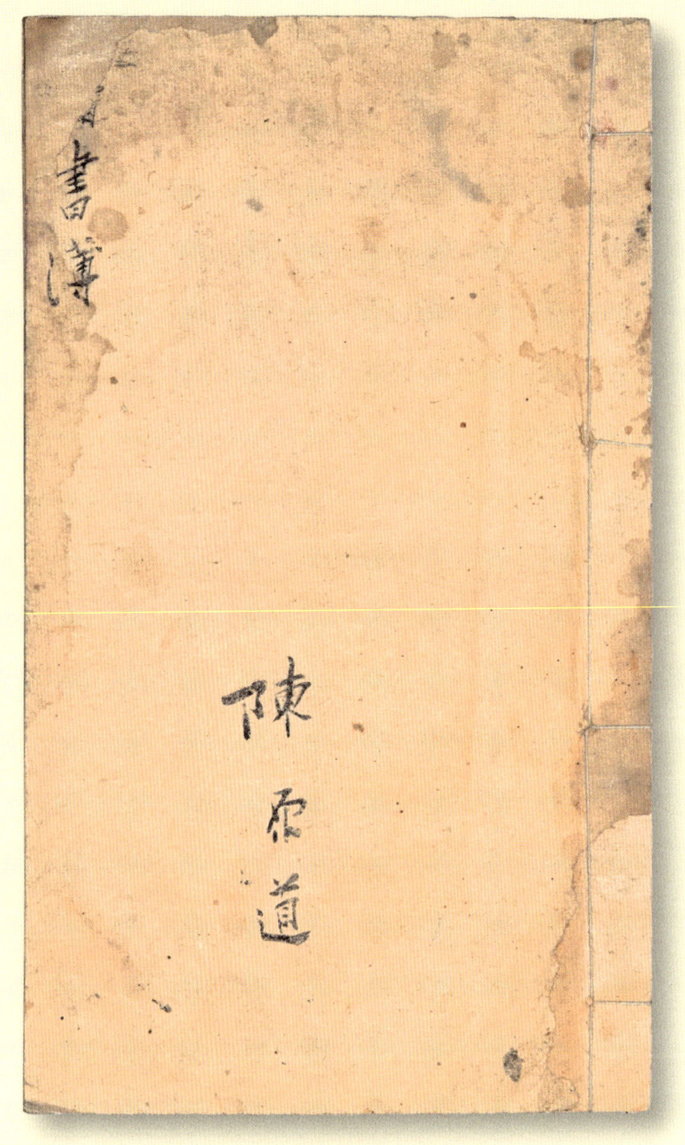

文物档案

该件文物是陈原道在安徽省立第二甲种农业学校读书期间聆听恽代英演讲时做的笔记，二级文物，1959 年由陈原道的兄弟陈原苍捐赠。笔记本长 14 厘米，宽 23.7 厘米，厚 0.2 厘米，纸质，线装，内页为红色条纹筒子页。

恽代英先生讲演

今天因为这样孙中山先生方便上海执行部委托故来
此一趟但行期甚促所以今天在这个地方来同诸君
谈话刚才听校长说实不敢当我们宜一传不
是同基督教徒传教一样但基督教徒传教为上
帝我们的传教为国家……………… 譬如你
们学校做学问学体的……学拳的……
譬如学子的……但在这社会无任何所学
都不在社会上找饭吃你们毕业出来只可以教

书同师范生争做概或出入大学但是毕业
出来又是什么事情做呢？……以前读书
……所以苏资蓄财现在读书都不行光阴究
易一年级忽三年级便毕业了但又怎么办
呢？我在南京两海工程……中国的社会
没有地方可以容纳人才往毕业的学生一
年一年的加多了……有许多人说中国要多
了许多人才师范毕业人才……他说我
们是学的新教育必定把老先生打倒……

我们要改良教育……社会没有饭吃便怎
么办呢？只是懊恼……老先生必定说你们是
过激派……但是学问人太多了这里廿个
那里廿个……东洋留学生一般，西洋留学
生一班……

现在有许多学生看破了便觉得了他们
的父母希望毕业挣钱做事来我不着事他
们便责难了那怕在学堂一百分但总是不能
找好托人寻事……有许多毕业生找不着

事不回家……挪借人家的当教员……
现在通的人走这条路……搞饭碗不足以换
得到就是搞到了也弄不着薪费……教育
费统被军阀们拿去了……要应酬……这样
拿钱回去养父母养妻子吗？
有许多人拟定了是我生路，所以一切应酬
一切……都是不得已。我说现在谋事简直是狗
屁头……中国人不加多……一切都是空挂招
片……兵太多了常常打仗，这是近祸根

最近段祺瑞承认金佛郎案，金佛郎纸
换金，法国人金佛郎跌了价……还他金
佛郎，每年要损七万块钱……这样……
都加在我们身上
洋货为什么流行到中国呢？……我们
鸡蛋三四个铜子一个，外人鸡蛋两毛钱……外人
拉一个鸡蛋要抽一毛水……中国茶叶是外人很
喜欢，他从印度锡兰设一个卡子重税，所以茶就
不能去了。现在外人一百元货完五元，中国一百元完

七十五元……今年外货都照民国七年完税
所以洋货偏地都是……现在总税务司安格联
是中国皇帝，北京政府还巴结他，所以大权都握
在安格联手中……安格联手上钱都是中国钱
……要革命，要革外国人命……对外条约
第一次鸦片条约……以后条约一直来侍宰
未长它

历史印记

1921年，陈原道怀揣农业救国的理想，考入安徽省立第二甲种农业学校。当时五四运动新思潮正蓬勃发展于全国，求学路上的陈原道对反帝反封建的文章求知若渴、孜孜不怠，在阅读《新青年》《每周评论》等进步书刊的同时还钻研李大钊介绍十月革命的文章。他与老师同学讨论中国现状，对社会主义有了进一步的认识，如拨开云雾见天日般发现了中国的未来与希望，于是下定决心投身革命。恰逢中国青年运动领袖恽代英来校宣传新思潮，年轻的陈原道深受鼓舞。

这本笔记的内容虽只有寥寥4页，却将恽代英在演讲时所提倡的传播先进思想、改良教育、改革税收、要革命等主要观点罗缕纪存，犹如一支红色的火把指引着年轻学者未来的路。以陈原道为代表的年轻学者，身体力行，为实现理想抱负苦苦追求，为寻求救国救民真理奋不顾身，在革命洪流中起起伏伏，锤炼成真正的共产主义先锋战士。

吕惠生烈士
签发的濡江书店股票

吕惠生（1903—1945），又名惟俪，安徽无为人，中共党员。1922年考入北京国立农业专门学校，毕业后从事教育工作。1939年任《无为日报》社社长兼主编。1940年任仪征县抗日民主政府县长。1941年5月任无为县抗日民主政府县长。1942年加入中国共产党，任皖中行政公署主任。1943年10月任皖中人民抗日自卫军司令员。1945年9月随新四军第七师北撤时在芜湖被捕，解至南京，11月牺牲。

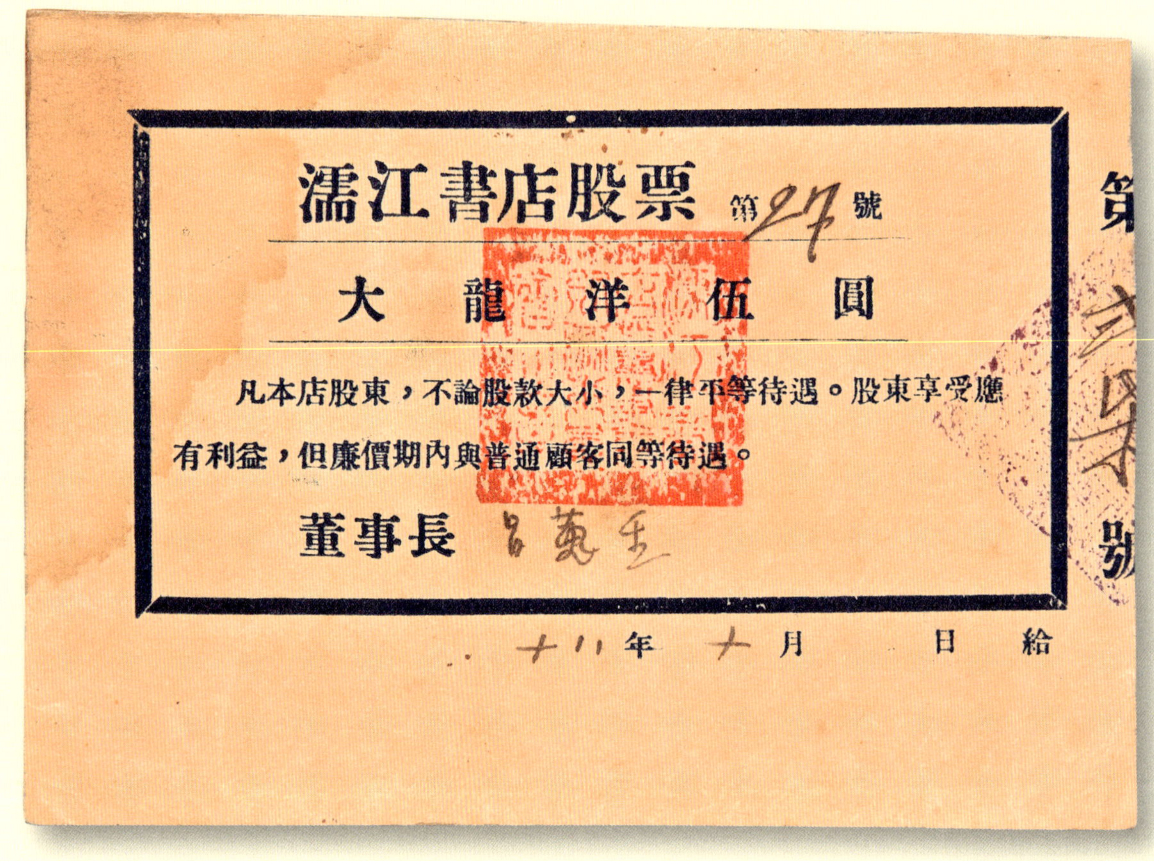
濡江書店股票 第27號

大龍洋伍圓

凡本店股東，不論股款大小，一律平等待遇。股東享受應有利益，但廉價期內與普通顧客同等待遇。

董事長 呂蕙生

十八年十月　日給

濡江書店股票 第28號

大 龍 洋 伍 圓

凡本店股東，不論股款大小，一律平等待遇。股東享受應有利益，但廉價期內與普通顧客同等待遇。

董事長 呂蕙生

卅年 十月 日給

第
號

文物档案

该套文物是1929年由董事长吕惠生签发的濡江书店股票，二级文物，20世纪70年代由安徽省人民政府参事室齐丹九捐赠。股票长13.3厘米，宽9.2厘米，纸质，共2张，为第27号和第28号连号。该股票为不记名股票，股金大龙洋五元，票面印有“凡本店股东，不论股款大小，一律平等待遇，股东享受应有利益，但廉价期内与普通顾客同等待遇”。董事长吕惠生亲笔签名，日期为民国十八年（1929）十月。票面上钤有濡江书店董事会财务委员会的一枚朱文方印和半枚紫色骑缝方印。

历史印记

从北京国立农业专门学校（后改为国立北京农业大学）毕业后，吕惠生回到家乡安徽无为从事教育工作，并于第一次国共合作期间加入国民党，后作为民主进步人士被推举为无为县初级中学校长。随着当地中共党组织的发展壮大，为宣传进步思想，扩大马列主义思想传播，中共无为县委委员刘方鼎筹资创办濡江书店，并代表党组织邀请吕惠生出任董事长。1929 年 10 月濡江书店开业，主要售卖《共产党宣言》《社会主义进化史》《新青年》等进步书刊，这里不仅是进步书刊的销售地，也是革命宣传的阵地。

这两张濡江书店的股票，在制作印刷方面虽不及当时上市公司股票那样精良，但极具年代和地域特色，成为创办濡江书店筹集资金的历史见证，也从侧面反映了当时无为地区的经济社会发展情况。更为重要的是，吕惠生在濡江书店任董事长期间，接触阅读了很多进步书籍，思索探求改造社会、救国救民的道路。他不仅从文字中重新认识了中国共产党，更从共产党人身上看到了这个组织的先进性，为他之后脱离国民党、加入共产党打下了重要基础。

朱建国烈士
中学时期的日记本

朱建国（1916—1948），又名朱镇国，江苏睢宁人，中共党员。1942年考入国民党陆军大学，1943年加入中国共产党。1946年春打入国民党北平第十一战区长官部工作，任少校参谋。1947年9月因北平地下情报系统遭破坏被捕，解至南京。1948年10月牺牲。

九月十二日　晴　星期三

深夜的蟋蟀聲

已經是更蘭夜靜的時候了，孤臥寢室的我，因為睡被萬縷家思侵擾，一時睡不覺着，便霍然地從牀上爬起來，走到門外散步。只見那蔚藍色的天空中，無數晶瑩的星，在閃爍發光。也不知誰在寢室裏撫弄絲弦，悠揚宛囀的聲音，異樣的悅耳，我失神的呀了一聲，萬疊閒

文物档案

该件文物是1936年朱建国在睢宁城中学读书时的日记本，三级文物，1964年由朱建国的兄弟朱振藩捐赠。日记长14厘米，宽25厘米，厚1厘米，纸质，绿色格子纸，记录了《深夜的蟋蟀声》《秋天的风雨》《雨后的莲池》《秋天的郊游》《秋日的感想》《读了七十二烈士广州殉难之后》《游烈士公园》7篇日记。

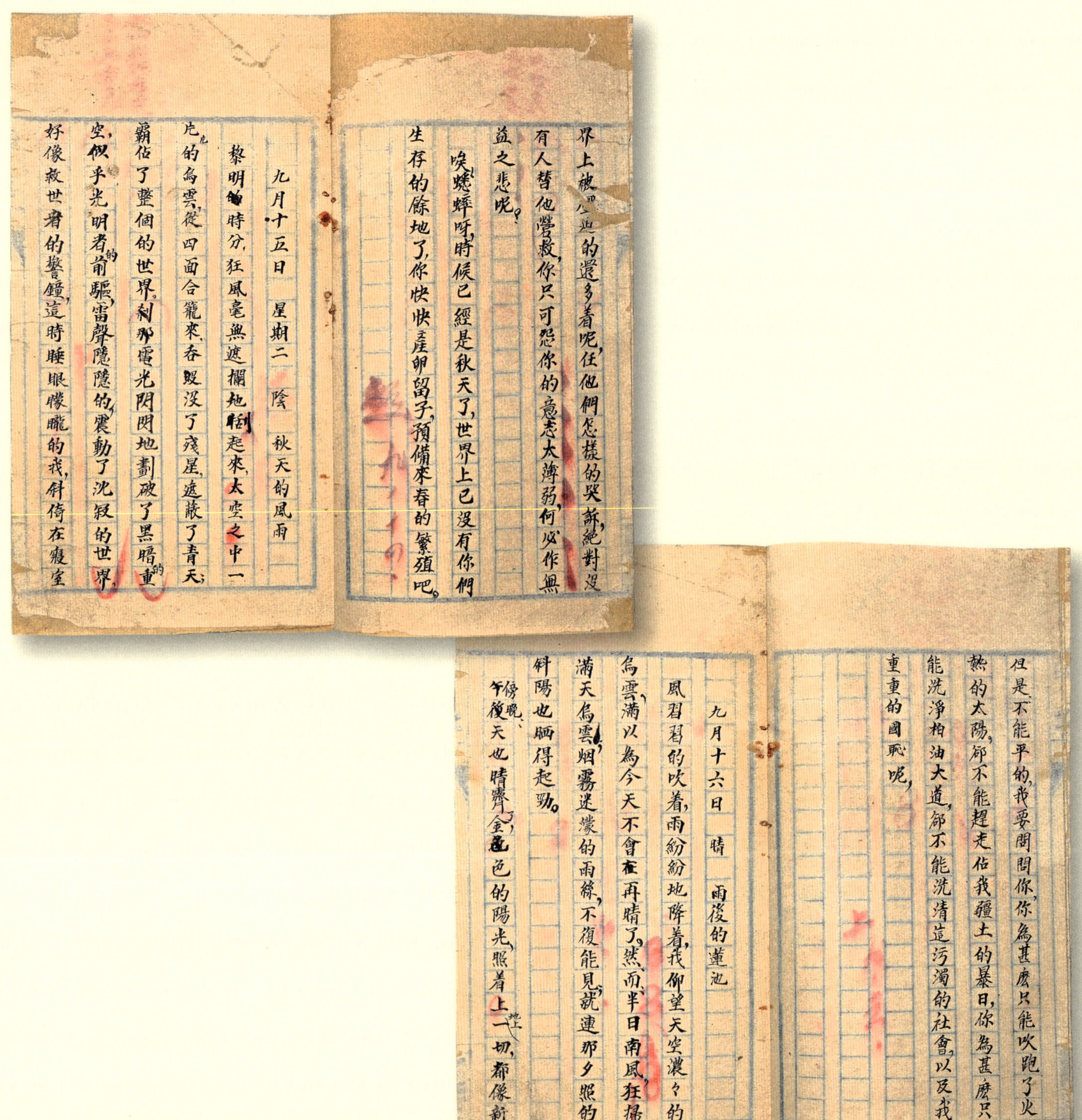
界上被人吃的還多着呢，任他們怎樣的哭訴，絕對沒
有人替他營救，你只可怨你的意志太薄弱，何必作無
益之悲呢。

唉，蟋蟀呀，時候已經是秋天了，世界上已沒有你們
生存的餘地了，你快快産卵留子，預備來春的繁殖吧。

九月十五日　星期二　陰　秋天的風雨
黎明的時分，狂風毫無遮攔地颳起來，太空之中一
片的烏雲，從四面合籠來，吞毀沒了殘星，遮蔽了青天，
霸佔了整個的世界。剎那電光閃閃地劃破了黑暗的重
空，似乎光明者的前驅，雷聲隱隱的，震動了沉寂的世界，
好像救世者的警鐘，這時睡眼朦朧的我，斜倚在寢室

但是，不能平的，我要問問你，你為甚麼只能吹跑了火
熱的太陽，卻不能趕走佔我疆土的暴日，你為甚麼只
能洗淨柏油大道，卻不能洗清這污濁的社會，以及我
重重的國恥呢，

九月十六日　晴　雨後的蓮池
風習習的吹着，雨紛紛地降着，我仰望天空濃々的
烏雲，滿以為今天不會再晴了，然而半日南風，狂掃
滿天烏雲烟霧迷濛的雨絲，不復能見，就連那夕照的
斜陽也晒得起勁。
傍晚，天也晴霽了，金黃色的陽光，照着地上一切，都像新

九月二十四日 星期四 晴 讀了七十二烈士廣州殉難之後

我讀神州光復演義至七十二烈士廣州殉難後，不禁失聲嘆道，壯烈忠貞之犧牲，真不怕死貪生之輩所能做到的。想當那滿清末年，政治腐敗已達極點，那時的情形，真所謂，天災可以死，盜賊可以死，瓜分之日可以死，奸官污吏虐民可以死。在此種環境之下做小百姓的，差不多無時無地不可以死，可是與其含冤受屈，留留然為韃子們所累死，反不如趁着未死之前，拿自己的血和肉去同胡虜們拚命，然而許多以帝德乾坤大皇恩雨露深為座右銘的可憐蟲，見了黃龍旗下的垂辮清軍，便早以嚇得魂飛天外，魄散九霄，早已抱頭鼠竄了，那裏還敢反抗呢？

那時惟有那光明正大的烈士肯犧牲自己為國家為民族謀福造利的七十二烈士們了。他們目覩祖國的淪亡，民族的消沉，他不願過那奴隸式的牢獄生活，他要奮鬥，為他要在黑暗中見得一線曙光，他要掃除那滿天腥雲遍地豺狼，他只知為國家民族而奮鬥，絕不為個人安危而貪生，雖至多死，仍不稍為武力屈服，依然罵不絕口，這種壯烈的犧牲精神，真值得我們欽拜的，欽佩的。

同胞們，暴敵正在暗中積極的向我們侵略他那種親善政策是最足致中國死命的，並且是死後尚不覺的惡毒計劃，願同胞們都學着先烈的精神，不為烈強

踏
搏

所愚弄，讓列强眼睜睜的瞧着我們翻身，他們用銳敏
犀利的戰鬥器來對付我們，使我們預備犧牲的精神去
他們肉搏，我們應踏着先烈的血跡邁進，我們要抱着
只知為民族爭光榮，不知有一己的安危，向前奮鬥，我們
更要深信光明的前途，全靠自己努力奮鬥而得的。

暇

九月二十七日　星期日　晴　遊烈士公園
雖烈士公園，乃金陵名勝的地方，南踞城垣，北臨義
冢，東望泰山廟，西接原野，真絕世之幽境呀，所以遠方
來遊雖寧的莫不往遊烈士公園。
今天我趁着星期餘暇約二三同學同往遊覽，至則
見菊葉夾道而映綠，桂蕊迎風而噴香，紅葉與落霞爭艷，

历史印记

九一八事变后，华北局势日益严峻。在日记《秋天的风雨》中，朱建国写道：“秋风秋雨呀！你真是太残酷了。但是，不能平的，我要问问你，你为什么只能吹跑了火热的太阳，却不能赶走占我疆土的暴日；你为什么只能洗净柏油大道，却不能洗清这污浊的社会，以及我重重的国耻呢？”表达了他内心对侵华日军的痛恨及无法忍受国土沦丧的屈辱。

朱建国在阅读了黄花岗七十二烈士广州殉难的故事后，感怀当年烈士们救亡图存的初衷，思考人民幸福、国家富强的光明之路，写下了《读了七十二烈士广州殉难之后》这则日记。他崇拜并钦佩着烈士们“只知为国家民族而奋斗，绝不为个人安危而贪生。虽至身死，仍不稍为武力屈服”的牺牲精神，表达了我们“应踏着先烈的血迹迈进，我们要抱着只知为民族争光荣，不知有一己的安危向前奋斗，我们更要深信光明的前途，全靠自己努力奋斗而得”的决心。从日记中可以看出，学生时代的朱建国开始接触先进人物与进步书籍，萌生了忧国忧民的思想。

陈子涛烈士
中学时期的作文本

陈子涛（1920—1948），原名家禧，广西玉林人，中共党员。1939年先后任《广西日报》记者、采访主任、总编辑。1945年任《华西晚报》编辑。1946年10月任《文萃》杂志编辑、主编。1947年3月加入中国共产党。1947年7月因《文萃》杂志社遭破坏后暴露身份，在上海被捕，解至南京。1948年12月牺牲。

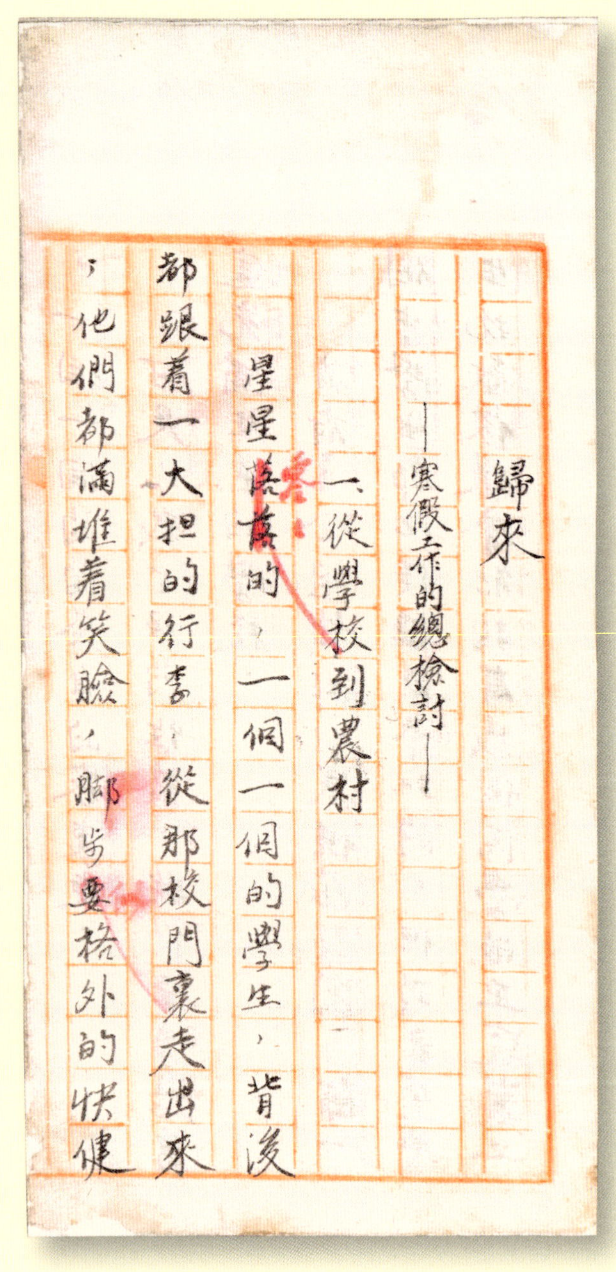

归来

——寒假工作的总检讨——

一、从学校到农村

星星落落的，一个一个一个的学生，背后都跟着一大担的行李，从那校门里走出来，他们都满堆着笑脸，脚步要格外的快健

文物档案

该件文物是陈子涛中学时期的作文本，三级文物，1979年由陈子涛的兄弟陈家坦捐赠。作文本长12.4厘米，宽22.4厘米，厚0.5厘米，纸质，线装，内页为红色格纹筒子页。封面留有“陈家禧，三年甲级，十二班十五号”的信息。作文主题为“归来——寒假工作的总检讨”，内容包括“从学校到农村”“一条火龙”等8个部分，主要记载了陈子涛于1938年春季寒假期间的关于抗日宣传工作的见闻和思考，内有老师批语。

都極力的反對，我這種組織不能發生集体的力量，因為不能把工作的人員集中，各自分散，而且还要鄉長有没有工作的决心和領導的能力，將來將是無效力的表現。這爭論的决定，是看將來事實的证明。

二、一條火龍

「起來！不願做奴隸的人們！」

一條堅強的火龍，帶着勇猛的吼声，蜿蜒着穿過了每一條街，人們的心在燃燒着，店夥們都從店裏跑出來，許多人在跟着光明的路上走。

他震醒了多少迷夢的人們，震破了多少敵人的胆。

熱血從我們的心沸騰起來，發出了雄壯的歌声，燒起了燦爛的火把；工人，農人，士兵，學生，店夥，公務人员，警……他们都被引發而瘋狂烈起來了；牆壁，樹木在傾听着：光明遮蓋了鬱林城的一切，但对於甘心賣国，阻撓抗戰的漢奸，準漢奸，都在不遺餘力的暴露着。

這是我们與梧州高中寒假服務团會同举行的火炬歌唱遊行。事先我们决定參加這種工作的時候，分派两個同學去辦理火炬，其餘的幾個便分頭去拉同学，在我们相信：附城共有百多個同学，最少也要叫得四、五十個来，可是到了近黄昏的時候，除了我们的分头工作的幾個外，一個也没有，到後来，大家跑出街去，拉夫似的，連女同学，才拉得二十多個，在隊伍進行时，还拉了幾個進来。

我们唱歌，完全是用普通話唱，一般民衆除了知道我们是在宣传抗日之外，裏唱的歌是些什么東西，他们一点也不知道：這一點不能不說是我们工作的缺憾！

三、粤劇救國。

係．他们在中華民國的每一塊国土上，他们用他们的鲜血深深的打下了烙印，標明那永遠是中華民国的地方．並非任何暴力所能奪取的．雖然現在有些地方给寇敵佔據着，但他们将踏着他们打下的烙痕，用鲜血奪回来．清算這六年来的血债！

他的一生的血的一生，他將要用血洒在民族解放的鲜花上。

六、高掛覓戰牌．

再过六天寒假就要满了．

御長為了等国奉此的緣故，定在四日召開寒假服務团的会议．

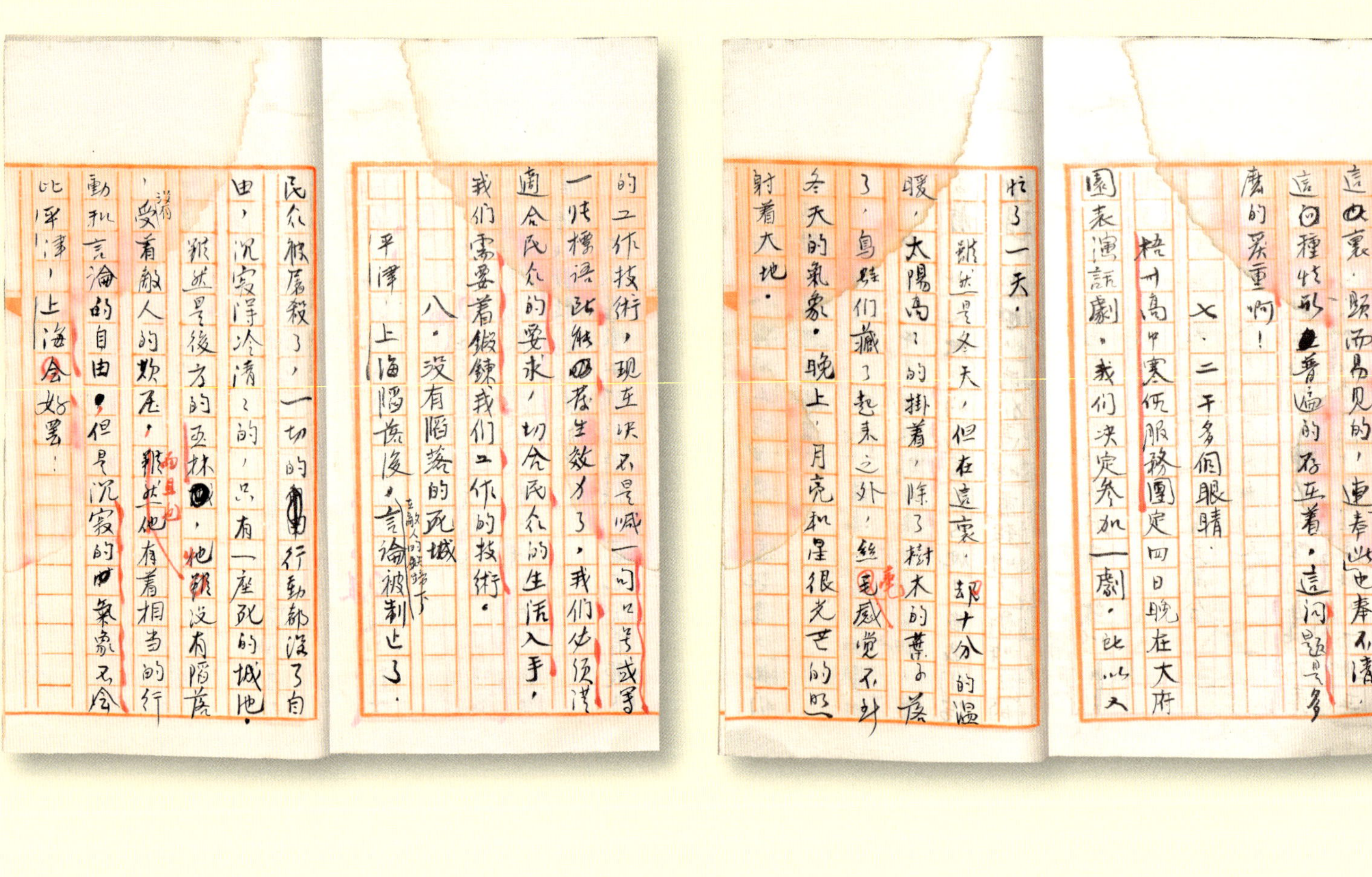

這些裏，顯而易見的，連奉也奉不清。這四種情形普遍的存在着。這問題是多麼的嚴重啊！

七、二千多個眼睛。

梧州島中寒假服務團定四日晚在大府園表演話劇。我們決定參加一劇。此以大忙了一天。

雖然是冬天，但在這裏，卻十分的溫暖，太陽高高的掛着，除了樹木的葉子落了，鳥雀們藏了起來之外，絲毫感覺不到冬天的氣象。晚上，月亮和星很光芒的照射着大地。

的工作技術，現在決不是喊一句口號或寫一些標語既能發生效力了。我們必須從適合民众的要求，切合民众的生活入手，我們需要着鍛鍊我們工作的技術。

八、沒有陷落的死城（在敵人的鐵蹄下）

平津、上海陷落後，言論被制止了。民众被屠殺了，一切的行動都沒了自由，沉寂得冷清清的，只有一座死的城池。

雖然是後方的桂林，他雖沒有陷落，（沒有）受着敵人的欺压，雖然（而且）他有着相當的行動和言論的自由，但是沉寂的氣象不会比平津、上海会好罢！

历史印记

1935年陈子涛进入广西省立郁林初中就读。七七事变后，他积极参加抗日座谈会、抗日剧团等活动，成为郁林初中学生参加抗日救亡工作的骨干分子。陈子涛这篇写于1938年3月21日的作文，以筹备“乡村寒假服务团”为主线，翔实描述了他寒假期间参加火炬歌唱游行和粤剧剧团活动、与村长们坐谈、会见挂彩战士、出席服务团会议等经历，最后检讨总结出寒假工作应当发挥集体的力量、切合民众的生活、锻炼工作技术等观点。

这篇作文记录下了陈子涛不断尝试剧团、壁报等多种抗日宣传方式的工作经历，表达了其“发动民众、组织民众、训练民众、武装民众”的期望，字里行间充分展现了他对国家命运和民族未来的密切关心。作文中用生动的语言勾勒出以陈子涛为代表的热血青年形象，他们追求真理，嫉恶如仇，高唱《义勇军进行曲》，崇拜英勇抗日的战士，憎恶等因奉此的官吏，将民族解放的责任理想担在肩上。

任天石烈士
开具的药方手稿

任天石（1913—1948），又名启生，化名赵济民，江苏常熟人，中共党员。1932年8月考入上海中国医学院。抗战爆发后弃医从戎，组建常熟人民抗日自卫队，任副大队长、大队长。1939年加入中国共产党。1940年任中共常熟县委书记。1941年任江南行政委员会委员、江南第一行政督察专员公署专员兼常熟县县长。1943年任中共苏中区党委巡视员、通海行署主任。1944年11月任中共苏中第六地委委员兼苏中行政委员会委员、苏中第六行政区专员公署专员。1946年9月任中共中央华中分局十地委常委兼社会部部长。1947年1月因华中十地委遭到破坏而暴露身份，在上海被捕，解至南京。1948年牺牲。

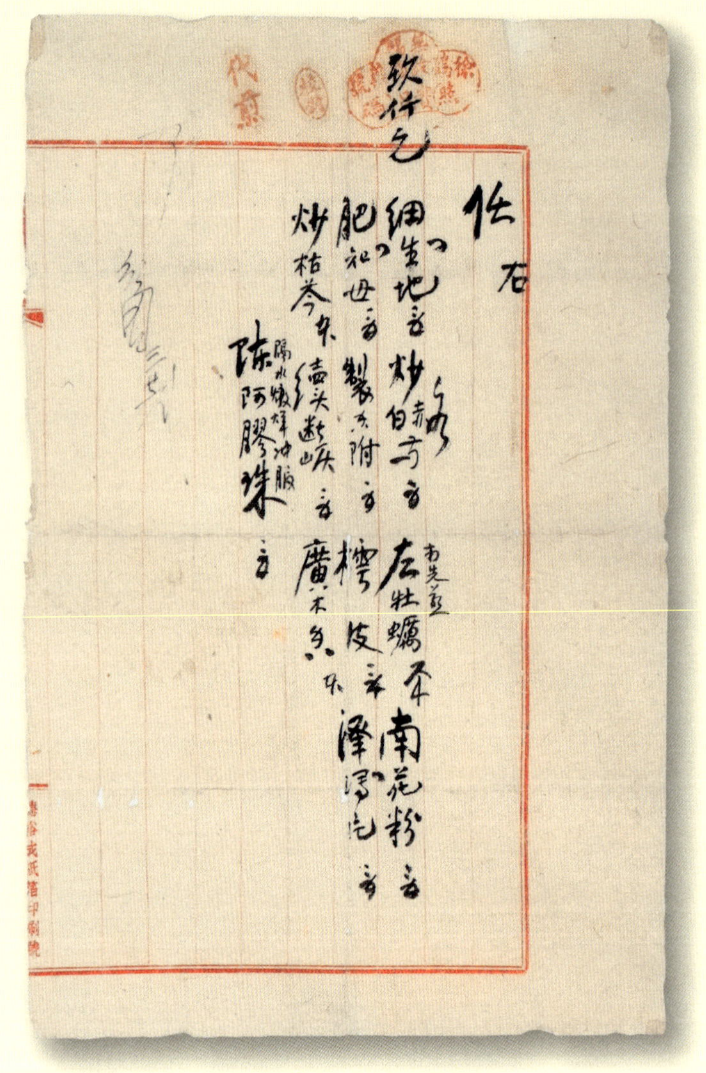
代煎
玖仟元
任
右
细生地 炒赤白芍 左牡蛎 南花粉
肥知母 制香附 樗皮 泽泻
炒枯芩 广木香
陈阿胶珠

文物档案

该件文物是任天石在无锡徐鹤龄国药号行医时开具的药方手稿，三级文物，2008 年由任天石的儿子任春嘉捐赠。药方长 17 厘米，宽 25 厘米，纸质。药方写于信笺纸上，以任天石的“任”字开头，后面写有细生地、炒赤白芍、左牡蛎、南花粉、肥知母、制香附、樗皮、炒枯芩、广木香、陈阿胶珠等几味药材的用法用量，上方钤有“无锡徐鹤龄国药号照实足码”“代煎”“校对”印，并写有诊费“玖仟元”。

历史印记

出身医学世家的任天石在目睹底层人民的贫病交加后，便确立了随父学医、救死扶伤的志向。1932 年秋，任天石如愿考入上海中国医学院。两年后，任天石以优异成绩毕业，并取得上海卫生局颁发的行医执照。1936 年在父亲病逝后，任天石从城里迁回家乡挂牌行医，且每遇贫病，不计诊金，在常熟一带声誉日隆。

西安事变后，共产党领导的抗日救亡运动深刻影响到追求进步的任天石。面对国难当头、外辱日甚的时局，他曾向弟弟表达了“做个医生，只能救命；若要救民，必先救国”的心声。此后，任天石变卖家产，投身革命，参加常熟人民抗日自卫队，任副大队长、大队长，并于 1939 年加入中国共产党。这张任天石早年行医时开具的药方，不仅是他医者仁心、悬壶济世的实物见证，还是他弃医从戎、矢志抗日，从开具“救命”良方转变为探索“救国”道路的重要见证。

成贻宾烈士
写给未婚妻的信

成贻宾（1927—1949），江苏宝应人。1947 年考入国立中央大学。1949 年 4 月 1 日参加学生游行示威，被特务殴打，身受重伤，4 月 19 日牺牲。

芬：

P.1

心中的話，鬱積了有一個多月了。不用妳催，我自己也耐不住了。講吧，妹妹，請妳停一停手中的工作，花上幾分鐘來讀遠地的情人給妳的甜蜜的信吧！

遠的不談吧，咱們談一九四四年的事：

三天的年假，給了我一個很好的思想的機會。我在這三天當中，檢討了所有的過去，同時，計劃了將來，我覺得過去的隨它過去吧，不管它是酸甜苦辣；要注意將來，把握現在，於是我覺得有“自我革命”的必要。於是我擬定“新生十大信條”，以期自今年起，更外努力地去創造一個新的生命。

一、“一個新生”是一定有着新的人生觀，新的人生觀，是活潑的，樂觀的，健全的。

二、“一個新生”一定有豐富的學術，豐富的學識，來源於正確的理解，仔細的觀察。

三、“一個新生”一定有規律的生活，嚴格的律己，忠誠地待人。

四、“一個新生”一定有果敢的毅力。要咬緊牙關，不屈不撓地，和黑暗的阻挫鬥爭。

五、一個新生，一定有、高尚的品格，不欺騙人，同時也不欺騙自己，
六、一個新生一定是勤儉的，能自己做的事，必得自己去做，節省的費用，必得節省，
七、一個新生，一定是樂群助人的，不可自私自利，要隨時犧牲自己，為了大衆！
八、一個新生，一定是樸實的，不唱高調，不踏浮誇，而切實地努力於工作和事業。
九、一個新生，一定是愛國家、愛民族的，同時也是愛父母，愛師長，愛一切可愛的人的。
十、一個新生，一定有着高貴的愛情，要始終親愛，諒解，安慰着甜蜜的愛人。

芬，你以為這十條太空洞，太廣泛麼，或者是太誇大麼？是的一個人絕對難於具備同時把這個條件的，但是我願把它作為我的十塊指路牌，努力地向「新生」猛進！

文物档案

该件文物是成贻宾写给未婚妻彭毓芬的信，三级文物，1989 年由成贻宾的未婚妻彭毓芬捐赠。信纸长 20 厘米，宽 27.5 厘米，纸质，共 2 张，印有绿色背景图案。这封信是成贻宾 1944 年写给他未婚妻彭毓芬的，信中与她分享了自己拟定的“新生十大信条”。

历史印记

成贻宾与未婚妻彭毓芬相识于年少之时，写这封信的时候，他正在南京模范中学读书，作为一名有思想的进步青年，他时刻关心国家的前途和命运，也时刻思考着自己的人生和价值。面对复杂的社会状况，成贻宾在短暂的假期里检讨了过去，计划了将来，并为自己拟定“新生十大信条”，立志“自我革命”，追求“新生”。

这封信的内容没有太多恋人之间的甜言蜜语，而是围绕学习、工作、理想展开讨论。成贻宾想要树立“活泼的、乐观的、健全的”新的人生观，希冀具备丰富的学识、高尚的品格，以便让自己更加有力量“和黑暗的阻挫斗争”，同时也充分估计到前进路上可能存在的危险和困难，警示自己不唱高调、不蹈浮夸，严格律己、忠诚待人，坚毅果敢、不屈不挠，甚至做好了“随时牺牲自己，为了大众”的心理准备。这封信不仅展示出成贻宾有理想、有抱负、有强烈家国情怀，而且能够激励当代青年追求积极的人生奋斗目标，树立正确的世界观、价值观、事业观、爱情观。

公心留痕

张应春烈士
读书时期的日记本

张应春（1901—1927），女，原名蓉城，字秋石，江苏吴江人，中共党员。1922年毕业于上海中国女子体育专门学校，后在松江景贤女子中学等处任教。1925年8月任国民党江苏省党部执行委员兼妇女部部长，同年11月加入中国共产党。1927年4月上旬到南京从事革命工作，4月10日夜参加中共南京地委紧急扩大会议时被捕，数日后牺牲。

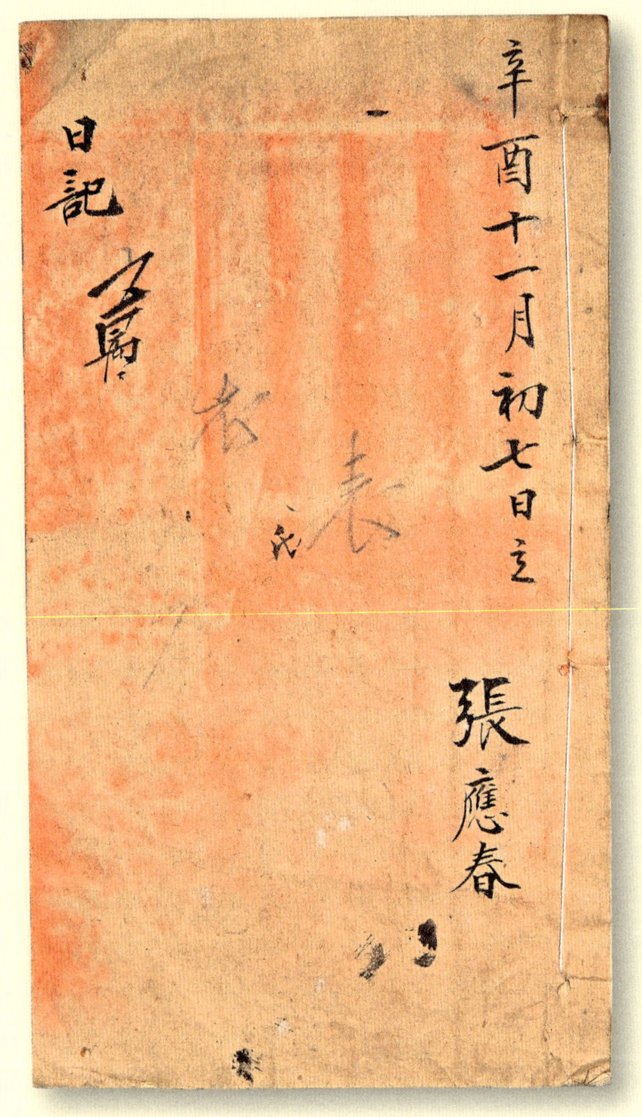

文物档案

该件文物是张应春1921年的日记本，三级文物，1961年由张应春的姊妹张留春捐赠。日记长12.5厘米，宽22.5厘米，厚0.6厘米，纸质，筒子页，线装。日记封面写有“辛酉十一月初七日立，张应春”。日记共27篇，字迹清秀，记录了张应春在校学习国文、舞蹈、图画、英文、国技、棍棒、习琴等课程的感悟。

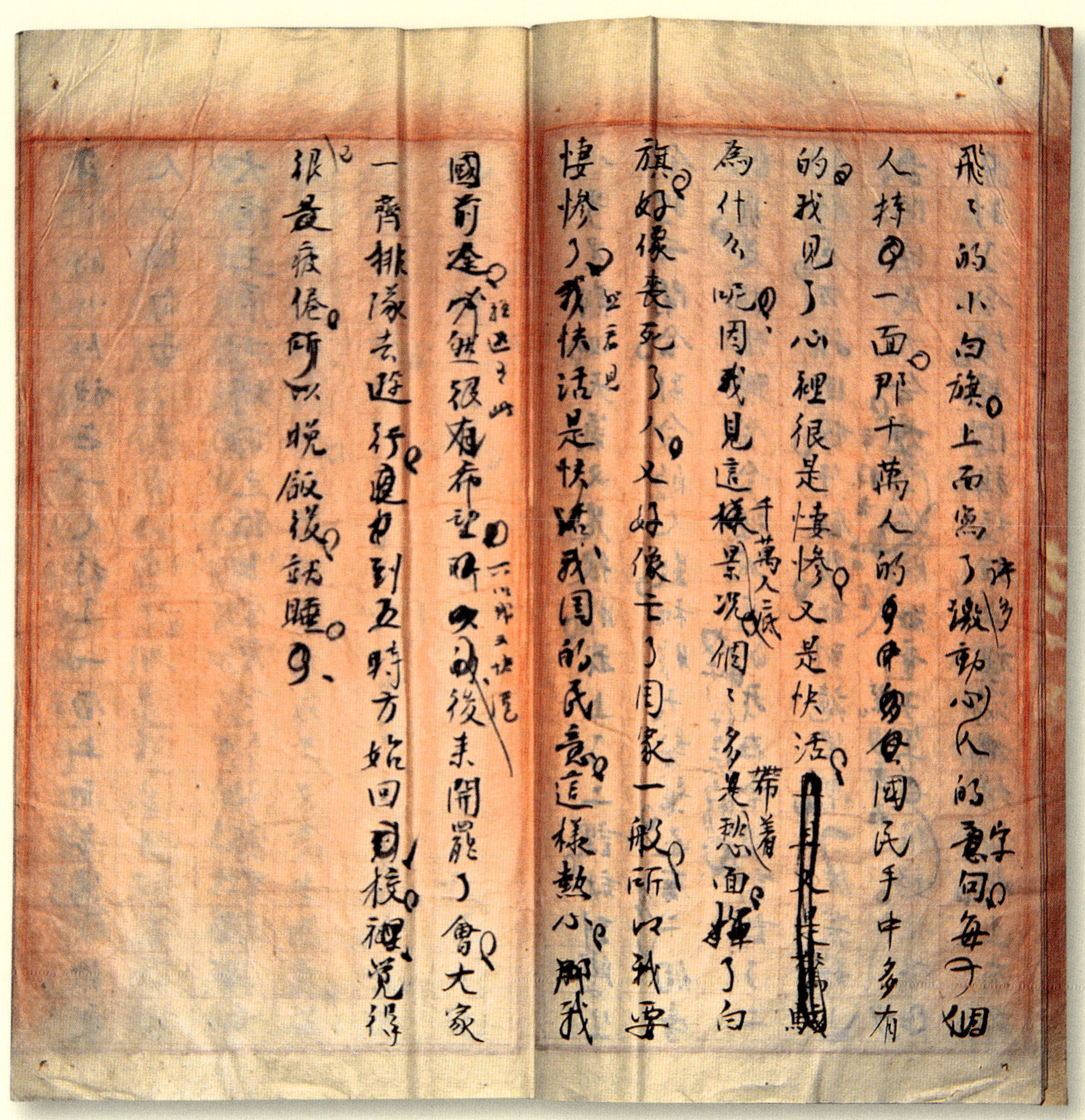

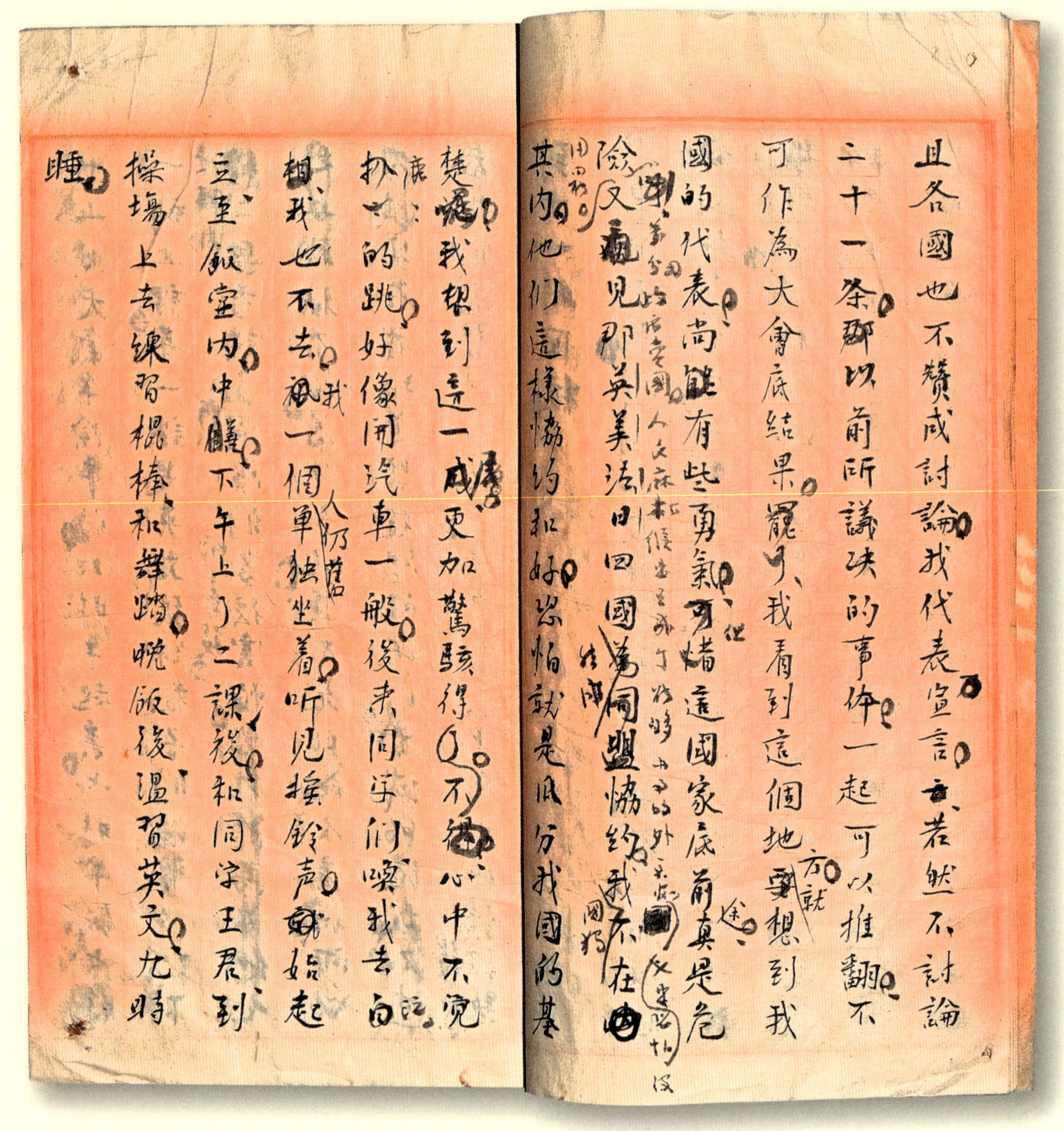

且各國也不贊成討論我代表宣言。若然不討論二十一条那以前所議決的事体一起可以推翻。不可作為大會底結果罷了。我看到這個地步想到我國的代表尚能有些勇氣可惜這國家底前真是危險。又再見那英美法日四國同盟協約。我不在其內。他們這樣協約和好。恐怕就是瓜分我國的基

楚。我想到這一層更加驚駭得不得了。心中不寬。鹿鹿的跳。好像開汽車一般。後来同学們喚我去白相。我也不去。我一個單独坐着。听見摇鈴声。始起三至飯室内中膳。下午上了二課。後和同学王君到操場上去練習棍棒和舞蹈。晚飯後温習英文九時睡。

历史印记

张应春出生于一个书香世家。在父亲的培养下，她从小就具有了爱国主义的思想和民主革命的精神。1919 年夏，张应春从黎里女校高小毕业后在父亲的鼓励下到上海中国女子体育专门学校学习。该日记是张应春念书时期的见证，记录了她对反动当局的愤恨和对国家强大的希望。

八日的日记写道："因我见这千万人底［的］景况，个个多是带着愁面，挥了白旗，好像丧死了人，又好像亡了国家一般，所以我要凄惨了……我国的民意，这样热心，那我国前途必然很有希望，所以我又快活。"表达了她渴望国家兴旺、人民自强的心愿。

廿一日的日记写道："我代表宣言，若然不讨论二十一条，以前所议决的事件，一起可以推翻，不可作为大会底［的］结果。我看到这个地方，就想到我国的代表，尚有些勇气，但这国家底［的］前途，真是危险万分。"从中可以看出张应春关心时局，担忧国家命运。

十一日的日记中写道："家中人多说斋了心官，病要好了。我想一个人的疾病是他的身上发生的，或者受了风寒，或者受了劳苦，或者饮食中不清洁，或者受了疫气，一定要拿药品来医治的，那对于斋心官有什么关系呢？这种金钱岂不是辖［瞎］费么？"体现了张应春反对迷信，提倡科学。这本日记是张应春冲破封建礼教束缚，寻求自由和平等，热爱生活的见证。

贺瑞麟烈士
在狱中画的五角星手稿

贺瑞麟（1909—1928），又名何瑞林，江苏徐州人，中共党员。1925 年加入中国共产主义青年团，不久转为中共党员。1927 年 10 月任中共南京市委委员兼共青团南京市委书记，11 月任团市委组织委员。1928 年 3 月任共青团南京市委书记，7 月因中共南京党组织遭破坏在南京焦状元巷 14 号的住所被捕，10 月牺牲。

雨花台

文物档案

该件文物是贺瑞麟在狱中画的五角星手稿，二级文物，1952 年由贺瑞麟的同狱难友刘德超捐赠。纸张长 15 厘米，宽 19 厘米，纸质。此五角星由多笔描绘成型，星内写有特殊设计的“雨花台”三字。

历史印记

新民主主义革命时期，雨花台成为国民党当局杀害共产党人和革命志士的刑场，一大批共产党人和爱国志士，为了争取民族解放、民主自由，在雨花台英勇牺牲。1928 年 7 月，贺瑞麟被捕后，关押在国民党首都卫戍司令部看守所。在狱中，贺瑞麟与狱友们饱受折磨。面对一个又一个狱友慨然赴死，贺瑞麟既心痛又愈加坚强。

这颗写有“雨花台”三字的五角星，附于贺瑞麟狱中所著小说《离散》的最后一页，是贺瑞麟作为一个共产主义者面对磨难最直接的态度表达，既传达其对共产主义的坚定信念，也表明其慷慨赴难的坚强决心，充分彰显了革命烈士大无畏的精神，是雨花英烈与雨花台相联系的重要体现。

黄祥宾烈士
中学时期的作文本

黄祥宾（1905—1930），江苏武进人，中共党员。1921年考入江苏省立第三师范学校。1925年加入中国共产主义青年团，同年转为中共党员。1926年秋考入东南大学。1930年初任中共中央大学支部书记，2月在校内发起成立南京自由大同盟，8月因暑期留校参加革命活动被捕牺牲，年仅25岁。

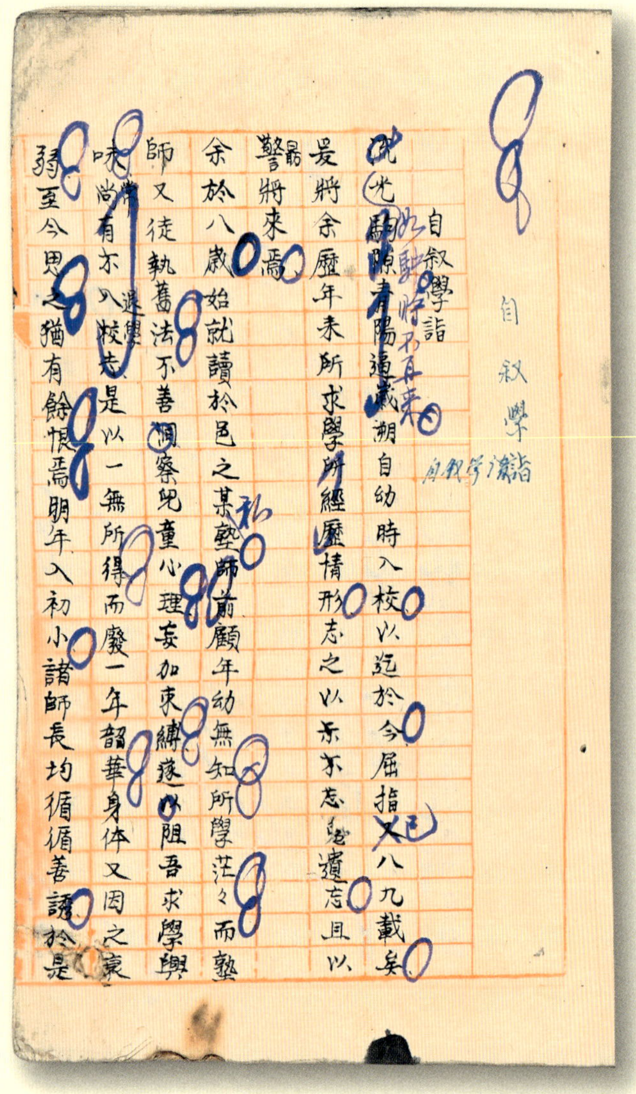

自叙學詣

光陰駒隙青陽過歲溯自幼時入校以迄於今屈指又八九載矣爰將余歷年來所求學所經歷情形志之以示不忘遺志且以警將來焉

余於八歲始就讀於邑之某塾師前顧年幼無知所學茫茫而塾師又徒執舊法不善洞察兒童心理妄加束縛遂以阻吾求學興味尚有不入校志是以一無所得而廢一年韶華身体又因之衰弱至今思之猶有餘恨焉明年入初小諸師長均循循善誘於是

文物档案

该件文物是1921年黄祥宾就读于江苏省立第三师范学校时的作文本，二级文物，1958年由黄祥宾的兄弟黄祥生捐赠。作文本长20厘米，宽27.7厘米，厚0.6厘米，纸质。线装红色格纹本，封面盖有篆书姓名章。共计有《自叙学诣》《书黄任之先生致本校五周纪念辞后》《邀友人来校观剧启》《本校十周年纪念辞》《本级今后之进行谈》等17篇作文，内有老师批语。

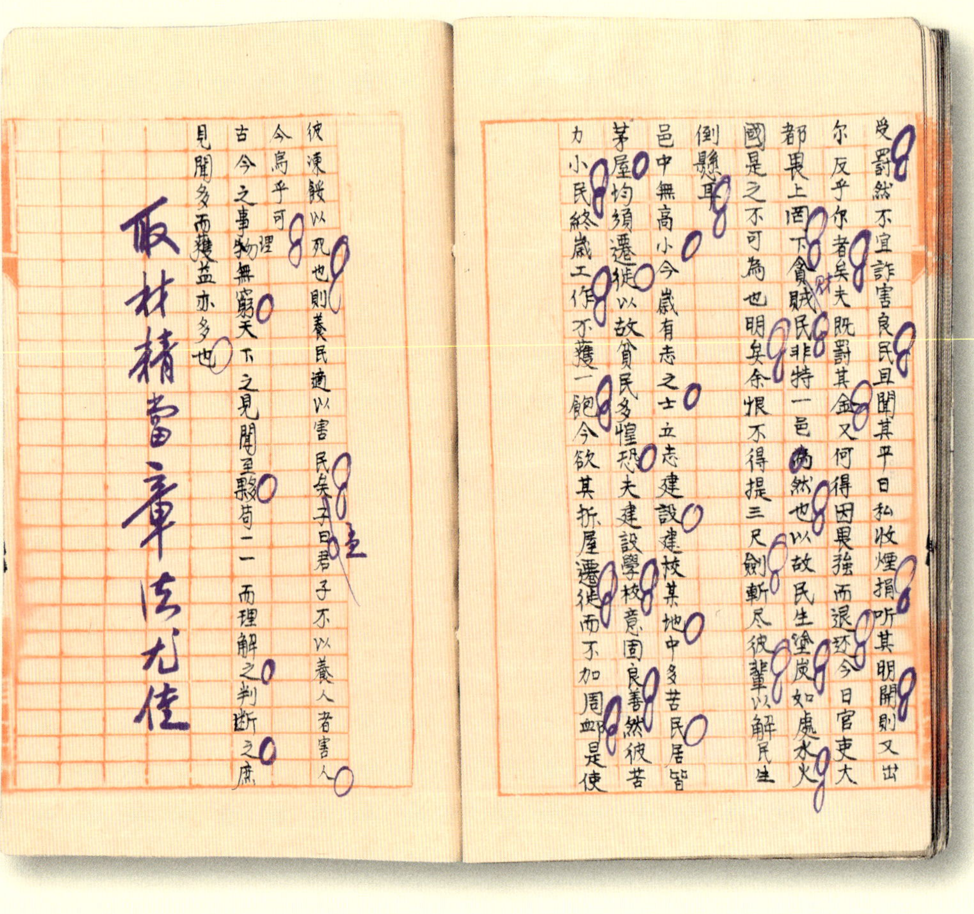

受罰然不宜詐害良民且聞其平日私收煙捐所其明開則又出
尔反乎尔者矣夫既罰其金又何得因畏強而退还今日官吏大
都畏上罔下貪贓民非特一邑為然也以故民生塗炭如處水火
國是之不可為也明矣余恨不得提三尺劍斬尽彼輩以解民生
倒懸耳
邑中無高小今歲有志之士立志建設建校某地中多苦民居
茅屋均須遷徙以故貧民多惶恐夫建設學校意固良善然彼苦
力小民終歲工作不獲一飽今欲其拆屋遷徙而不加周䘏是使
彼凍餒以死也則養民適以害民矣孟子曰君子不以養人者害人
今烏乎可
古今之事物理無窮天下之見聞至夥苟一一而理解之判斷之庶
見聞多而獲益亦多也

取材精當章法尤佳

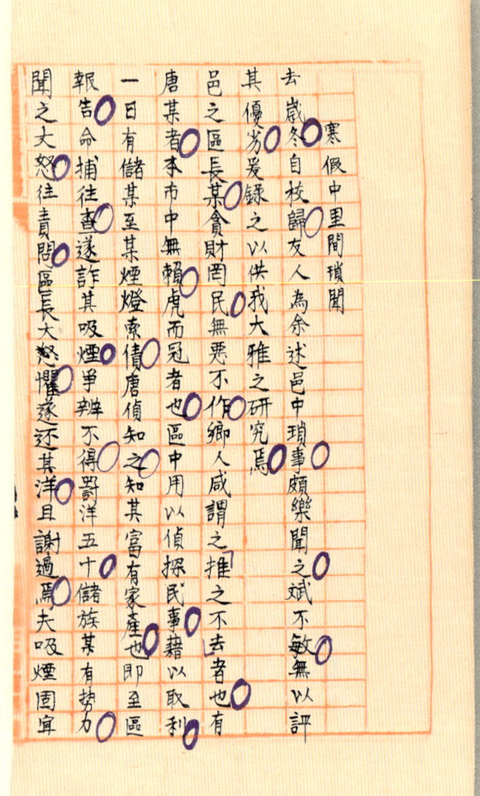

寒假中里閭瑣聞

去歲冬自校歸友人為余述邑中瑣事頗樂聞之斌不敏無以評
其優劣爰錄之以供我大雅之研究焉
邑之區長某貪財罔民無惡不作鄉人咸謂之推之不去者也有
唐某者本市中無賴虎而冠者也區中用以偵探民事藉以取利
一日有儲某至某煙燈索債唐偵知之知其富有家產也即至區
報告命捕往查遂詐其吸煙爭辯不得罰洋五十儲族某有勢力
聞之大怒往責問區長大怒懼遂还其洋且謝過焉夫吸煙固宜

历史印记

1921 年，黄祥宾考入位于无锡的江苏省立第三师范学校。时值五四运动以后，新文化运动蓬勃兴起，他广泛阅读了马克思主义理论书籍和《新青年》等革命进步刊物。

寒假回校后，其友人与他谈论寒假期间所见所闻，提及某区长贪财罔民，无恶不作，官吏大多畏上罔下，使得民生涂炭、如处水火。黄祥宾听闻后表示："恨不得提三尺剑斩尽彼辈以解民生倒悬耳！"抒发了强烈的为民除害的意愿。他听闻有识之士立志在某地建设学校，但由于"校址选地处多为贫民且居皆茅屋"，若要建设学校则民需迁徙，穷苦人民处境如此困难却无人周济体恤，他感慨道："建设学校意固良善……则养民适以害民矣，孟子曰君子不以养人者害人。"充分体现出他作为一名有志者却心有余而力不足的矛盾焦急。

这本作文本记录了黄祥宾求学时期的自我规划、读书感言、所见所闻，正如他作文中写的那样："古今之事理无穷，天下之见闻至伙，苟一一而理解之，判断之，庶见闻多而获益亦多也。"成为其救国救民志向的见证。

冷少农烈士
写给母亲的信

冷少农（1900—1932），原名冷肇隆，贵州瓮安人，中共党员。1923年毕业于贵州法政专门学校。1925年赴广州参加革命，在黄埔军校政治部工作，其间加入中国共产党，任中共两广区委军事部秘书。1928年先后打入南京国民政府训练总监部、军政部任秘书。1932年3月因潜伏身份暴露在南京被捕，6月牺牲。

母親：

好久沒有接着妳們的信了，更是好久沒有聽着妳老人家慈愛親切的教訓了，我的心中是多麼的想念哟！我因此曾經寫信去向三弟詢問過，我因此曾經再三的自省過，我不知道我有什麼觸犯家庭，我不知道我有什麼干怒母親，以致值得你們這樣的惱恨我，棄絕我，甚至於不理我。

前天接着妳老人家三八婦女節給我的信，我高興得什麼似的，我把她翻來覆去的讀了好幾次，讀得我真是狂歡得要跳躍起來，我知道妳老人家雖然在痛、快淋漓的叫罵我，但妳老人家的心中仍然是極端的痛愛我，我知道妳老人家雖然已經是惱恨我，但還不至於棄絕我和不理我；由此我更体會到母親愛兒子的愛，她的崇高和偉大，是任何的愛不能及得着的，可惜我久久飄流，無法領受這樣偉大崇高的母愛，我想到此地，

文物档案

该件文物是冷少农在收到母亲来信后的复信，二级文物，1951 年由贵州省瓮安县人民政府拨交。信纸长 36.4 厘米，宽 25.7 厘米，纸质，共 14 页，每页纸张中间均标有页码。这封家书写于 1930 年 3 月 31 日，总字数近 5000 字，主要内容为冷少农向母亲委婉地解释自己长期不能回乡探望的原因并讲述自己真实的工作境况。

，幸運的得一回，不幸運的，還要拿殺人捉去打或殺，不惟不有人可憐他，還要罵他是賤是懶，有些时候還要連累他的妻子父母，母親！但看他们是多麼的痛苦，是多麼的可憐喲！！他们這樣的願意受痛苦，願意受恥辱，願意受飢寒，願意丟掉生命，這是他们賤嗎？這是他们懶嗎？不是的，一切的土地，都為這些有錢有勢的人佔去，不給他们找着事情做的機會，盡量去想法剝削他们，不使他们有点積蓄，

六

有錢有勢的人却利上生利，錢上找錢的發起財來，財越發得大，這樣受苦的人越來得多，這樣的人越來得多，使得大家都不安寧。母親！妳老人家已經要到六十了，妳見的比我見的多，只要妳老人家閉起眼睛想一想，我說的話，該不會是假話吧。我因為見着他们這樣的痛苦，我心裡非常的難過，我想使他们个个都有飯吃，都有衣穿，都有房子做，都有事情作，我又想使這些有錢有勢的人，不要長期的既

無用，像我這樣的隔遠，也用不着問我，問我也拿不出辦法來，最好你們認為要怎麼樣就怎麼樣，要我怎樣準備，只要我力量來得及，你們寫個信來，我就怎樣準備。

最後究竟我要回家不回家呢，這在上面，已經看得出我的意思，本不必再說，不過為求明瞭起見，只好很簡單再說幾句，回家的事是不能定的，要是革命成功得早，或者為革命的需要，會順便回

來，要是不需要，也許不會回來，要是革命遲一旦成功，或者中間遭了挫折，我自己就死在外面，跑在什麼地方，我也不知道，更說不上回來不回來了。

當父母長者的人，應該使兒女幼小者，努力於社會事業，為大多數勞苦民眾謀利益，除痛苦，決不要死死的要他盡瘁於家庭，不然，窮人太多，他們生活沒有澈底解決，少數有錢有勢的，還是不會過清靜和安逸日子的。革命之火，

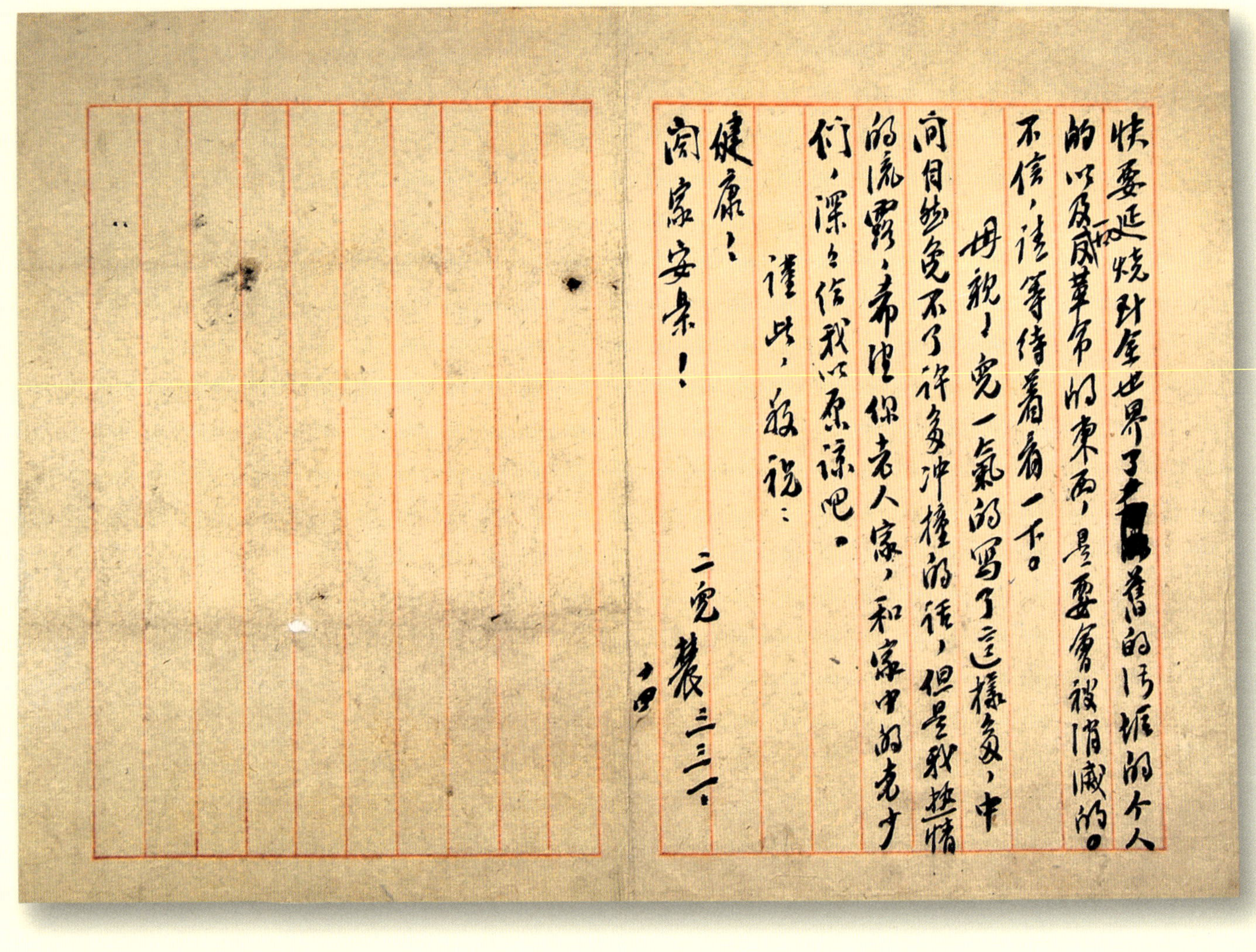
快要延烧到全世界了，旧的污垢的个人的以及一切反革命的东西，是要会被消灭的。不信，请等待着看一下。

母亲！儿一气的写了这样多，中间自然免不了许多冲撞的话，但是我热情的流露，希望你老人家，和家中的兄弟们，深深信我以原谅吧。

谨此，敬祝

健康！

阖家安乐！

二儿 襄 三三，十 十四

历史印记

1930 年，冷少农调任南京国民政府军政部部长办公室秘书，潜伏于核心部门，从事地下革命工作。冷少农远在贵州家乡、阔别已久的母亲给冷少农寄来一封家信。在信中，母亲认为他在南京贪图享乐，忘却了家中妻儿老小，斥责他“不忠不孝、忘恩负义”。接到来信后，冷少农怀着深深的内疚，给母亲回复了这封数千字的长信，委婉阐述一名共产主义者的忠孝和恩义观：“我是把我的孝移去孝顺大多数痛苦的人类，忠实的［地］去为他们努力。”信中饱含其作为一位有秘密身份的共产党员无法言喻的家国情怀和矢志不渝的理想追求。

冷少农这封给母亲的信中，字里行间都闪耀着共产党人对人民的赤子之心，彰显他们奋斗牺牲的崇高理想信念。其信中表达的“使他们个个都有饭吃，都有衣穿，都有房子住，都有事情做”就是那一代共产党人的奋斗目标和历史使命，它与今天中国共产党宣示的“人民对美好生活的向往，就是我们的奋斗目标”高度契合，其中体现的中国共产党人的政治理想和价值追求可谓一脉相承、源远流长、贯彻始终。

冷少农烈士写给儿子的信

蒼亮：

收到你的信，使我無限的歡欣！使我無限的慚愧！你居然長這樣大了，你居然能讀書寫字，并且能寫信給我了。我頻年奔走，毫無建白，卻得你這一個後繼希望，這使我是多么的歡欣啊！然而你的長大，和你的教養，我都未負一些責任，同時卻有累了你的 祖母、伯父、母親。雖然是社會和時代所造成，我的內心實不免萬分慚愧，在慚愧中還要你為我向你的 祖母、伯父，母親們深深致謝！

時代的車輪，不息的旋轉，你生在中產的家庭，得能食煖衣的讀書寫字，這種機會，是非常難得

一個人除解決自身的問題而外，還須獻及到社會人類，與個人問題，須在解決社會人類整個的問題中，去求解決，所以家庭（即社會）之養成你，是要你將來肩巨艱負任，是有望在等着，於此，你除好好的努力讀書寫字，養成能力而外，還須健全你的身体，每日除讀書寫字而外

的，希望你好好的努力，以期無負於家庭，無負於社會。同時你要常時留心到遠的或近的人們，有許多是不有法得讀書寫字，有些更更是沒有法解決衣食，你就要想到你讀書寫字的目的，是要為這一批人求一个適當的解決，這一層，我更望你，朝斯夕斯的，不要輕輕放過。

還須作有規則、有益健康之運動與游戲，使智識與體力同時並進，預備着肩負將來之艱巨。

你的祖母，伯父，母親，是十分鍾愛你，我雖然離開得遠，不能向你有切實的表示，但是也不能說我不愛你；不過，他們之愛你，是望你將來成為一個特出的人物，

一切以自己以家庭利益為重的特出於一般人的人物；我之愛你，是望你將來為一極平凡而有能力為一般勞苦民眾解決不能解決之各項問題，剷除社會上一切不平等之人物。蒼穹！社會之新光，在照耀着你，希望你猛進——！

至於你對我所說的一切，我當盡

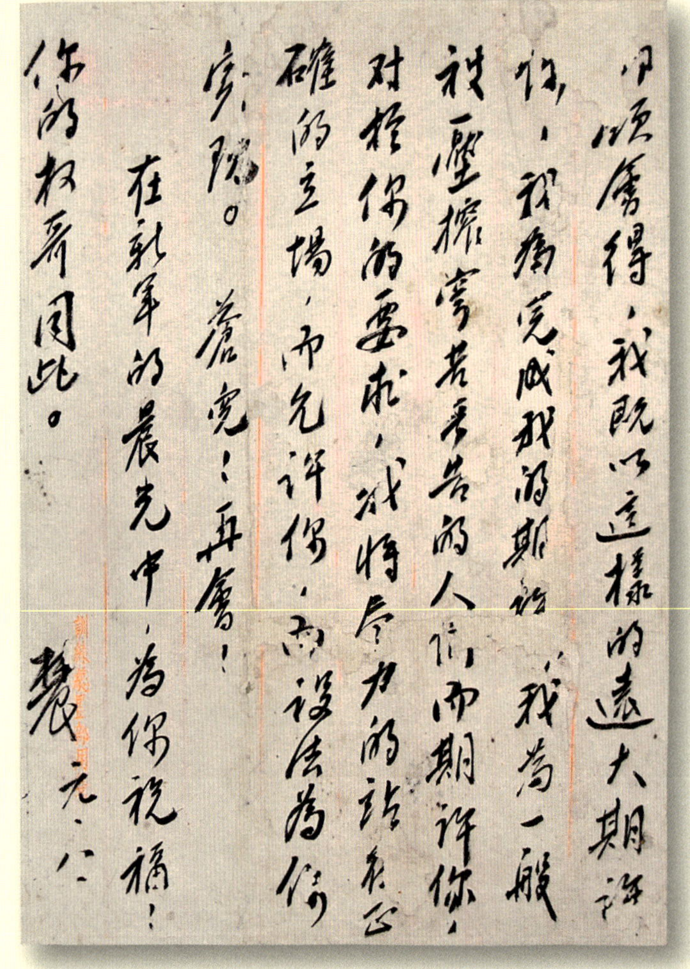

可順覺得，我既以這樣的遠大期許於你，我為完成我的期許，我為一般被壓榨着者呼告的人們，而期許你，對於你的要求，我將盡力的請求你正確的立場，而允許你，而設法為你實現。

蒼兒！再會！

在新年的晨光中，為你祝福！

你的教育同此。

農 元、八

訓練總監部用箋

文物档案

该件文物是冷少农在收到儿子冷德苍来信后的复信，二级文物，1951 年由贵州省瓮安县人民政府拨交。信纸长 19.8 厘米，宽 28.2 厘米，纸质，共 7 页。每页信纸的左下角标有红色的“训练总监部用笺”字样。这封复信写于 1931 年 1 月 8 日，开头以“苍儿”起首，署名为“农”，内容主要分为三个部分，第一部分是表达收信的欢欣和没有尽到对儿子教养责任的惭愧；第二部分是对其子在读书写字、运动健康、未来责任等方面表达期望；第三部分则是回应其子来信的内容。

历史印记

冷德苍是冷少农唯一的儿子，生于1925年。同年，在孩子尚不满半岁时，25岁的冷少农怀着救世济民的抱负和对革命的向往，忍痛离开心爱的妻儿，来到当时革命的前沿阵地——广东，进入黄埔军校，踏上革命道路。从1925年到1931年，冷少农因肩负着革命重任，长期不能回家。面对凶险的环境和复杂的任务，他只能将对远方家人的深深思念与愧疚潜藏于心底，一次又一次地应对着更加严峻的形势。在收到冷德苍的来信后，做父亲的冷少农百感交集，回复了这封近800字的家信。

冷少农的这封与儿书，和1930年的与母书一样，是一封经典的革命家书，字里行间蕴含着革命先行者对后继者的勉励与祝福，也包含其对革命胜利的期许。冷少农在信中不仅要求儿子好好学习、孝敬长辈、诚实守信，还要求儿子不能“一切以自己的家庭利益为重”，更要有远大的理想抱负，立志“为一极平凡而有能力、为一般劳苦民众解决不能解决之各项问题、铲除社会上一切不平等之人物”。这封信不仅从侧面展现了革命先烈的铁骨柔情，还是其不畏艰难险阻的英雄气概和对党的事业无限忠诚的集中体现。

李耘生烈士
与妻儿的合影

李耘生（1905—1932），又名李立章，山东广饶人，中共党员。1923年加入中国社会主义青年团。1924年加入中国共产党。1926年2月负责中共山东地委组织工作，冬季任中共汉口硚口特区区委书记。1927年夏任中共武昌市委书记。1931年4月任中共南京市委委员、组织部部长，11月任中共南京特委负责人。1932年4月在南京党组织遭破坏，处理善后工作时被捕，6月牺牲。李耘生是中共南京党组织第七次遭破坏时牺牲的主要负责人。

文物档案

该件文物是李耘生与妻子章蕴和儿子在1931年冬拍摄的合影，二级文物，由李耘生家属捐赠。相片长6.8厘米，宽9.7厘米，纸质。照片中，李耘生侧身站着，身着立领盘口棉袄，头戴毛呢贝雷帽，眼神中透露着革命工作者的坚定与沉着。妻子章蕴坐在他身前，身穿毛线外套，怀抱着他们不满两岁的儿子，一家三口温馨而幸福。相片旁附有“此即李耘生烈士的遗像，因无单人照片，故将此仅存照片寄上”。

历史印记

1926年冬，李耘生作为党内优秀干部，被抽调前往武汉任中共硚口特区区委书记，结识了区委组织部部长兼妇女部部长章蕴。两人在工作中配合默契，渐生情愫，不久便结为革命伴侣。1931年初，李耘生夫妇来到南京，重建遭到严重破坏的党组织。1932年4月的一天，因叛徒出卖，李耘生再次被捕。特务将他两岁的儿子抱来隔窗相认，肝肠寸断的李耘生忍痛认子而暴露了身份，于1932年6月8日在雨花台英勇就义。临刑前，李耘生托人转告章蕴："过去百千斤担子我们俩人挑，现在要你一个人挑了。"从此，章蕴独自挑起了继续革命和抚养孩子的双重担子。

这张拍摄于1931年的相片，成为李耘生一家三口唯一的合影，也成为李耘生的遗像，异常珍贵。同时就相片而言，不论是构图角度、光影运用还是人物表情，都堪称经典。这张合影生动地诠释了以这对革命伉俪为代表的广大革命者，为争取民族独立、人民解放和实现国家富强，舍小家为大家的家国情怀，具有较高的历史、艺术价值。

丁香烈士与爱人相片的合影

丁香（1910—1932），女，原名丁贞，江苏苏州人，中共党员。1930年4月加入中国共产主义青年团。1931年转为中共党员，后在苏州、上海等地从事地下革命工作。1932年9月被中共上海组织派往平津一带进行秘密工作时被捕，解至南京，12月牺牲。

文物档案

该件文物是1932年丁香在上海家中拍摄的与爱人相片的合影，二级文物，2009年由丁香爱人乐于泓的亲属捐赠。相片长5.6厘米，宽8.4厘米，纸质。相片中的丁香端坐于藤椅上，身着深色旗袍，眼眸清澈明亮，凝视前方，她身后的钢琴上摆放着爱人乐于泓的单人照，相片中的乐于泓目光坚毅而笃定地望向侧方。

历史印记

丁香本是一名弃婴，被外籍女牧师收为养女，自幼勤奋好学，1925 年进入东吴大学读书。她积极参加各类进步团体，支援工人罢工，并在此期间认识了志同道合的进步青年乐于泓。在革命的洪流中，两个年轻人先后加入了中国共产党。丁香善弹钢琴，乐于泓喜拉胡琴，学习工作之余，他们琴瑟相和。1932 年 4 月，两人在上海秘密结婚。然而两人新婚不满五个月后，丁香被中共上海组织派往平津一带进行秘密工作，不幸被捕，解至南京，12 月牺牲。

由于当时地下斗争的险恶环境，夫妇二人生前没有拍过合影，直到 2009 年乐于泓的家人在旧屋中发现了这张“相中相”形式的特殊合影。这张相片作为二人唯一的“合影”，成为艰苦卓绝的革命年代背景下壮烈爱情的生动写照。在“小家”与“大家”、“生”与“死”的抉择中，丁香毅然地都选择了后者，彰显了共产党人坚定的革命信念和舍身报国的决心。

张炽烈士
写给弟弟的信

张炽（1898—1933），字子昌，云南路南（今石林）人，中共党员。1924年考入北京民国大学，同年加入中国共产党，任中共民国大学支部书记、北京地委西区委员。1926年5月作为中共北方区委特派员前往大连巡视，担任中共大连地委宣传部部长。1927年3月任中共云南特别委员会委员，8月参加南昌起义。1929年调中共中央机关做巡视工作。1930年7月在上海组织发动法租界电车工人罢工斗争时被捕，解至南京。1933年4月牺牲。

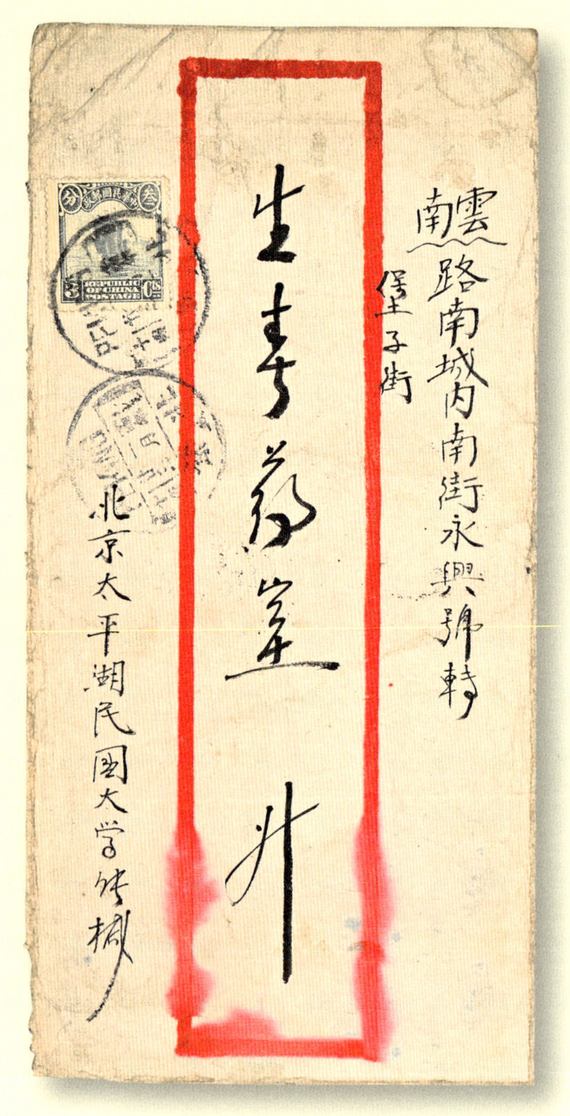

文物档案

该件文物是1925年张炽给子昭弟弟的信，三级文物，由张炽之女张雪华捐赠。信封长9厘米，宽18厘米。信纸8张，长16.5厘米，宽26.5厘米，均为纸质。信封上写有“云南路南城内南街永兴号转堡子街，生春药室收，北京太平湖民国大学张槭”。左上方贴有一张面值3分的邮票。

P.1

召昭三弟：

来信——一月二十八日寫的——前两星期即已收到，因雜事太忙，——這两星期內，因为组織北京青年学會，（北京十八个大学的学生発起组織此會）開會数次。此外我参加的讀書會，平民教育研究會，……等都有會開。每星期六、五，又要到本校平校任教（係義務，無薪水）。所以差不多天天都有事，天天課後，都要有去应付。——所以不能即時回信。你說『前進呀！……跟着你的弟弟，随後就来了』。你這種精神，志氣，不失为一个青年，为一个有希望的青年，令我多麼的高興！！弟呀！我们一同前進罷！反正（反正二字是北京話，他的意思是：無論如何，或終归）有志者是會事竟成呢！我十年前在私立高小時，很有志留省、晋京，当時我不管能不能達到這目的，我只是每日讀書並大改一切舊習慣（恶劣習慣），因此，能稍有所得，並得

P.2

了家庭和地方的信用，今日竟能達了目的。你最後又說要我原諒你這抱悲观的我。這一点又不能不令我大驚了！为什麼你前面還說前進呀！前進呀！後面竟說出抱悲观来呢？我以为青年人不应当抱悲观，尤其是你。我想抱悲观的人，大多数是因为不如意，所以才消極抱悲观。可是不如意抱了悲观，萬不能就會如意。暫時不如意，只有拿出勇氣来努力奮鬥，将来才有如意之一日。古今中外許多偉人英豪，誰不是越不如意時，他越吃苦耐勞，努力奮鬥，所以卒能達其目的，得了如意之日。于此我不多言，惟望你吃苦、耐勞、努力、奮鬥。

你之志上函学種牛痘也倒好，如今之世無論如何都要有一技。他学成了，一面可以生利自用，一面也可以照管家事，不知現在情形如何。辦妥嗎？（牛痘你曾進过）

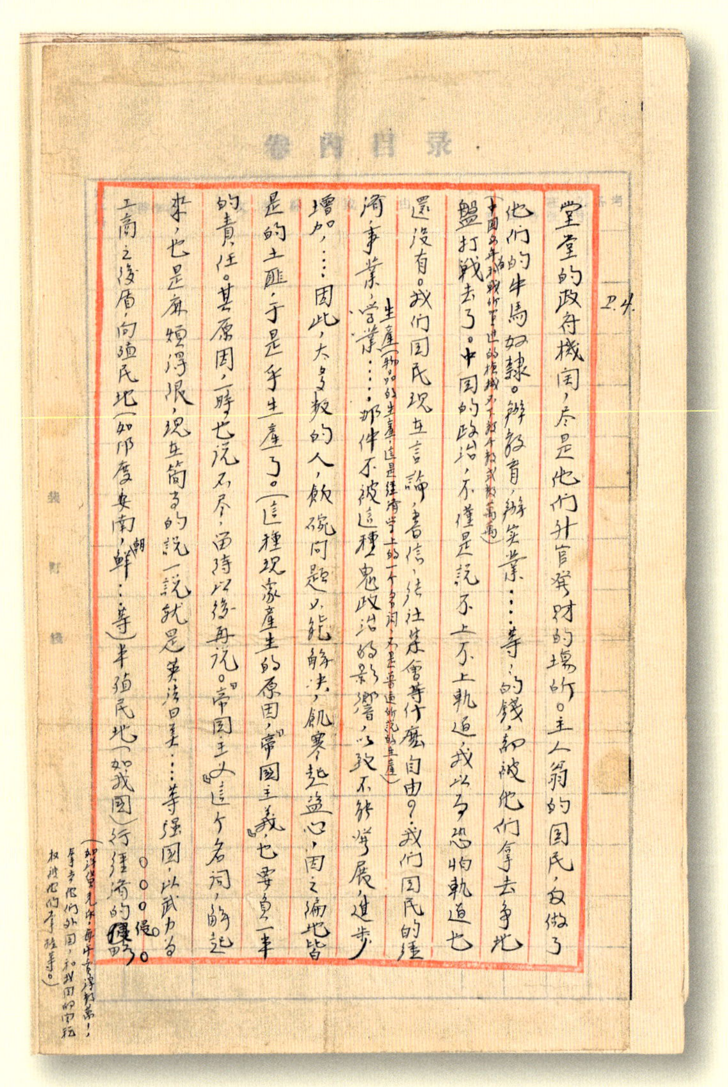

P.4.

堂堂的政府機関，盡是他們升官發財的場所。主人翁的國民，反做了他們的牛馬奴隸。辦教育，辦實業……等等的錢，都被他們拿去爭地（中國每年的政治費，都作了他們買進的槍械，不知幾千幾萬萬）盤打戰去了。中國的政治，不僅是說不上軌道，我以為恐怕軌道也還沒有。我們國民現在言論，書信，結社，集會等什麼自由？我們國民的經濟事業，實業……那件不被這種鬼政治的影響，以致不能發展，進步，增加，……因此，大多數的人，飯碗問題不能解決，飢寒起盜心，因之遍地皆是的土匪，于是乎生產了。（生產（物品的生產，這是經濟學上的一個名詞，不是普通所說的生產））（這種現象產生的原因，「帝國主義」也要負一半的責任。其原因，一時也說不盡，留待以後再說。「帝國主義」這個名詞，解起來，也是麻煩得很，現在簡單的說一說，就是英法日美……等強國，以武力為工商之後盾，向殖民地（如印度，安南，朝鮮……等）半殖民地（如我國）行經濟的侵略。〇〇〇侵〇〇（如洋貨充斥，原料貴得利害！等等他們外國，和我國的市權被他們奪去等等。）

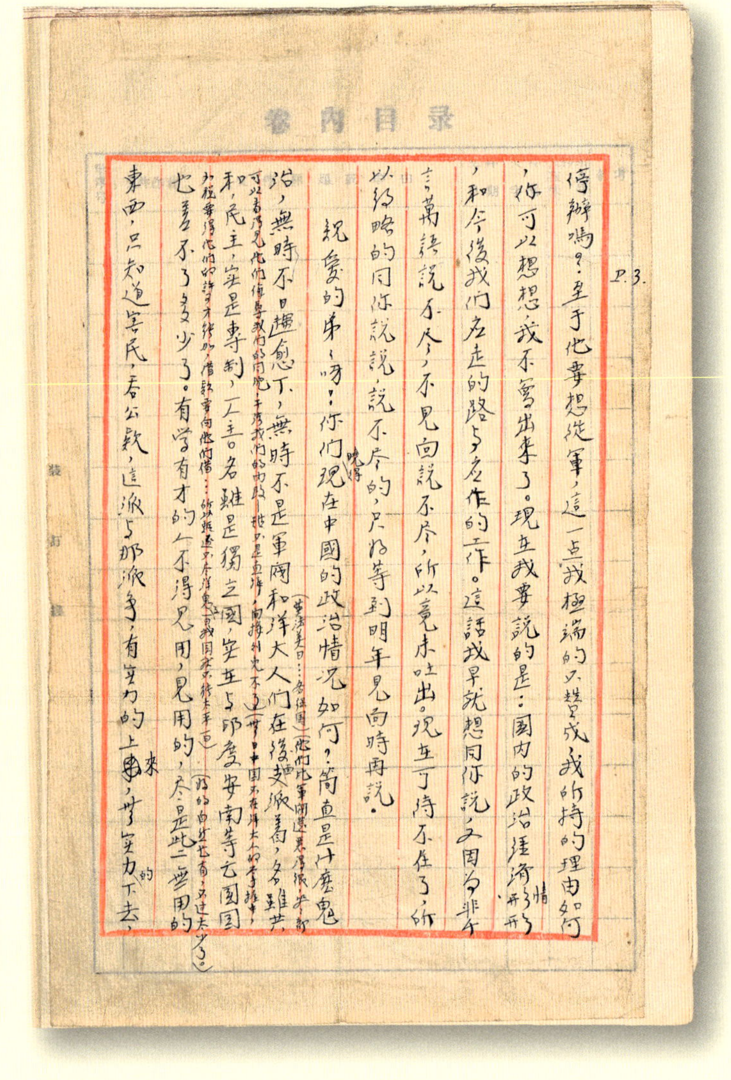

P.3.

停辦嗎？至于他要想從軍，這一点我極端的不贊成，我所持的理由如何，你可以想想，我不寫出來了。現在我要說的是：國內的政治經濟情形，和今後我們應走的路與應作的工作。這話我早就想同你說，又因為非千言萬語說不盡，不見面說不盡，所以竟未吐出。現在可待不住了，所以約略的同你說說，說不盡的，只好等到明年見面時再說。

親愛的弟弟呀！你們曉得現在中國的政治情況如何？簡直是什麼鬼治，無時不是擾亂不下，無時不是軍閥和洋大人（英法美日……各強國）們在後邊支派着，名雖共和，民主，其實是專制，一人主治，名雖是獨立國，其實與印度安南等亡國國也差不了多少了。有學有才的人不得見用，見用的，盡是些無用的（好的自然也有，不過太少了。）東西，只知道害民，吞公款，這派與那派爭，有實力的上來，無實力的下去，

P.5.

，更進而行政治的侵略，這叫做帝國主義（如他們的各種條約限制我國和干涉他種的政治等），或資本的帝國主義——這種主義是我國最大之一仇敵，此敵不去，我國永無強盛之一日。此處要說的話甚多，可惜限于時間與篇幅，不能多多說。）現在政治方面暫且擱下，來說一說中國的經濟狀況，經濟狀況，也是不堪言了。差不多也要破產了。每年出口貨賣得的錢不多，而進口貨（單就七年內）被洋鬼子賣了去的錢，約每年不下幾萬萬——注意萬萬為億，這數目太極了——土貨約一日消路不如一日，因之造土貨的小規模的工廠（類似的如造各種日用物品的廠子等），停業的一日比一日多，失業的工人，也是一日比一日多——匪多的原因之一——軍閥爭地盤，打一次戰，直接間接的損失，少的幾十萬，幾百萬，多的幾千萬，幾萬萬（去年江浙戰爭，公私損失約二千萬萬元）。各省的稅，厘金等，被軍閥加的一日比一日多，國民的擔負，一日比一日重——也是匪多的原因之一——各

P.6.

省都被軍閥（與匪）遍種煙，占地過多，因之雜糧之出產少，而米糧之價值貴，得食之人，其何能生？——也是匪多的原因之一——是以百物昂貴（本省更甚，昔年至此米不[illegible]），金融恐慌，生計日難。而可惡之輩（去年湖域兵災與雲南，今年雲南之同胞），尤日日大借外債，加國民之重擔負。這種影響（聽說本省滬京之灌水已漲至一百〇五元了，唉！這是多麼辯呀！——每百元的灌水——），我們負負的，真是不小。中國現在，真是民窮財盡了。上面說了這麼多的話，我把他歸納了起來，簡當的說一說，就是：我國的所以貧弱，我民的所以窮苦，是因為外國的侵略——指經濟政治兩方面——和軍閥的胡鬧，所以弄得政治不良，而政治影響經濟，所以弄成這種現象。再簡了來說，就是：我國之所以貧弱與我民之所以窮苦，都是帝國主義和軍閥之所致（所造成的罪惡尤可）——軍閥和帝國主義為是常相勾結作好。因為軍閥勾結他們，好向他們求軍械的供給；帝國主義勾結軍閥，好求他們履行

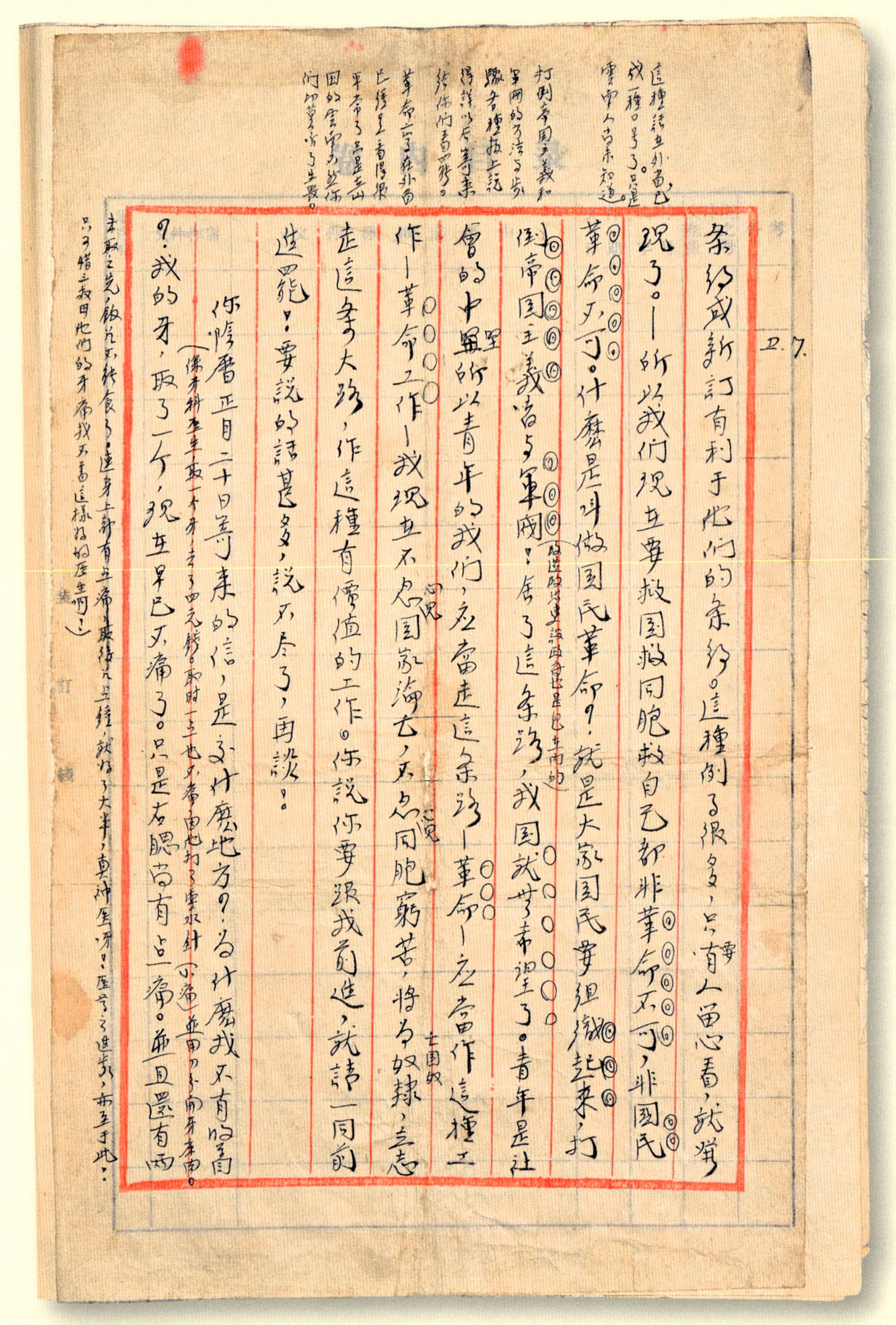
条约或新订有利于他们的条约。這種例子很多，只要有人留心看，就覺現了。——所以我們現在要救國救同胞救自己都非革命不可，非國民革命不可。什麼是叫做國民革命？就是大家國民要組織起來打倒帝國主義者與軍閥！除了這条路，我國就無希望了。青年是社會的中堅，所以青年的我們，應當走這条路——革命——應當作這種工作——革命工作——我現在不忍國家淪亡，不忍同胞窮苦，將為奴隸，立志走這条大路，作這種有價值的工作。你說你要跟我前進，就請一同前進罷！要說的話甚多，說不盡了，再談。

你陰曆正月二十日寄來的信，是從什麼地方？為什麼我不有收到？我的牙，取了一个，現在早已不痛了。只是右腮尚有点痛。並且還有兩

历史印记

1924 年张炽考入北京民国大学政治经济系学习。除了学习学校安排的课程之外，他还积极参加北京青年学会、读书会和平民教育研究会等，在这期间接受了新思潮并重新思考未来应走的路。

在这封信中，张炽鼓励弟弟子昭与其一同前进，只要吃苦耐劳、努力奋斗，终能达到目的。张炽向弟弟说明了当时中国的政治情况，分析了中国的经济状况，并且将国家贫弱穷苦归结于外国的侵略及军阀的胡闹。看到泱泱大国在沦为半殖民地半封建社会后倍受帝国主义的侮辱和虐待，张炽深刻地体会到，只有打倒帝国主义、打倒封建军阀，才能救人民于水火之中，“所以我们现在要救国救同胞救自己都非革命不可，非国民革命不可”，清晰地表明了他的革命志向和决心。

汪裕先烈士妻女的合影

汪裕先（1908—1934），化名陈石卿，上海南汇人，中共党员。1926年初加入中国共产党。曾任上海华商电气公司工人武装纠察队负责人，并参加上海工人第三次武装起义。1927年8月任中共南汇县周浦区委书记、南汇县委书记，其间创办工人夜校，秘密组织工人武装，发动农民开展斗争。1928年任中共川沙县委书记。1929年任中共淞浦特委委员。1930年4月赴太湖组织农民武装，在返回苏州途中被捕，解至南京。1934年5月牺牲。

新華
浦東
周浦橋標街

文物档案

该件文物是汪裕先妻子与女儿的合影，二级文物，1958 年由汪裕先之女汪慧捐赠。相片裱于纸质背板上，相片长 4.5 厘米，宽 6.8 厘米，背板长 7.5 厘米，宽 11.5 厘米，均为纸质。背板右上有汪裕先亲笔题写的“芳妹慧儿合影”，“芳妹”是其妻子戴桂芳，“慧儿”则是其女汪慧。背板左下是收到相片的日期，背面有汪裕先亲笔题诗两首。相片中的女子秀气端庄，温婉贤淑，身旁的女童则娇俏可爱，天真纯洁，眉眼之间既遗传了其母的恬静，也含有其父睿智的一面。

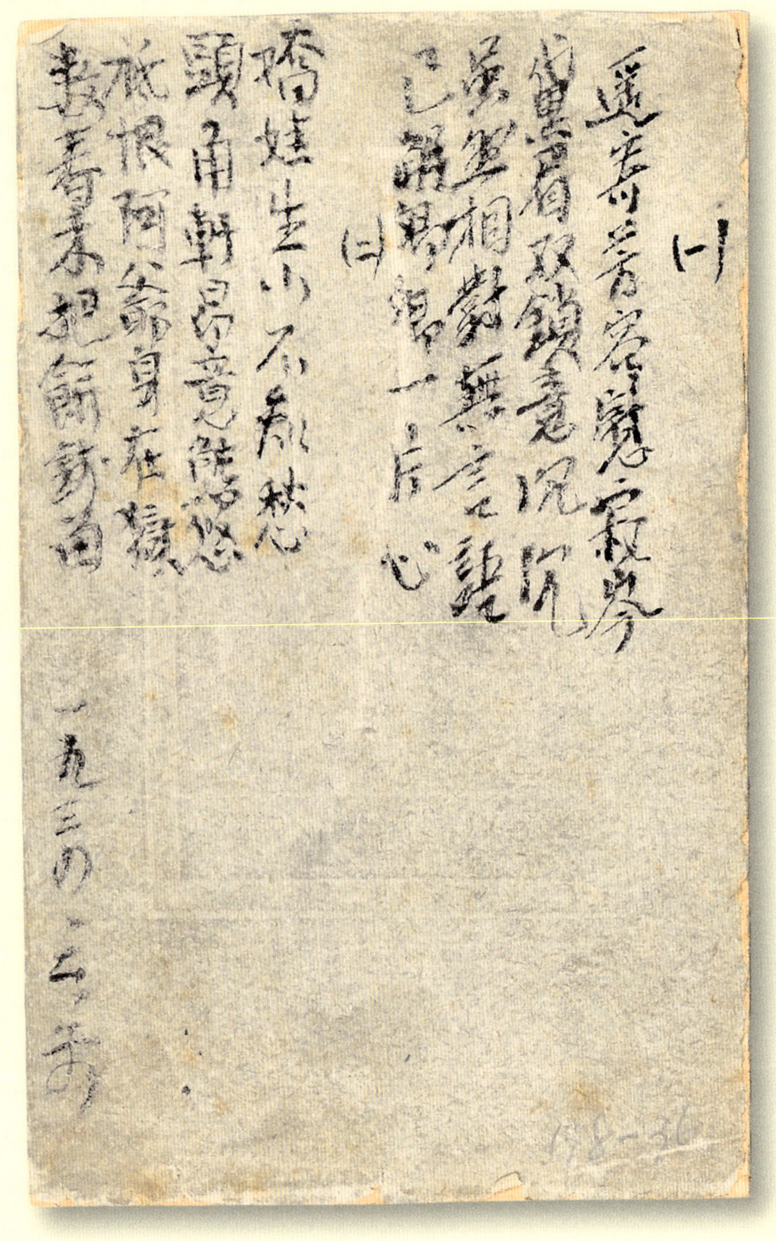

（一）

遥寄芳容慰寂岑，黛眉双锁意沉沉。

虽然相对无言语，已解卿卿一片心。

（二）

娇娃生小不知愁，头角轩昂意态悠。

只恨阿爷身在狱，数春未把饼钱留。

历史印记

1930年4月，汪裕先根据党的指示，赴太湖组织农民武装，由于叛徒告密，在回苏州的途中被特务逮捕。当时他的妻子正怀有身孕，此后的四年时间，汪裕先从未见过这个孩子。1934年2月，汪裕先看到这张合影后，便在这张相片的背后用毛笔写下了诗两首。

第一首诗是汪裕先写给妻子的，深爱着妻子的他已身陷囹圄，看到照片中的妻子紧锁双眉，意志消沉的样子，心情也十分沉重。汪裕先不愿因贪图平稳安逸的生活而空虚地活着，他为了共产主义的理想毅然决然地走上革命的道路，为此他亏欠了家庭很多，但他深知，妻子是理解他、支持他的。

第二首诗是汪裕先写给女儿的，再看看妻子臂弯中从未谋面的孩子，已初现小姑娘模样了，他倍感欣慰。寥寥几句，一个不谙人事的孩童形象跃然纸上，一位父亲对未能尽到责任的深深歉意也从笔端流露出来。照片背后的两首诗，言语真挚，感人至深，字里行间彰显了以汪裕先为代表的共产党人舍小家为大家、舍小义取大义的革命情怀。

郭纲琳烈士写给大哥的信

郭纲琳（1910—1937），女，又名郭英，江苏句容人，中共党员。1931 年考入上海中国公学大学部，同年加入中国共产主义青年团，年底转为中共党员。1932 年在共青团上海法南区委、沪西区委工作。1933 年春任共青团江苏省委内部交通，8 月任共青团无锡中心县委书记。1934 年初任共青团上海闸北区委书记，同年 1 月，为组织上海大昌德绸厂罢工，她前往海宁路祥麟里的秘密开会地点时被捕，解至南京。1937 年 7 月牺牲。

倫兄：我拖延了許久許久才復你信了吧！我不願申訴和說明什么。因犯人的心理是絕隔人世的，起作用，也許有很多的想象是脫離实际的，為了她捨不住实在的做她估計的對象，所以給与她的会令她失望得可怕。現在我很能安靜，腦袋似靜水一樣无波紋，我不希望什么，更不為失望而悲嘆。我能安命自守。虽在過去我不利用時间追求我的現实。當在追求我身体曾由而陷於失望的苦燥中。現在呢？我不那樣企求了！現在我的中心是：「讓造成我的命運來完結我的命運，讓我能得着的時日，求些我願求的知識，一直到最后一日」。我知道希望在追求中是甜密的美滿的佔多數，可是实現了后因時间與空间的更換，也許会惱恨希望的实現。所以你要我做的，我是不能你回答。並我該告訴你：「我不願造一点点罪惡在我生命中」。倫兄！請你原諒我不能屈伏在一个个罪而加上有罪的名义下來遵从你。我知道自己，明白自己。並且我也知道你们的苦衷！我常常觉得給你们的实在也夠煩忙了，我為什么要這樣累贅你们呢？我能給你们一点什么答复呢？——哦！垂豬的生活——再有什么？什么也没有了！再有給你们的只有失望，还说什么呢？總算將我的身体和夏日一樣有力，自入秋来胃口有不佳，別均似夏日的我，請你放心！我近来还能安讀书，因能讀书，所以雜念也易消失了！中秋節快臨了，你们又忙着請客了吧！我们犯人一年照例有三次特许的買牛豬肉吃——春節、八月節、舊曆年！所以每个犯人逢到这時都有一点兴奮，如没有錢，那只有望肉而興歎了！八月節尚未到早就計畫着：「还有几个月要吃肉和月餅了」。八月節可買月餅吃，五月節可買粽子吃。月餅比粽子好吃，能放得久多。八月節还有半个月。不知你來得及請我否！七叔許久未来信了，大約公事忙吧！請他把小弟弟照片再寄張我。並替他要求他：「請我过節」！肯不肯呢？好！紙完了！下次再说！祝你

努力保重！

獄中英特謹上 八月廿六日

文物档案

该件文物是1935年郭纲琳在狱中给她大哥郭纲伦的复信，一级文物，20世纪50年代由郭纲琳的革命恋人李伟捐赠。信纸长12.8厘米，宽29.4厘米，纸质。这封信字迹工整秀气，最后落款为“狱中英妹谨上，八月廿六日”。

历史印记

郭纲琳被捕入狱后，她的家庭出于维护名门声望和骨肉之情，千方百计设法营救。家里花重金聘请律师为她辩护，因她拒绝在悔过书上签字而作罢。郭纲琳的哥哥想用金钱买通国民党上层人士保释她出狱，并写信征求她的意见。郭纲琳思索许久后给哥哥写了这封回信。

淡黄的信纸上，郭纲琳从自己在狱中的心境谈起，明确拒绝家里的帮助，并以轻松的语气谈及吃肉、吃粽子和过中秋节，让哥哥请她吃月饼，让七叔请她过节，言语间尽显淡定从容。这封信字里行间看不到一丝哀怨、消沉的情绪，展现了郭纲琳积极乐观的人生态度、高尚纯洁的革命情操和义无反顾的坚定信仰。郭纲琳在给她哥哥的复信中写道，“我不愿造一点点的罪恶在我生命中”“我不能屈伏［服］在一个无罪而加上有罪的名义下来遵从你”，充分表现了她“宁为玉碎，不为瓦全”的崇高革命气节。

吕惠生烈士的工作报告书

吕惠生（1903—1945），又名惟偶，安徽无为人，中共党员。1922年考入北京国立农业专门学校，毕业后从事教育工作。1939年任《无为日报》社社长兼主编。1940年任仪征县抗日民主政府县长。1941年5月任无为县抗日民主政府县长。1942年加入中国共产党，任皖中行政公署主任。1943年10月任皖中人民抗日自卫军司令员。1945年9月随新四军第七师北撤时在芜湖被捕，解至南京，11月牺牲。

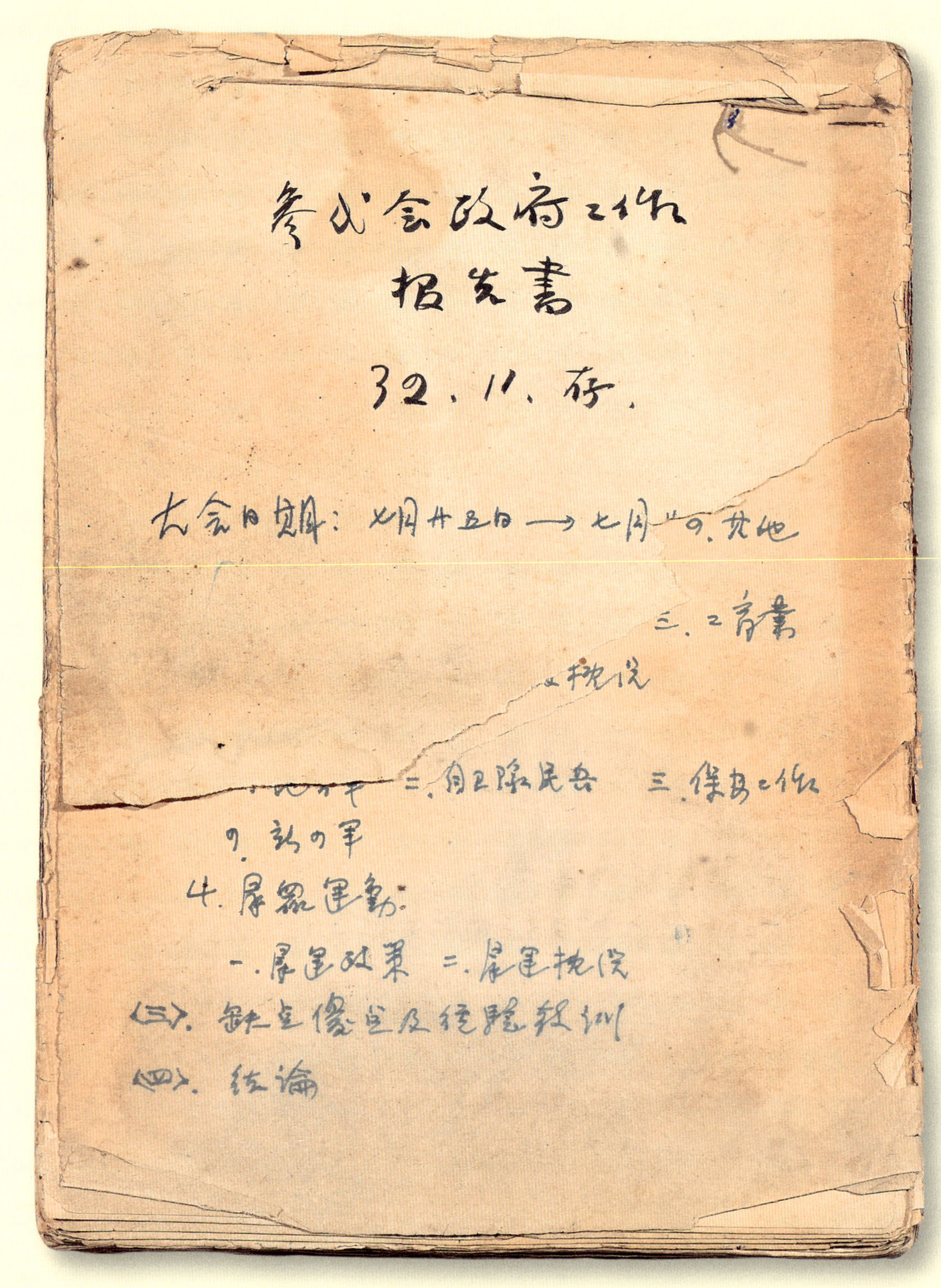

参议会政府工作
报告书
32.11.存

大会日期：六月廿五日 → 七月〃四．共地

三．工商业

[illegible]抗战

[illegible] 二．自卫队民兵 三．保安工作

四．新四军

4．群众运动：

一．群运政策 二．群运抗战

〈三〉．缺点错误及经验教训

〈四〉．结论

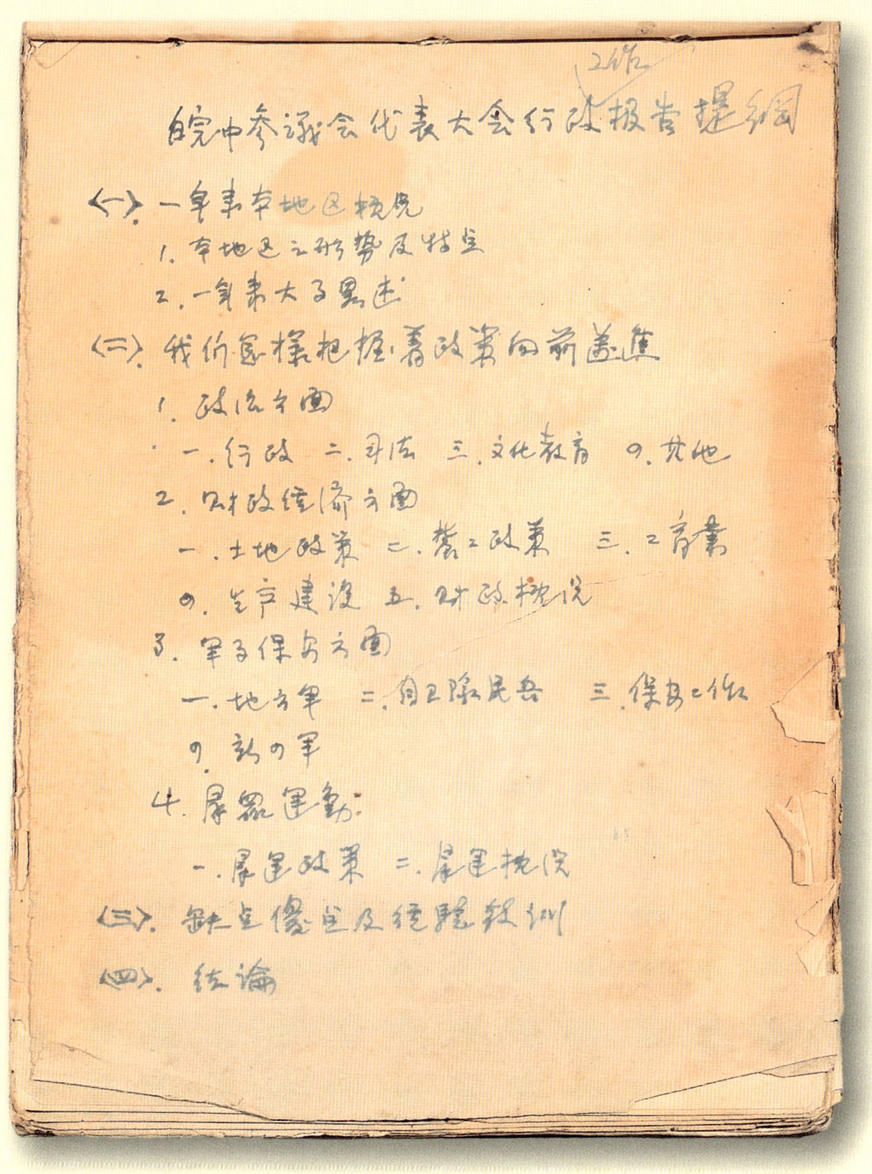

皖中参议会代表大会行政报告提纲

(一). 一年来本地区概况

1. 本地区之形势及特点

2. 一年来大事略述

(二). 我们怎样把握着政策向前迈进

1. 政治方面

一.行政 二.司法 三.文化教育 四.其他

2. 财政经济方面

一.土地政策 二.劳工政策 三.工商业

四.生产建设 五.财政概况

3. 军事保安方面

一.地方军 二.自卫队民兵 三.保安工作

四.新四军

4. 群众运动

一.群运政策 二.群运概况

(三). 缺点优点及经验教训

(四). 结论

文物档案

该件文物是吕惠生的工作报告书，二级文物，由吕惠生之女吕晓晴捐赠。报告长19.2厘米，宽27厘米，厚1.8厘米，纸质线装，主要内容为1943年至1944年吕惠生任职皖中行政公署主任期间的工作报告。

第二届皖中参议会第一次大会行政工作报告提纲

（卅二年七月廿五日参代大会至卅三年九月五日）

（一）、一年来本地区之概况

①、客观环境

一、它处于大江南北两岸，淮南铁路两侧，东扰津浦铁路，西临巢白二湖，与南京芜湖安庆等大城市接近。

二、境内大小敌伪据点约二百八十余个。

三、交通便利，商旅繁盛，是皖中皖西廿余县对外的孔道。

四、境内有土著的三番、刀会、土匪、红字会、红教会、一贯大道会等封建迷信，恒被敌顽利用的落后组织，且甚为活跃。

五、日寇、汪伪、顽固派对它时刻窥伺嫉恨，有时来窜进攻。

六、日特伪特顽特各种奸细集中目光与力量，阴谋破坏与颠覆它。各奸细是合流的。

七、所以，它是一个异常複杂艰苦斗争的局面。

②、斗争状况（敌伪顽是採取合流的形式与内容）。

（四）结论

A. 希望检讨批评过去的，

B. 希望指示今后的施政方针。（民众喉舌，民情上达）

C. 政府人员的態度——当做即做，做錯就改，

讳疾飾非，不忠民族。

欢迎严格的批评。

d. 适当国际太好的时候，国内胜利快临的时候，难有些令人不快之事，但只有我们努力实干，才能挽救，今天我们来讨论的事，正是这种实干的事，关係乎自己及国家及民族的

卅三年於如皋六六教师节大会的

关于教育政策之报告提纲

㈠ 概说：

1. 什么是教育？

A.解释：教育是人类劳动生活过程中的产物，是建立在社会经济基础之上的人类传达经验和创造新的知识技能的过程或手段。

B.发展：从低级的本能的生活动作之传授，到劳动生产经验之传授，到高级的用言语文字为工具的传授。低级到高级，简单到繁複，直接到间接。

C.小结：教育是取得生活经验—知识技能的手段或工具，故目的仅在得到工具者是错，仅以有了工具骄人者亦错。新的生活知识技能才是真的目的。

2. 教育的阶级性战斗性时代性重要性：

A.阶级性：政治是阶级压迫的产物及工具，而教育是从属于政治的，是政治的工具之一，政治属于那一阶级，教育就是那一阶级的服务者。如资产阶级教育，封建教育等。

B.战斗性：因为有阶级性，就也有战斗性；且教育是文化战线的主力，其战斗情形恒与军事战线无异，有时是较诸明显的徵兆先锋。

C.时代性：教育既是政治的从属者，政治变更时，教育内容亦随之变更。另外，在某种见

20X25=500

历史印记

皖中行政公署是抗日战争时期中国共产党在皖中（江）抗日根据地设立的抗日民主政权机关。1942 年吕惠生加入中国共产党，不久调任皖中行政公署主任，任职期间他做了详细的工作报告，共计五篇：1943 年 7 月 25 日皖中参议会代表大会行政工作报告提纲及参代会行政工作报告、1944 年 6 月 24 日行政委员会议报告及皖中行政委员会报告、1944 年 7 月 15 日开展本地区文化教育工作计划大纲、1944 年 9 月 5 日第二届皖中参议会第一次大会行政工作报告目录及第二届皖中参议会第一次大会行政工作报告提纲、1944 年无为县六六教师节大会的关于教育政策之报告提纲。

吕惠生在报告中从政治、财政经济、军事保安、群众联动等方面做了详细的分析，总结了工作中的优缺点与经验教训。他认为作为政府人员，应秉持“当做即做，做错就改”，并抵制“讳疾饰非，不忠民族”的工作态度。他在报告中写道：“但只有我们努力实干，才能挽救，今天我们来讨论的事，正是这种实干的事，关系乎自己及国家及民族的。”体现了吕惠生作为共产党员有强烈的责任感和使命感，不驰于空想，不骛于虚声，而惟以求真的态度做踏实的工作，值得后人学习。

晋夫烈士
在延安整风运动期间的笔记本

晋夫（1917—1948），原名吕守成，又名吕晋印，河南洛阳人，中共党员。1937年参加抗日游击队。1938年5月加入中国共产党。1939年5月进入中国人民抗日军事政治大学。1940年任太岳军区通讯参谋。1945年任太岳军区作战科科长。1947年任晋冀鲁豫野战军第八纵队参谋处处长。1948年11月初受命联络国民党第三十军阵前起义时在太原被捕，解至南京，不久牺牲。

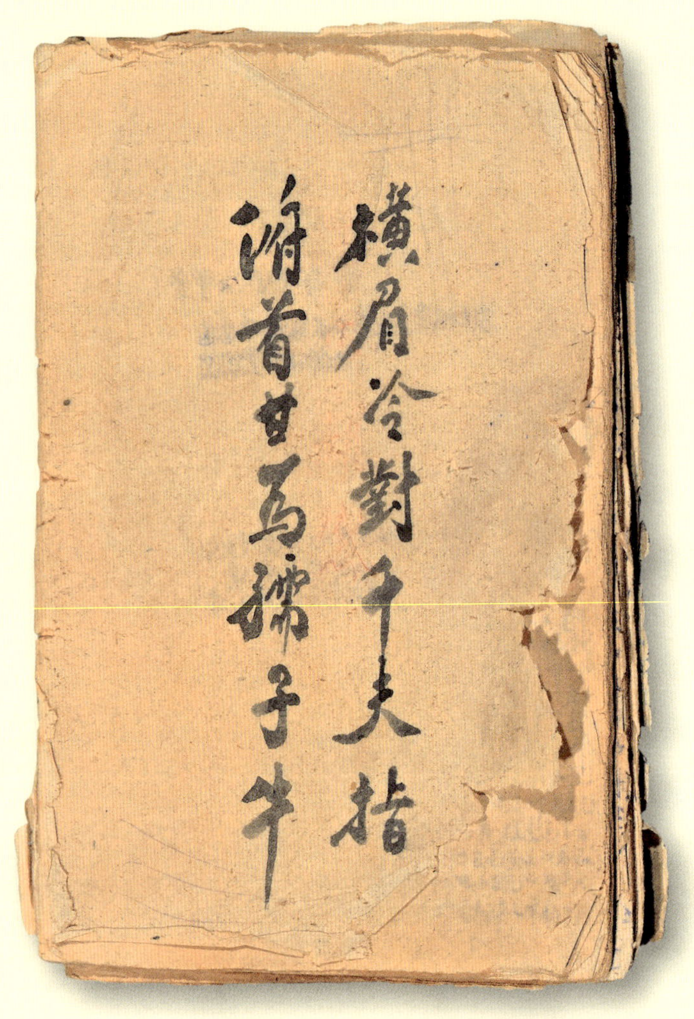

文物档案

该件文物是晋夫在延安整风运动期间的笔记本，一级文物，20 世纪 50 年代征集。笔记本长 12.7 厘米，宽 17.7 厘米，厚 1.1 厘米，纸质。笔记整体泛黄，封面为竖版的“横眉冷对千夫指，俯首甘为孺子牛”，笔迹潇洒飘逸。笔记内页是密密麻麻的蝇头小字，文字基本呈两栏布局。笔记记载时间起于 1944 年 11 月 5 日，止于 1946 年 2 月 28 日，内容主要记录了晋夫在延安整风运动期间的所见、所闻、所思、所想。

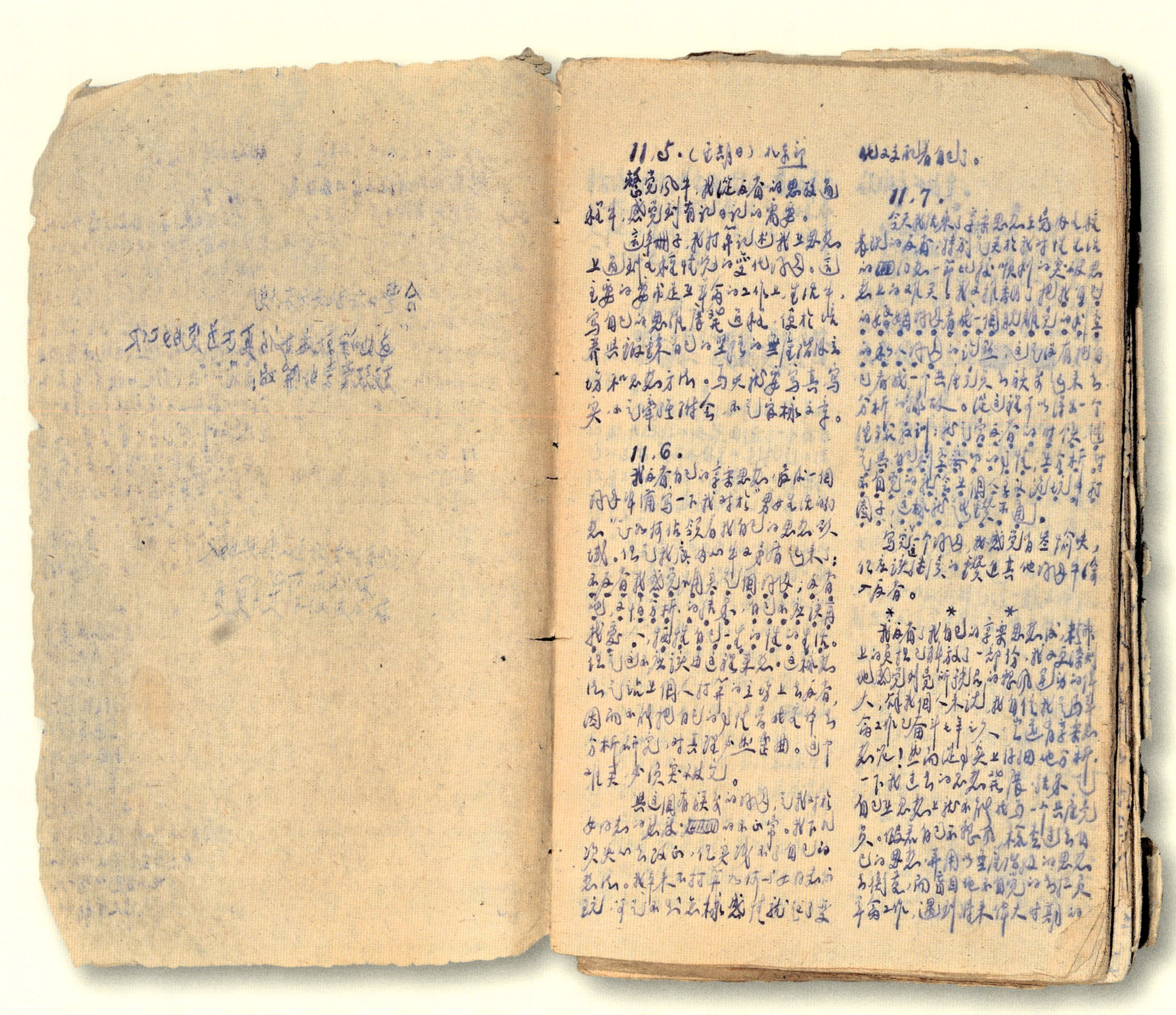

整党风中，我从反省的思考过程中，感觉到有记日记的需要。这本册子，我打算记述我在思想上遇到各种情况的变化问题。这主要的要求是在革命的工作上、生活中，写自己的思维发展过程，便于培养与锻炼自己的坚强的无产阶级立场和思想方法。为此就要写真、写实，不是牵强附会、不是官样文章。

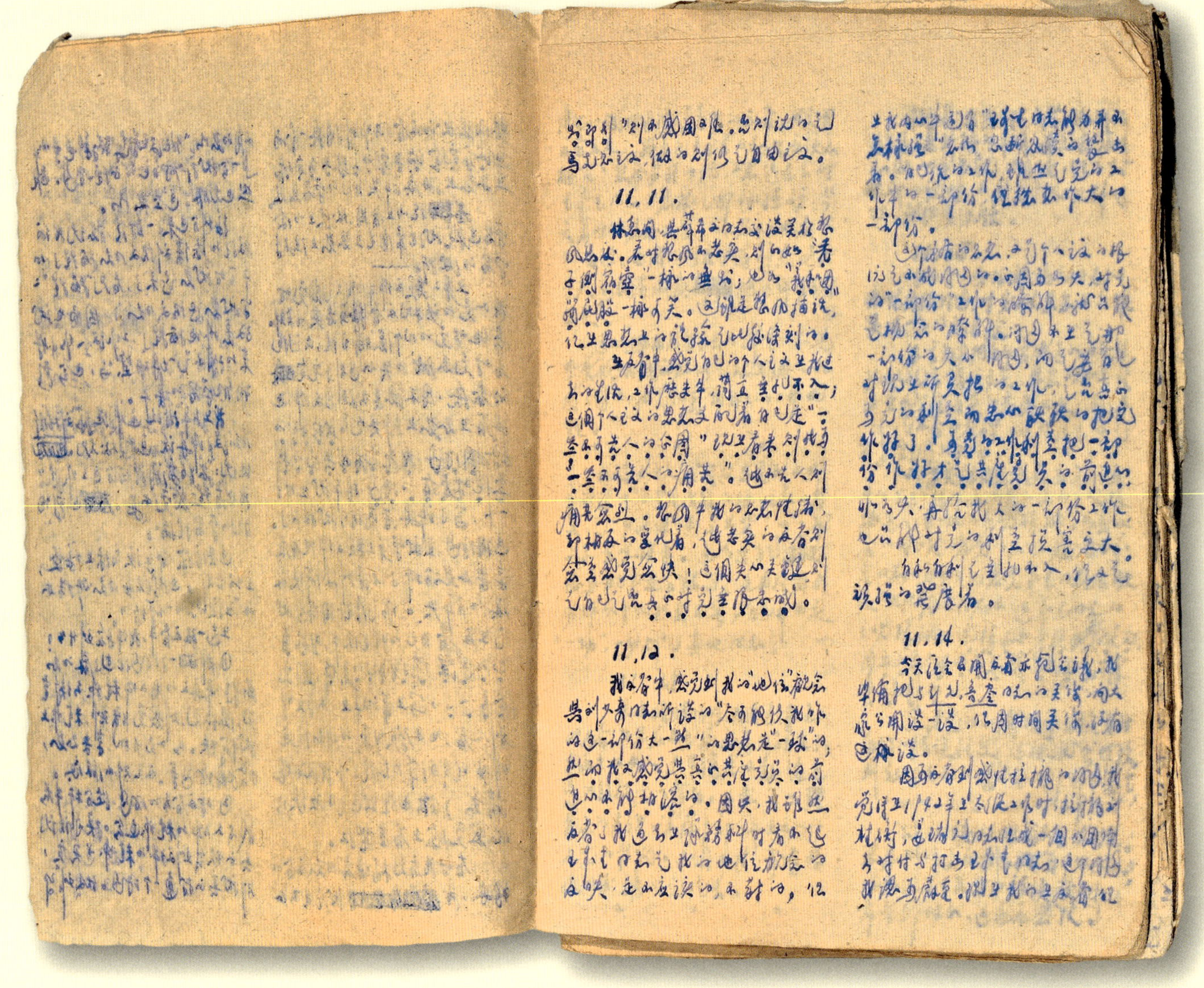

在反省中，感觉自己的个人主义在我过去的生活、工作历史中，简直无孔不入，这个个人主义的思想支配着自己是“一些不可告人的企图”，现在看来则成为“一些不可告人的痛苦”，越不告人则痛苦愈烈。整风中我的思想情绪，都相反的［地］变化着，越老实的反省则愈益感觉愉快！这个决心关键则是自己是否真的对党无限忠诚。

历史印记

毛泽东同志在《在延安文艺座谈会上的讲话》中指出，鲁迅的两句诗，“横眉冷对千夫指，俯首甘为孺子牛”，应该成为共产党人的座右铭。“千夫”在这里就是说敌人，对于无论什么凶恶的敌人我们决不屈服。“孺子”在这里就是说无产阶级和人民大众。一切共产党员，一切革命家，一切革命文艺工作者，都应该学习鲁迅的榜样，做无产阶级和人民大众的“牛”，鞠躬尽瘁，死而后已。晋夫将这两句诗写在日记本封面，表明其作为一名共产党员的崇高理想。

这本晋夫在延安整风运动期间写下的笔记，内容真实生动地反映出延安整风运动在他心灵深处所激起的回响，其中写道：“只要有个人的私图，即使很小的一点私图，那你在工作中就不能与党的利益做到相融洽。”“改正错误也要有冲锋精神，没有这个‘冲锋’，既突不破思想上的难关，那么仍然得不到真正的愉快。”表达了一个共产党员严于律己、追求真理的自觉革命精神。这本笔记内容丰富而又连续完整，记录了一些有关延安整风运动鲜为人知的史实，具有重要的历史研究价值。

斗争印迹

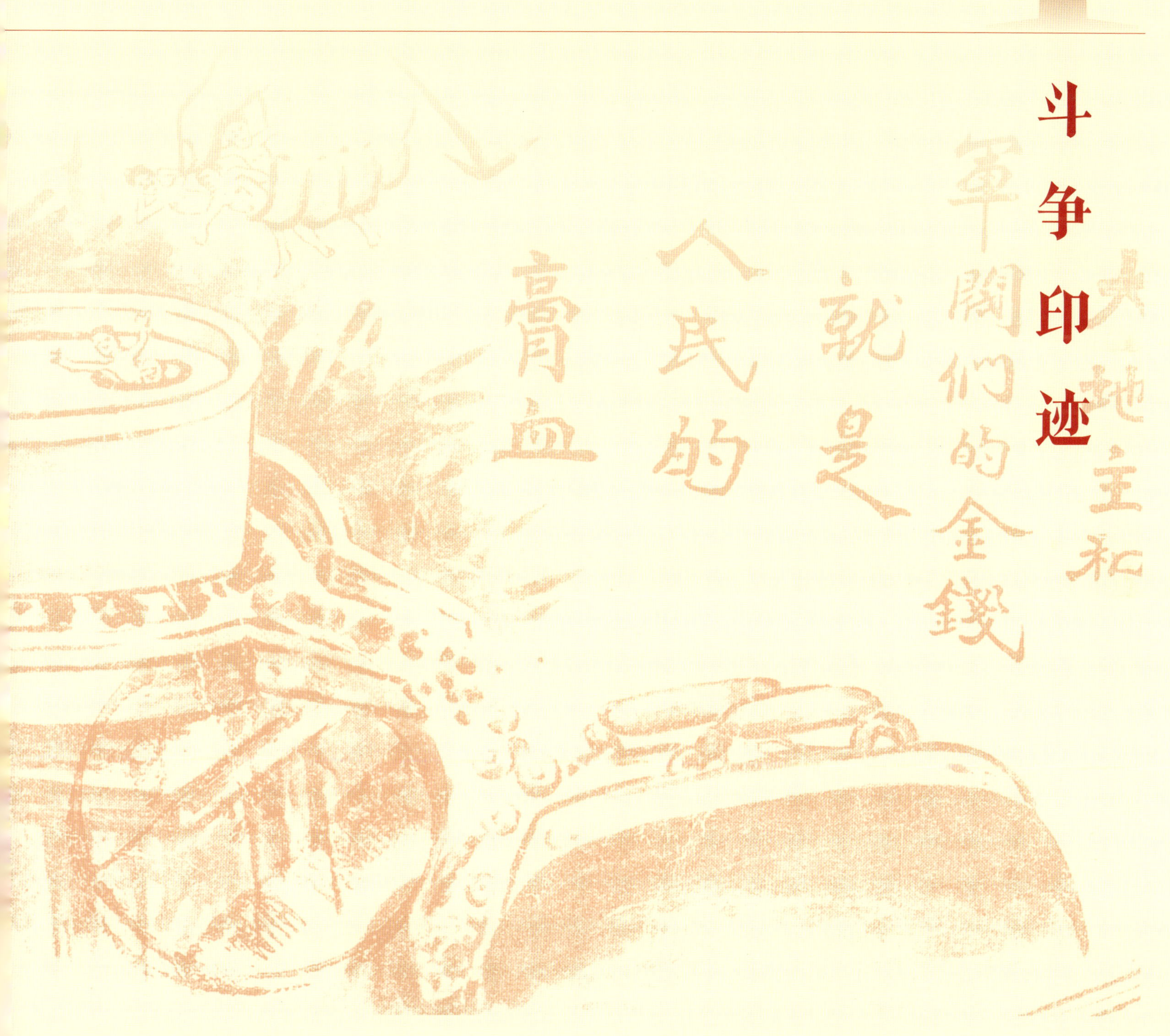

刊载有石俊烈士、叶刚烈士文章的《乡村教师》创刊号

石俊（1907—1930），化名张惠如，江苏如皋人，中共党员。1927年初加入中国共产党。1928年2月考入晓庄师范学校。1929年任中共晓庄师范支部书记。1930年6月任中共南京市委委员，7月在南京夫子庙组织集会示威时被捕，9月牺牲，年仅23岁。

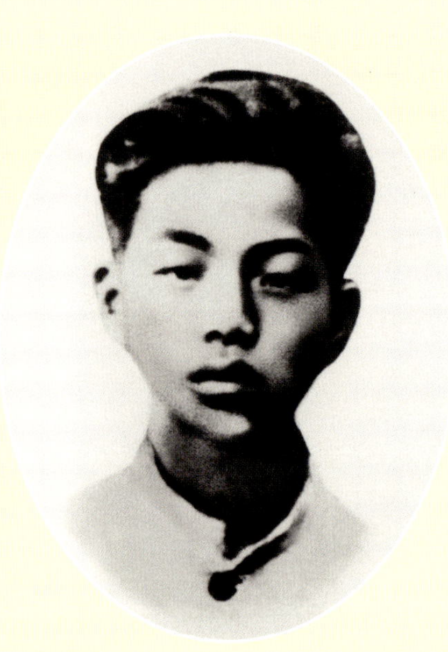

叶刚（1908—1930），原名叶道生，浙江南田人，中共党员。1925年加入中国共产主义青年团。1926年转为中共党员。1927年2月任中共南田独立支部组织委员。1928年春考入晓庄师范学校，任中共晓庄师范支部委员。1930年在中共南京市委宣传部工作，7月在策反晓庄国民党驻军时被捕，8月牺牲，年仅22岁。

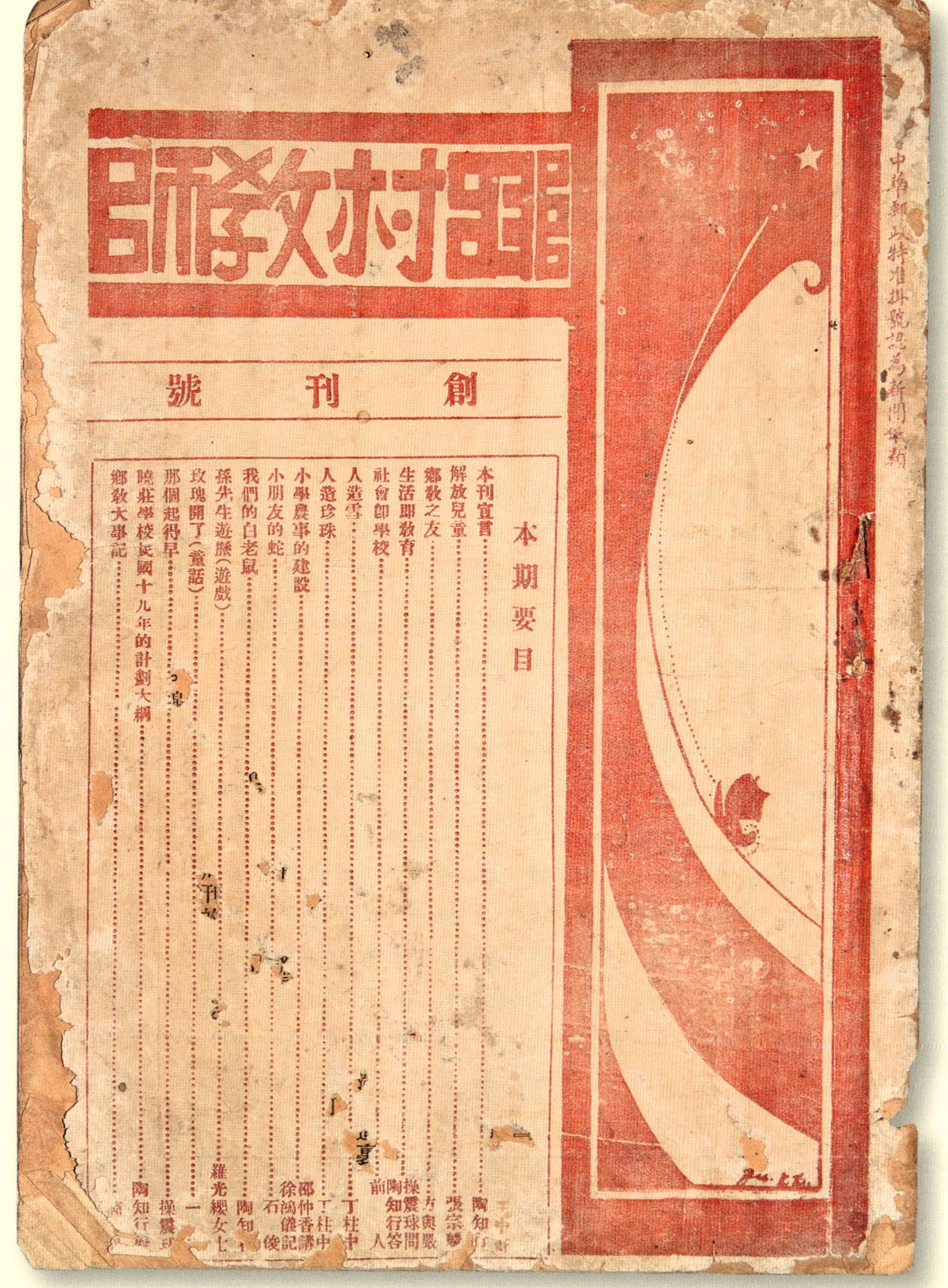

鄉村教師

創刊號

中華郵政特准掛號認為新聞紙類

本期要目

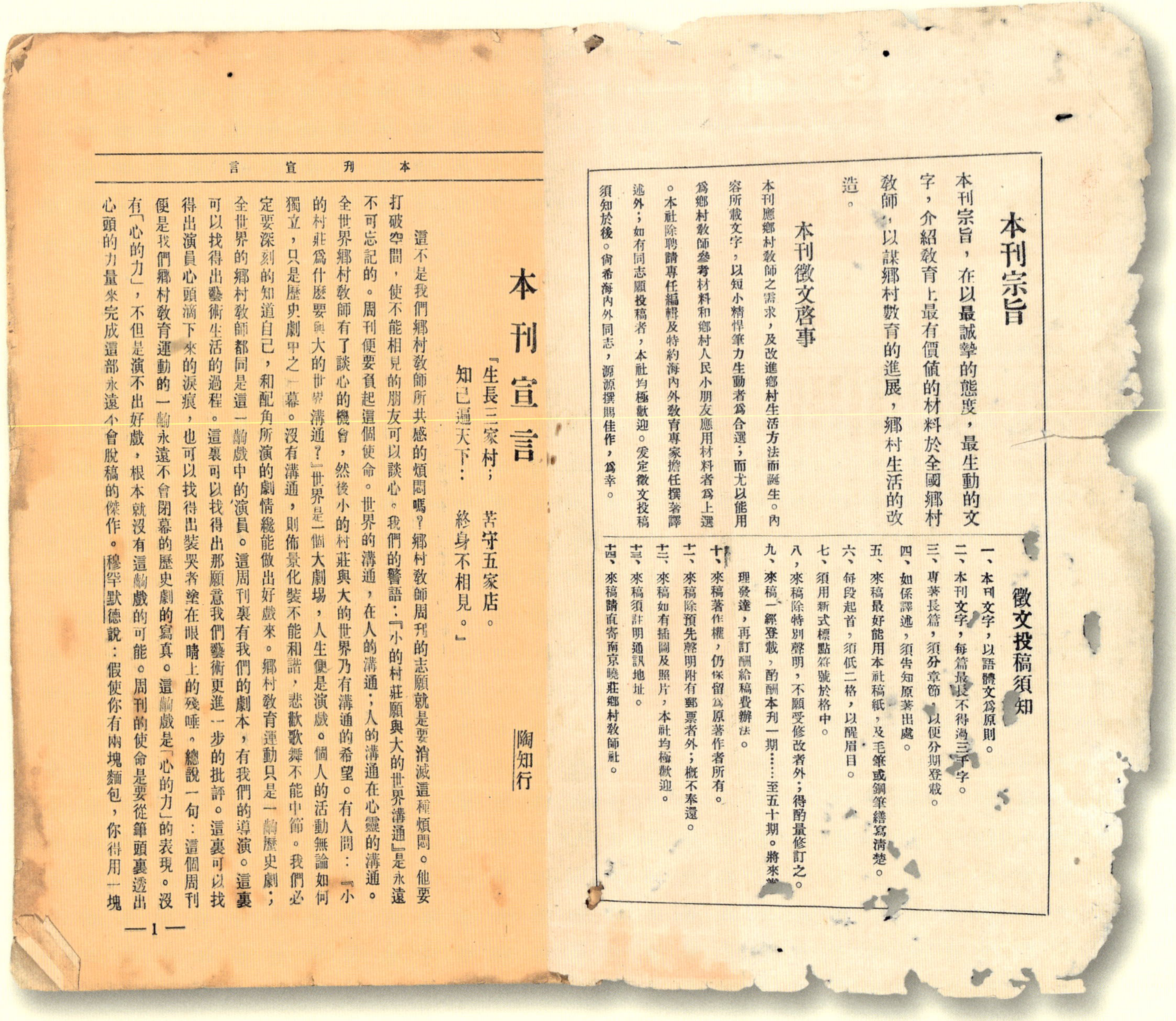

本刊宗旨

本刊宗旨，在以最誠摯的態度，最生動的文字，介紹教育上最有價值的材料於全國鄉村教師，以謀鄉村敎育的進展，鄉村生活的改造。

本刊徵文啓事

本刊應鄉村敎師之需求，及改進鄉村生活方法而誕生。內容所載文字，以短小精悍筆力生動者爲合選；而尤以能用爲鄉村敎師參考材料和鄉村人民小朋友應用材料者爲上選。本社除聘請專任編輯及特約海內外敎育專家擔任撰著譯述外；如有同志願投稿者，本社均極歡迎。爰定徵文投稿須知於後。尙希海內外同志，源源撰賜佳作，爲幸。

徵文投稿須知

一、本刊文字，以語體文爲原則。

二、本刊文字，每篇最長不得過三千字。

三、專著長篇，須分章節，以便分期登載。

四、如係譯述，須告知原著出處。

五、來稿最好能用本社稿紙，及毛筆或鋼筆繕寫清楚。

六、每段起首，須低二格，以醒眉目。

七、須用新式標點符號於格中。

八，來稿除特別聲明，不願受修改者外；得酌量修訂之。

九、來稿一經登載，酌酬本刊一期……至五十期。將來[illegible]理發達，再訂酬給稿費辦法。

十、來稿著作權，仍保留爲原著作者所有。

十一、來稿除預先聲明附有郵票者外；概不奉還。

十二、來稿如有插圖及照片，本社均極歡迎。

十三、來稿須註明通訊地址。

十四、來稿請直寄南京曉莊鄉村敎師社。

本刊宣言

陶知行

『生長三家村；苦守五家店。
知已遍天下：終身不相見。』

這不是我們鄉村教師所共感的煩悶嗎？鄉村教師周刊的志願就是要消滅這種煩悶。他要打破空間，使不能相見的朋友可以談心。我們的警語：『小的村莊願與大的世界溝通』是永遠不可忘記的。周刊便要負起這個使命。世界的溝通，在人的溝通；人的溝通在心靈的溝通。全世界鄉村教師有了談心的機會，然後小的村莊與大的世界乃有溝通的希望。有人問：『小的村莊爲什麼要與大的世界溝通？』世界是一個大劇場，人生便是演戲。個人的活動無論如何獨立，只是歷史劇中之一幕。沒有溝通，則佈景化裝不能和諧，悲歡歌舞不能中節。我們必定要深刻的知道自己，和配角所演的劇情纔能做出好戲來。鄉村教育運動只是一齣歷史劇；全世界的鄉村教師都同是這一齣戲中的演員。這周刊裏有我們的劇本，有我們的導演。這裏可以找得出藝術生活的過程。這裏可以找得出那願意我們藝術更進一步的批評。這裏可以找得出演員心頭滴下來的淚痕，也可以找得出裝哭者塗在眼睛上的殘唾。總說一句：這個周刊便是我們鄉村教育運動的一齣永遠不會閉幕的歷史劇的寫真。這齣戲是「心的力」的表現。沒有「心的力」，不但是演不出好戲，根本就沒有這齣戲的可能。周刊的使命是要從筆頭裏透出心頭的力量來完成這部永遠不會脫稿的傑作。穆罕默德說：假使你有兩塊麵包，你得用一塊

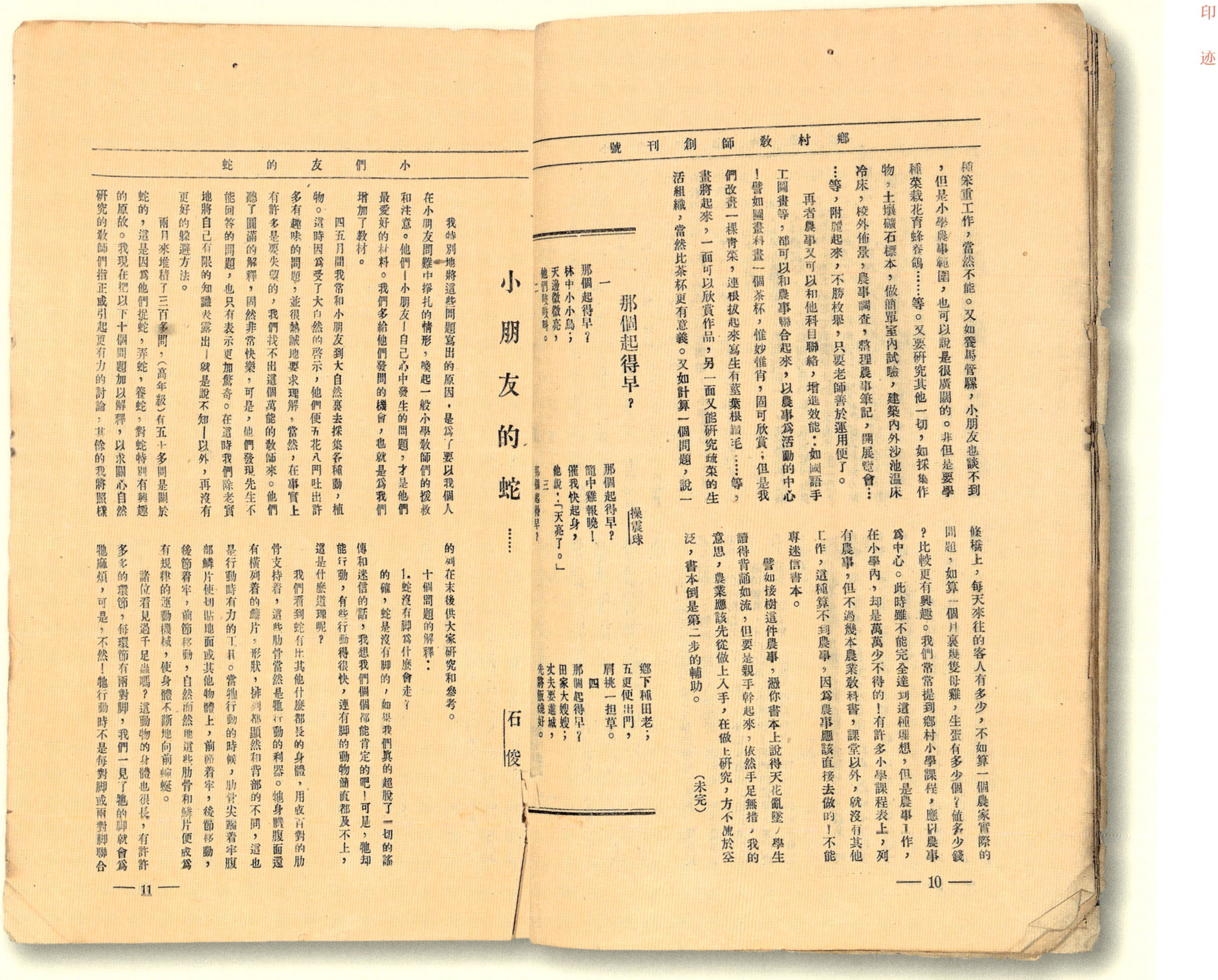

種菜重工作，當然不能。又如養馬管騾，小朋友也談不到，但是小學農事範圍，也可以說是很廣闊的。非但是要學種菜栽花育蜂養鴿……等。又要研究其他一切，如採集作物，土壤礦石標本，做簡單室內試驗，建築內外沙池溫床冷床，校外佈景，農事調查，整理農事筆記，開展覽會……等，附麗起來，不勝枚舉，只要老師善於運用便了。

再者農事又可以和他科目聯絡，增進效能：如國語手工圖畫等，都可以和農事聯合起來，以農事為活動的中心！譬如圖畫科畫一個茶杯，惟妙惟肖，固可欣賞；但是我們改畫一棵青菜，連根拔起來寫生有莖葉根鬚毛……等，畫將起來，一面可以欣賞作品，另一面又能研究蔬菜的生活組織，當然比茶杯更有意義。又如計算一個問題，說一條橋上，每天來往的客人有多少，不如算一個農家實際的問題，如算一個月裏幾隻母雞，生蛋有多少個？值多少錢？比較更有興趣。我們常常提到鄉村小學課程，應以農事為中心。此時雖不能完全達到這種理想，但是農事工作，在小學內，却是萬萬少不得的！有許多小學課程表上，列有農事，但不過幾本農業教科書，課堂以外，就沒有其他工作，這種算不到農事，因為農事應該直接去做的！不能專迷信書本。

譬如接樹這件農事，縱你書本上說得天花亂墜，學生讀得背誦如流，但要是親手幹起來，依然手足無措，我的意思，農業應該先從做上入手，在做上研究，方不流於空泛，書本倒是第二步的輔助。

（未完）

那個起得早？

操震球

一

那個起得早？
林中小小鳥；
天邊微微亮，
他們吱吱叫。

二

那個起得早？
籠中雞報曉！
催我快起身，
他說：「天亮了。」

三

那個起得早？
鄉下種田老；
五更便出門，
肩挑一担草。

四

那個起得早？
田家大嫂嫂；
丈夫要進城，
先將飯燒好。

小朋友的蛇……

石俊

我特別地將這些問題寫出的原因，是為了要以我個人在小朋友問難中掙扎的情形，喚起一般小學教師們的援救和注意。他們—小朋友—自己心中發生的問題，才是他們最愛好的材料。我們多給他們發問的機會，也就是為我們增加了教材。

四五月間我常和小朋友到大自然裏去採集各種動，植物。這時因為受了大自然的啓示，他們便五花八門吐出許多有趣味的問題，並很熱誠地要求理解，當然，在事實上有許多是要失望的，我們找不出這個萬能的教師來。他們聽了圓滿的解釋，固然非常快樂，可是，他們發現先生不能回答的問題，也只有表示更加驚奇。在這時我們除老實地將自己有限的知識表露出—就是說不知—以外，再沒有更好的躲避方法。

兩月來堆積了三百多問，（高年級）有五十多問是關於蛇的，這是因為他們捉蛇，弄蛇，養蛇，對蛇特別有興趣的原故。我現在把以下十個問題加以解釋，以求關心自然研究的教師們指正或引起更有力的討論；其餘的我將照樣的列在末後供大家研究和參考。

十個問題的解釋：

1. 蛇沒有腳為什麼會走？

的確，蛇是沒有腳的，如果我們真的超脫了一切的謠傳和迷信的話，我想我們個個都能肯定的吧！可是，牠却能行動，有些行動得很快，連有腳的動物簡直都及不上，這是什麼道理呢？

我們看到蛇有比其他什麼都長的身體，用成百對的肋骨支持着，這些肋骨當然是牠行動的利器。牠身體腹面還有橫列着的鱗片，形狀，排列都顯然和背部的不同，這也是行動時有力的工具。當牠行動的時候，肋骨尖端着牢腹部鱗片使切貼地面或其他物體上，前節着牢，後節移動，後節着牢，前節移動，自然而然地這些肋骨和鱗片便成為有規律的運動機械，使身體不斷地向前蜿蜒。

諸位看見過千足蟲嗎？這動物的身體也很長，有許許多多的環節，每環節有兩對腳，我們一見了牠的腳就會為牠麻煩，可是，不然！牠行動時不是每對腳或兩對腳聯合

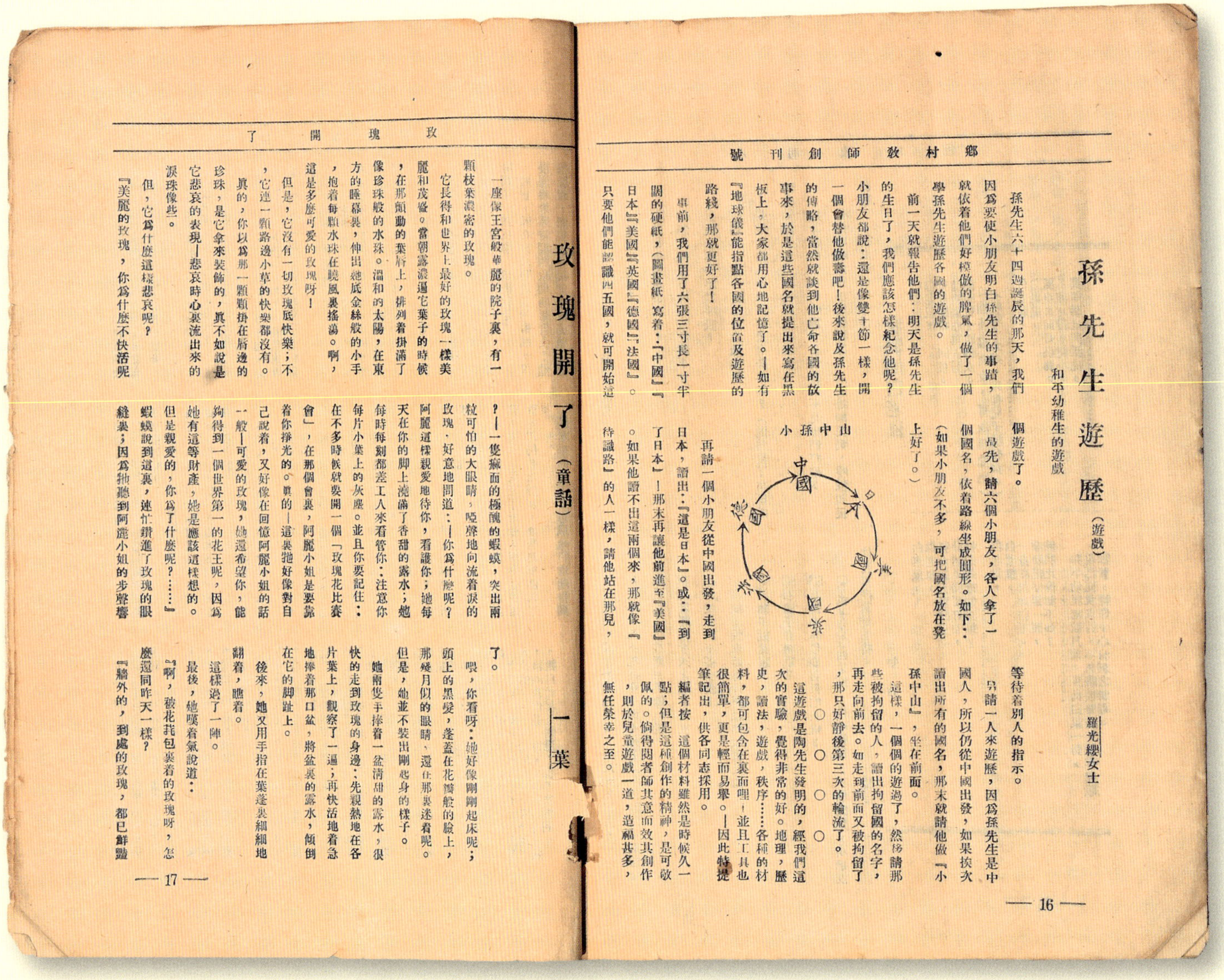

孫先生遊歷（遊戲）

和平幼稚生的遊戲

羅光纓女士

孫先生六十四週誕辰的那天，我們因爲要使小朋友明白孫先生的事蹟，就依着他們好模做的脾氣，做了一個學孫先生遊歷各國的遊戲。

前一天就報告他們：明天是孫先生的生日了，我們應該怎樣紀念他呢？小朋友都說：還是像雙十節一樣，開一個會替他做壽吧！後來說及孫先生的傳略，當然就談到他亡命各國的故事來，於是這些國名就提出來寫在黑板上，大家都用心地記憶了。——如有『地球儀』能指點各國的位置及遊歷的路綫，那就更好了！

事前，我們用了六張三寸長一寸半闊的硬紙，（圖畫紙）寫着：『中國』『日本』『美國』『英國』『德國』『法國』。只要他們能認識四五國，就可開始這個遊戲了。

最先，請六個小朋友，各人拿了一個國名，依着路線坐成圓形。如下：（如果小朋友不多，可把國名放在凳上好了。）

小孫中山

中國 → 日本 → 美國 → 英國 → 法國 → 德國 → 中國

再請一個小朋友從中國出發，走到日本，讀出：『這是日本』。或：『到了日本』——那末再讓他前進至『美國』。如果他讀不出這兩個來，那就像『待識路』的人一樣，請他站在那兒，等待着別人的指示。

另請一人來遊歷，因爲孫先生是中國人，所以仍從中國出發，如果挨次讀出所有的國名，那末就請他做『小孫中山』，坐在前面。

這樣，一個個的遊過了，然後請那些被拘留的人，讀出拘留國的名字，再走向前去。如走到前面又被拘留了，那只好靜後第三次的輪流了。

○　○　○　○

這遊戲是陶先生發明的，經我們這次的實驗，覺得非常的好。地理，歷史，讀法，遊戲，秩序……各種的材料，都可包含在裏面哩！並且工具也很簡單，更是輕而易舉。——因此特提筆記出，供各同志採用。

編者按　這個材料雖然是時候久一點；但是這種創作的精神，是可敬佩的。倘得閱者師其意而效其創作，則於兒童遊戲一道，造福甚多，無任榮幸之至。

玫瑰開了（童話）

一葉

一座像王宮般華麗的院子裏，有一顆枝葉濃密的玫瑰。

它長得和世界上最好的玫瑰一樣美麗和茂盛。當朝露濃遍它葉子的時候，在那顫動的葉肩上，排列着掛滿了像珍珠般的水珠。溫和的太陽，在東方的睡幕裏，伸出她底金絲般的小手，抱着每顆水珠在曉風裏搖蕩。啊，這是多麼可愛的玫瑰呀！

但是，它沒有一切玫瑰底快樂；不，它連一顆路邊小草的快樂都沒有。眞的，你以爲那一顆顆掛在肩邊的珍珠，是它拿來裝飾的，眞不如說是它悲哀的表現——悲哀時心裏流出來的淚珠像些。

但，它爲什麼這樣悲哀呢？

『美麗的玫瑰，你爲什麼不快活呢？——一隻癩面的極醜的蝦蟆，突出兩粒可怕的大眼睛，啞聲地向流着淚的玫瑰，好意地問道：——你爲什麼呢？阿麗這樣親愛地待你，看護你；她每天在你的脚上澆滿了香甜的露水；她每時每刻都差工人來看管你：注意你每片小葉上的灰塵。並且你要記住：在不多時候就要開一個「玫瑰花比賽會」，在那個會裏，阿麗小姐是要靠着你掙光的。眞的——這裏牠好像對自己說着，又好像在回憶阿麗小姐的話一般——可愛的玫瑰，她還希望你，能夠得到一個世界第一的花王呢，因爲她有這等財產，她是應該這樣想的。但是親愛的，你爲了什麼呢？……』

蝦蟆說到這裏，連忙鑽進了玫瑰的眼縫裏；因爲牠聽到阿麗小姐的步聲響了。

喂，你看呀：她好像剛剛起床呢；頭上的黑髮，蓬蓋在花瓣般的臉上，那蛾月似的眼睛，還在那裏迷着呢。但是，她並不裝出剛起身的樣子。

她兩隻手捧着一盆清甜的露水，很快的走到玫瑰的身邊：先親熱地在各片葉上，觀察了一遍；再快活地着急地捧着那口盆，將盆裏的露水，傾倒在它的脚趾上。

後來，她又用手指在葉蓬裏細細地翻着，瞧着。

這樣過了一陣。

最後，她嘆着氣說道：

『啊，被花萼包裏着的玫瑰呀，怎麼還同昨天一樣？

『牆外的，到處的玫瑰，都已鮮豔

鄉村教師創刊號

地，豔笑地開滿了枝頭；但是我的玫瑰呀，我時刻盼望着的花朵呀，你為什麼還是低着頭，這樣默默無語呢？！

——這時，阿麗用底手緊緊地握着玫瑰的憔挺硬的手臂。棱着這樣說道：

『玫瑰呀，你缺少些什麼呢？……

『露水雖然是極難得到的東西，但是為了你——為了你快些開花；我可以多差些工人，叫他們當太陽未起床以前，到各處去收集——多多地儘量地收集。因為，「玫瑰花比賽會」馬上就要到了』！

玫瑰始終不曾嚮過一聲。

可是它更苦悶，更悲哀了。它的眼淚再也不能忍耐；當阿麗小姐的小手握着它的手臂的時候，那凝在唇邊的淚珠，就如下雨一般地落在她的手上。

——因為阿麗小姐太不懂得它的心哟！

她失望地悲痛地望着玫瑰；最後，她照着每次分別時的規矩，拉着玫瑰最高的一張葉子，湊近她的唇，深深地親了一個長吻；然後就走了。

還會，躲在玫瑰腿縫裏的蝦蟆，又慢慢地笨重地爬到玫瑰的膝背上；她懷疑着，而裝着一個武士的姿勢；還是啞聲地向玫瑰喊着：

『喂，你怎麼了？你看阿麗小姐是多麼憂愁哟！

『她為你犧牲了無數的金錢，你曉得吧，她每天要為你收集那一大盆的露水；你想，這一盆露水裏所化的金錢要多少哟！

『你也聽到吧，她以後還要更多地僱用工人，叫他們來替你收集露水呢！……』

蝦蟆忽然嚇呆了，牠聽到從來未曾開過嘴的玫瑰說話了；而且從它的薄唇裏發出來的聲音，是這樣悽切，這樣驚人呀！

『我的朋友，你聽着吧：我的花是要得着人們的心露——從心裏流出來的露水，才能開的。』

它祇說了這幾句話，又靜默了。

蝦蟆又說了許多話；牠說得比以前更親切；但是玫瑰再也沒有回話，所以它也惘惘地走了。

這樣又過了一些日子。

現在的阿麗小姐更加憂愁了。她的盡了方法，化完了財產，而切望着用玫瑰卻仍是冷靜底，連嘆息都消沉了。

她本來的希望：想以她的玫瑰得到世界底一切的玫瑰之王。但現在，她已忘記了世上的一切。虛榮的比賽的迷夢，更不知道擱在那裏盛灰塵了。

幫她家的一切工人，都比她有錢得多了。他們在月光底下，講述着阿麗小姐的故事。他們再也不會在那灰暗的清晨，捧着玻璃盆，在那潮溼的荊棘蓬裏來往地忙碌了。

啊，可憐的阿麗啊，她哭了。她哭得這等悲哀哟！但是她為着什麼哭呢？窮苦嗎？孤寂嗎？不，不是的，她是為着她真切的希望——她久望着的玫瑰，[illegible]哭了。[illegible]

—— 18 ——

曉莊學校民國十九年的計劃大綱

曉莊學校民國十九年的計劃大綱

陶知行擬

一、關於學校組織方面：

（一）改學院為學園

（二）增設鄉村初級中學稱為勞山學園

（三）成立鄉村教育研究所

（四）培設民衆教育研究的機關稱為曉莊學園

（五）重定學校名稱——曉莊學校

二、關於方法改進方面：

（一）振要指導格考核（須用統計的方法）

[illegible]

（五）實行小學教師職業分析編訂

（六）實行試驗區社會調查

（七）試驗小廚房辦法

三、關於建築設備之擴充方面：

（一）完成各學園之建設

[illegible]

（八）建設小劇場及電影院

（九）修築曉莊至和平門之道路

（十）開闢中心農場

（十一）佈置校景

四、關於招聘人員方面：

（一）增聘指導員二人

（二）增聘本校同志五人

（三）增聘研究員三人

五、關於工具製造方面：

（一）自製兒童玩具

（二）自製簡單工具

（三）改良農具

六、關於編輯方面：

（一）曉莊鄉村師範用書出十種

（二）曉莊幼稚園用書出五種

（三）曉莊鄉村小學用書出二十種

（四）曉莊鄉村初級中學書出用五[illegible]

—— 19 ——

招登廣告

等第	特等	地位：後封面外底		頭等	地位：前後封裏面		普通	地位：文字中間	
	全面	二分一	四分一	全面	二分一	四分一	全面	二分一	四分一
每期	十二元	六元	三元	拾元	五元	二元五角	五元	二元五角	一元二角五分
半年	[illegible]	[illegible]	[illegible]	[illegible]	[illegible]	[illegible]	[illegible]	六十元	三十元
全年	[illegible]	[illegible]	[illegible]	[illegible]	[illegible]	[illegible]	[illegible]	[illegible]	[illegible]

本刊價目

冊數	每星期一冊	全年五十冊
價目	實價五分	實價兩元

歡迎分銷 十份以上，九五折。百份以上，九折。餘類推。

鄉村教師創刊號

中華民國十九年二月一日（星期六）出版

編輯者 鄉村教師社

出版者 南京曉莊學校 中華教育改進社 中國鄉村教育同志會

發行者 各省各大書坊

印刷者 無錫錫成公司駐甯印刷所 南京城內花牌樓 電話一千一百號

鄉村教師創刊號

籌備初級中學主任……十九案。

同月，二十九日。鄉村教師週刊社第一次編輯部部務會議，分任編輯等事宜。

十九，一月五日。上午十時，鄉村教育先鋒團全體大會（本年第一次）通過十九年計畫。

同日下午二時，曉莊學校指導會議，議決，通過初級中學簡章組織系統，並訂定名稱，為勞山學園。原因曉莊原名小莊，後有老山，改稱勞山。即寓在勞力上勞心之意。又委任程本海，董純才，石俊，潘一塵，丁柱中，呂鏡樓，王子建，左剛宵等八位為勞山學園籌備委員。及通過吉祥學園發展計劃和討論與衛生部接洽摒井等……要案。

一月七日，上午九時。曉莊學校勞山學園籌備委員會在犁宮左廂生物室舉行第一次會議。到有操震球，董純才，石俊，丁柱中，呂鏡樓等五人。議決事項：（一）通過簡章及組織系統；（二）招考初中一年生四十名，日期定于二月十四日；（三）開學日期定于二月二十日；（四）免費生辦法，推定操震球起帥；（五）校舍問題，與陶校長接洽商酌決定。

曉莊學校叢書出版預訊

一、教學做合一討論集

陶知行先生，為中國教育名家。其主張「教學做合一」的理論，風靡世界。近經先生將平日最精彩之傑作，著為是書。已由商務印書館承印如式，不日運到曉莊了。

二、幼稚教育論文集

這是中國幼稚教育專家張宗麟先生所編訂。其中尤多致意於[illegible]的革命傑作。從事整個鄉村教育的同志們，急宜人手一篇也。定價五角，已出版。

三、叔愚集

這是本刊總編輯方與嚴先生費了二十閱月的工夫，搜集鄉村教育專家趙叔愚先生遺著及其演講筆記，彙集而成，都二十萬言。將由世界書局，精裝上下兩冊發行矣。預約從速。

—— 22 ——

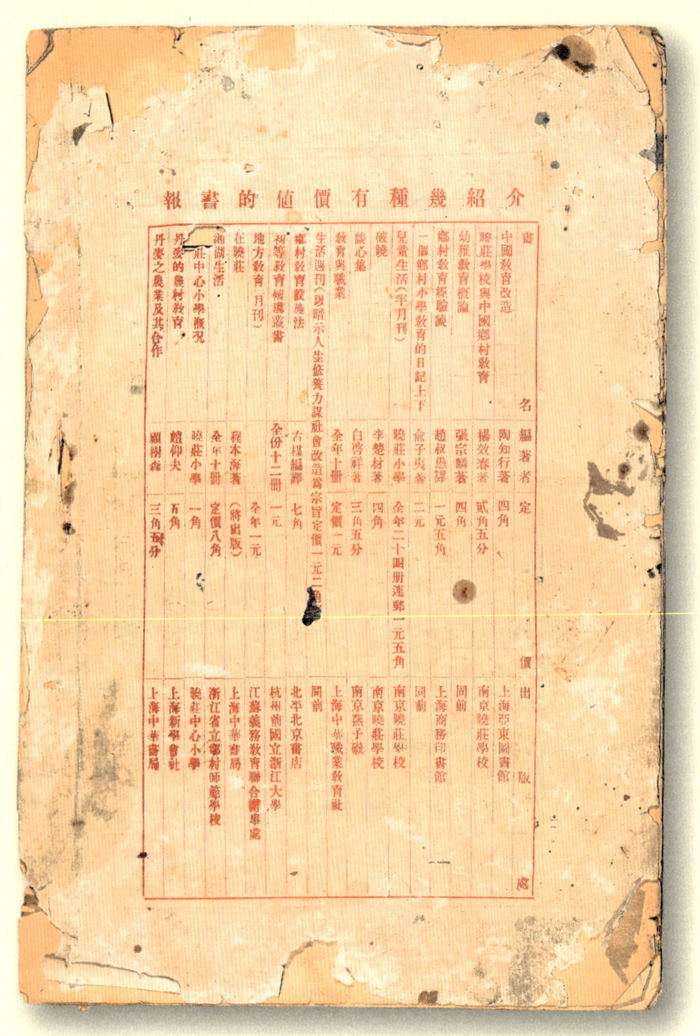

介紹幾種有價值的書報

書名	編著者	定價	出版處
中國教育改造	陶知行著	四角	上海亞東圖書館
曉莊學校與中國鄉村教育	楊效春著	貳角五分	南京曉莊學校
幼稚教育概論	張宗麟著	四角	同前
鄉村教育經驗談	趙叔愚譯	一元五角	上海商務印書館
一個鄉村小學教育的日記上下	俞子夷著	二元	同前
兒童生活(半月刊)	曉莊小學	全年二十四册連郵一元五角	南京曉莊學校
破曉	李楚材著	四角	南京曉莊學校
談心集	白啓祥著	三角五分	南京燕子磯
教育與職業	全年十册	定價一元	上海中華職業教育社
生活週刊(以暗示人生修養力謀社會改造爲宗旨		定價一元二角)	同前
鄉村教育設施法	古楳編譯	七角	北平北京書店
初等教育輔導叢書	全份十二册	一元	杭州前國立浙江大學
地方教育(月刊)		全年一元	江蘇義務教育聯合辦事處
在曉莊	程本海著	(將出版)	上海中華書局
湘湖生活	全年十册	定價八角	浙江省立鄉村師範學校
曉莊中心小學概況	曉莊小學	一角	曉莊中心小學
丹麥的農村教育	趙仰夫	五角	上海新學會社
丹麥之農業及其合作	鄺樹森	三角貳分	上海中華書局

文物档案

该件文物是1930年2月1日由南京晓庄学校创办的《乡村教师》创刊号，刊载有石俊的《小朋友的蛇》和叶刚（署名一叶）的《玫瑰开了》，二级文物，1974年由南京晓庄学校拨交。期刊长19厘米，宽26厘米，厚0.3厘米，纸质16开本，每周发行，定价5分，平装铅印，竖排繁体。封面印有刊名和本期目录，封底印有几种当时有价值书报的介绍，封面和封底内页印有该期刊的宗旨、投稿须知、基本信息等内容。

历史印记

1927 年 3 月，著名教育家陶行知在南京创办了“生活教育”理论的第一个实验基地——晓庄试验乡村师范。1928 年夏，南京晓庄学校建立了中共党团组织，领导学生开展革命活动，并于 1930 年 4 月遭国民党当局查封。石俊、叶刚、谢纬棨、郭凤韶、袁咨桐、姚爱兰、沈云楼、胡尚志、汤藻、马名驹这 10 位中共党员、共青团员和进步学生先后被捕，并相继牺牲于雨花台。

《乡村教师》周刊是在南京晓庄学校开办期间发行的期刊之一，这件文物作为其创刊号，不仅阐明了这本刊物的创刊宗旨、筹备过程、人员架构等情况，还刊载有陶行知为创刊号所作的发刊词以及张宗麟、操震球、石俊、叶刚等人的文章，晓庄学校 1930 年的工作计划，1929 年 11 月起的乡教大事记，相关有价值的书报介绍等内容。这些为研究晓庄烈士的生平事迹与革命精神、民国教育发展史、南京晓庄学校校史、陶行知的教育理念等提供了珍贵且翔实的文献资料。

叶刚烈士
创作的《红叶童话集》

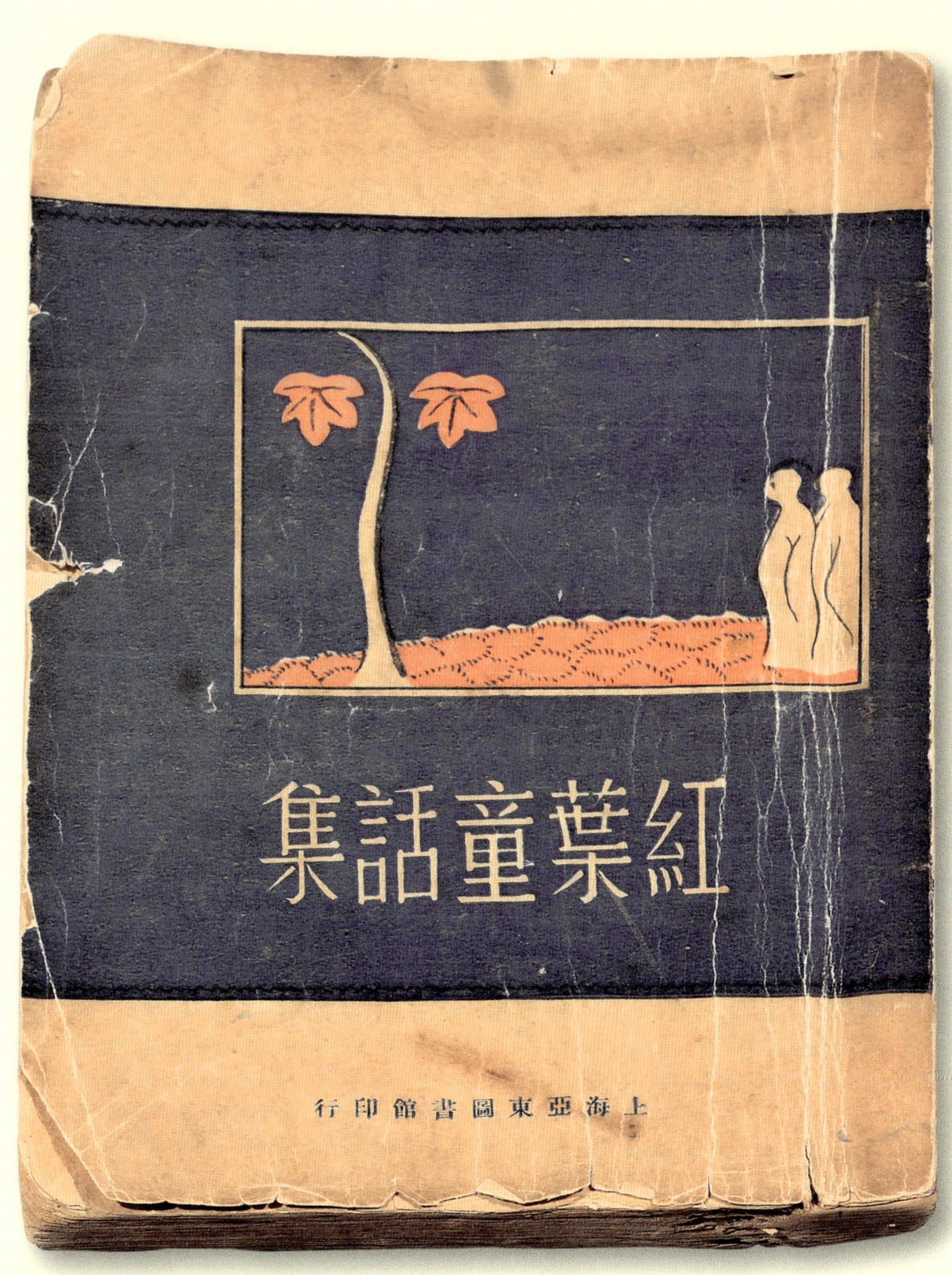
紅葉童話集
上海亞東圖書館印行

紅葉童話集
一葉編
上海亞東圖書館印行
THE ORIENTAL BOOK COMPANY
上海亞東圖書館

文物档案

该件文物是叶刚创作的《红叶童话集》，二级文物，1970 年由上海社科院文研所胡从经捐赠。童话集长 13 厘米，宽 19 厘米，厚 1.2 厘米，纸质，1931 年 6 月出版，上海亚东图书馆印行，定价为大洋四角。全书收录《红叶》《字样和白纸》《青鸟》《优美的琴声》《一个奇怪的故事》《奇遇》《鱼篓》《自由的蒲公英》《两支奇怪的笛子》9 篇童话故事，署名“一叶”。

紅葉童話集
一葉編
上海亞東圖書館印行

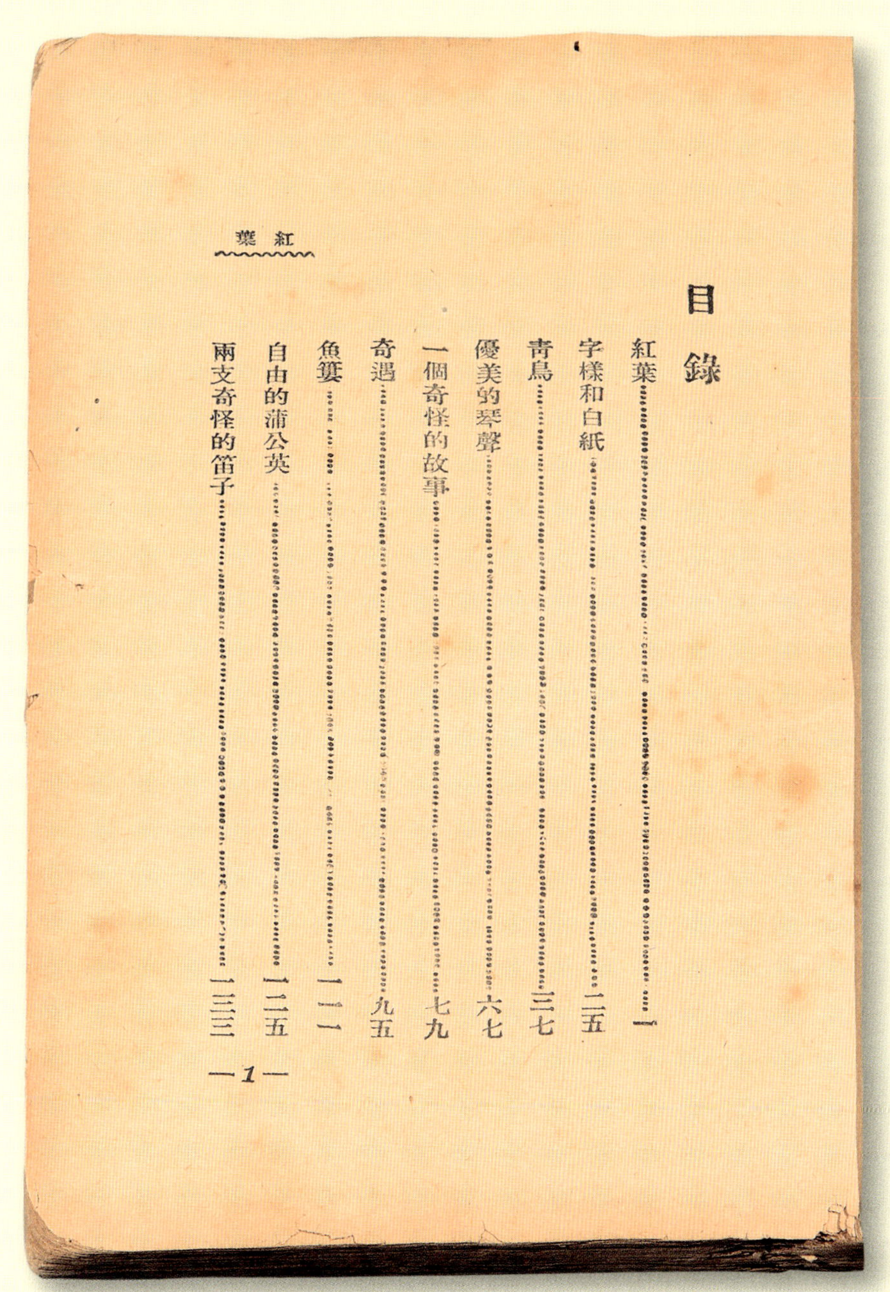

紅葉

目錄

—1—

紅葉

可愛的秋天到了！田裏舖滿着金黃色的地氈。青山換了一件紫紅大袍，美麗得像晚霞一般地嬌艷！樹呀，草呀，都披上深紅的舞衣，大家親熱地歡笑着，舞蹈着，歌唱着歡迎這位嬌麗的娟娟的秋姐！啊，這是多麼快活喲！

但是，有一片美麗的葉子，她卻偏偏在這般可喜可樂的時候，感有一種莫大的悲傷呢！

她是楓樹太太的孩子，楓太太是何等地愛喜她喲！她把她的女兒縛在自己的手指上，一天到晚不舍得讓她離開自己一步。她小心翼翼地養育她，教

版權所有

紅葉童話集

中華民國二十年六月出版

編者	一葉
發行者	亞東圖書館
發行所	上海五馬路棋盤街西首 亞東圖書館
分售處	各省各大書店
定價	大洋四角

望一切的小朋友們都到他那裏去：同他在一塊兒玩，在一塊兒讀書，在一塊兒工作。

現在，我的故事講完了。可愛的小朋友！我希望你們去安慰那位可愛的一光吧！

一九二九，八，一，在南京。

历史印记

叶刚早年就读于浙江省立第四中学，在校参加了五卅运动，并接受了马克思主义，在 1926 年加入中国共产党。1927 年 2 月，叶刚随陈良义、吴德元返回南田，改组了中共南田独立支部，任支部组织委员。“四一二”反革命政变后，中共南田独立支部遭到破坏，叶刚化名李建新，转至晓庄师范就读，后任中共晓庄师范支部委员。在中共晓庄师范支部的领导下，叶刚全力投入学生运动和农民运动，培养发展郭凤韶等为中共党员。

在晓庄师范就读期间，叶刚创作了许多进步童话作品。叶刚牺牲后，陶行知收集整理了叶刚的童话作品将其命名为《红叶童话集》并出版，以纪念这名优秀的进步学生。叶刚用童话的形式无情地揭露了反动统治阶级的腐朽没落，热情地歌颂了人民大众的革命及反抗精神。如今，《红叶童话集》作为一部珍贵的革命儿童文学作品被保存下来，不仅是进行童话创作引以借鉴的范例，也是探索中国儿童文学传统与历史经验的难得资料，具有重要的教育意义。

朱杏南烈士
使用过的花盆和花几

朱杏南（1898—1931），江苏江阴人，中共党员。先后就读于夏港毓英初等小学、江阴礼廷高等小学，一度学习中医。1921 年，组织夏港同志会，以启发民智、普及文化。1926 年加入中国共产党。1929 年春任中共吴县县委书记，在太湖、阳澄湖附近建立革命根据地，9 月在太湖等地开展农民运动时被捕，解至南京。1931 年 5 月牺牲。

文物档案

该件文物是朱杏南革命工作时用作联络暗号的花盆，二级文物，1984 年由朱杏南之女朱微明捐赠。花盆口径 27 厘米，高 16 厘米，底径 12 厘米，瓷质。器形规整，侈口，尖圆唇，斜折沿，口沿处有一缺口；底部有一圆形漏水孔，直径 1 厘米。花盆一面绘有在花园一角读书的几个孩童，画法严整工细，明暗清晰，层次分明，人物生动有趣，另一面题有“此日二经传旧德他年官诰五花新”字样，落款为“庚申之秋庆云习作”。

文物档案

该件文物是朱杏南革命工作时用作联络暗号的花几，二级文物，1984 年由朱杏南之女朱微明捐赠。花几高 73 厘米，木质，纹路清晰。

历史印记

朱杏南出生于江阴夏港镇的一个大户人家。其祖父以经商发家，购置良田 500 亩，建房 40 余间，归于朱杏雨和朱杏南兄弟名下。1926 年，朱杏南加入中国共产党，积极开展革命宣传和组织工作。大革命失败后，朱杏南在苏南从事农民运动，为筹措革命活动经费，他变卖归于自己名下的田产。为了营救被捕的同志，他动员妻子卖掉金银首饰。朱杏南的家也一度成为党的秘密活动地点，花盆和花几是朱杏南从事革命斗争时当作联络暗号使用的，十分形象地反映了白色恐怖下革命者进行斗争的一个细节，具有重要的革命价值。该套文物虽不是出自名家之手，但能从侧面反映当时朱杏南家境优沃，装饰摆件亦不同于普通人家，是朱杏南为了理想信念，放弃安逸富足的生活，投身革命洪流的有力见证。

文绍珍烈士
寄给父母的明信片

文绍珍（1908—1931），又名文丹慈，湖南石门人，中共党员。1926年考入黄埔军校第五期政治科，同年加入中国共产党，7月参加北伐，任国民革命军东路先遣军连指导员。1929年进入中央陆军军官学校从事兵运工作，同年秋任炮兵学校支部书记。1930年11月任中共南京市委委员。1931年7月因中共南京军委系统遭破坏被特务盯梢，在北平被捕，解至南京，8月牺牲。

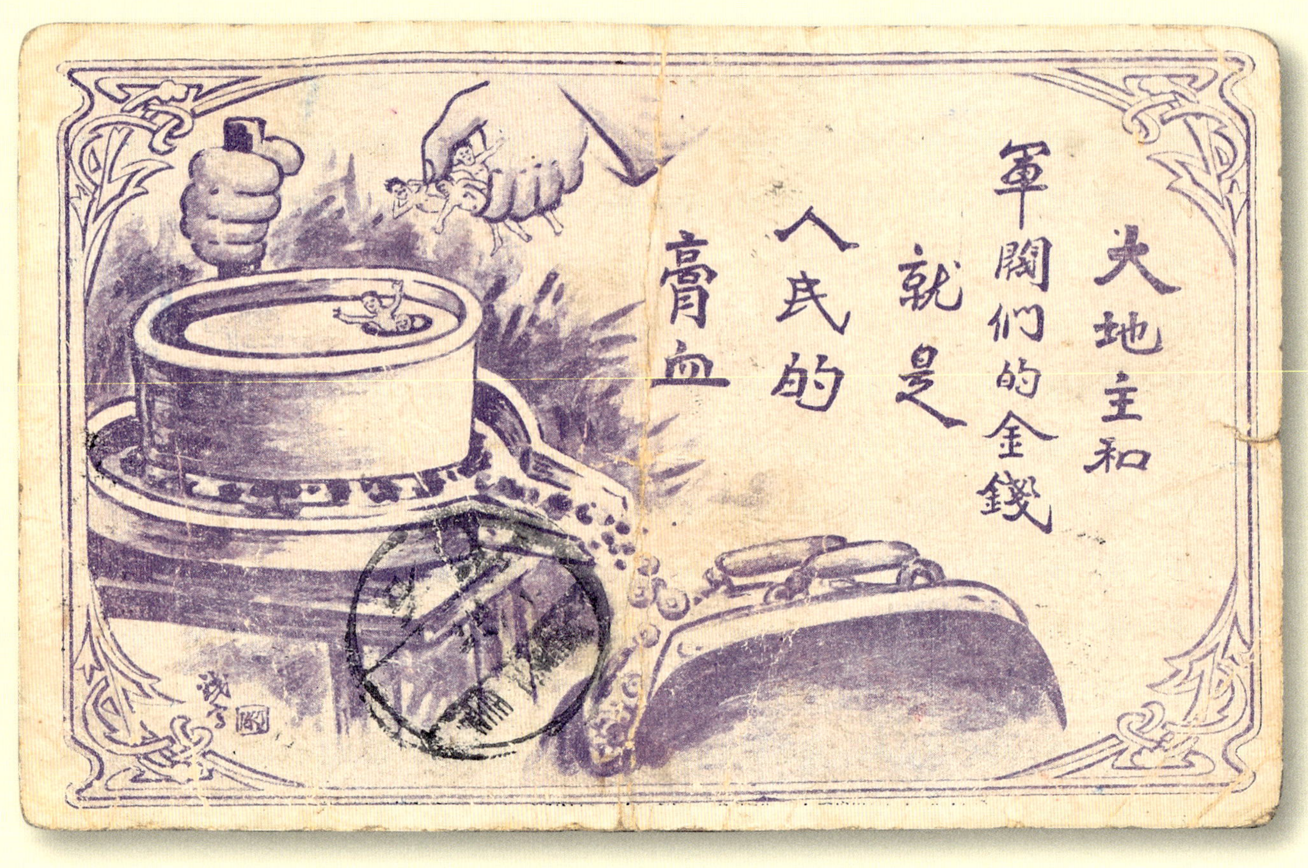
大地主和
軍閥们的金錢
就是
人民的
膏血

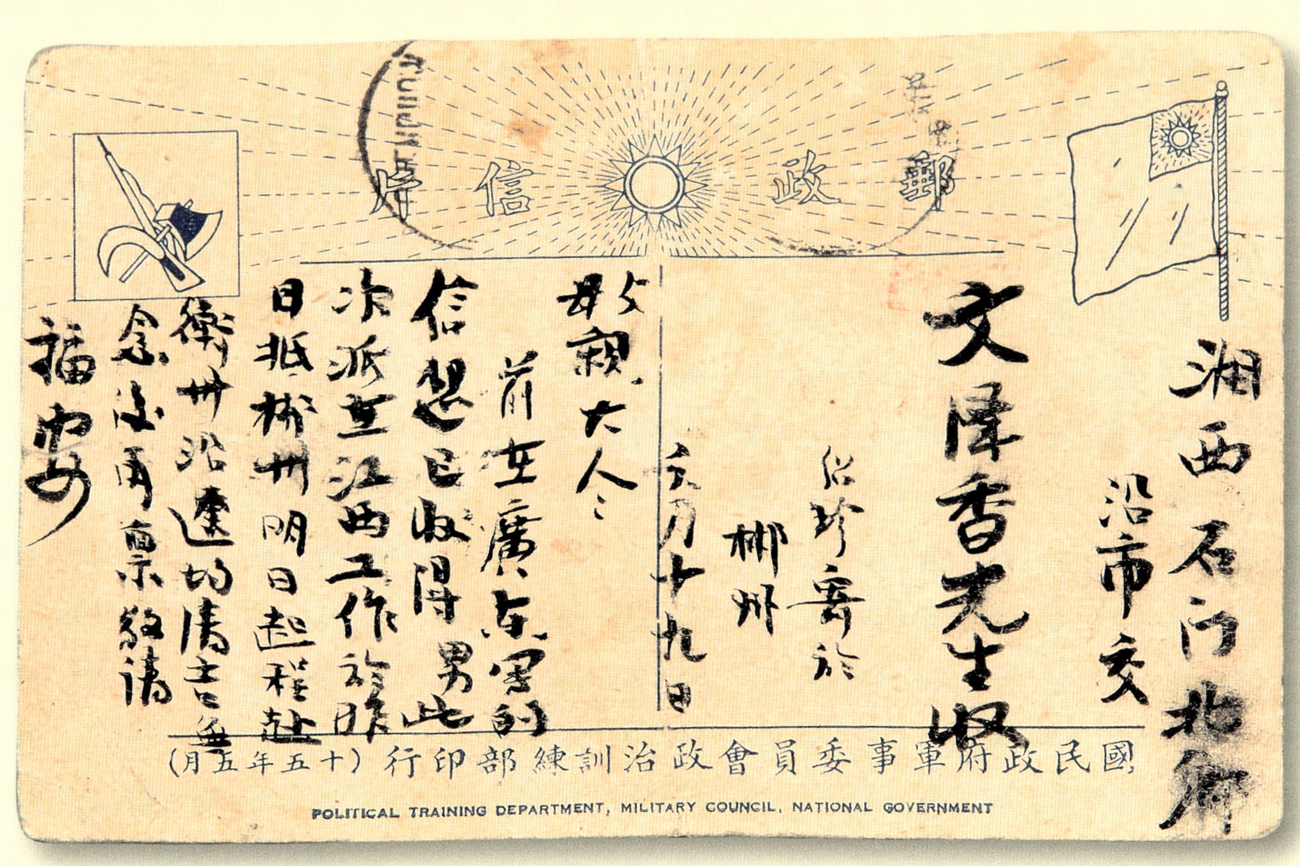

郵政信片

湘西石門北府沿市交

文厚香先生收

紹珍寄於郴州

五月十九日

父母親大人：

前在廣東曾到信想已收得男此次派至江西工作於昨日抵郴州明日起程赴衢州沿途均清吉無念以後再稟敬請

福安

國民政府軍事委員會政治訓練部印行（十五年五月）

POLITICAL TRAINING DEPARTMENT, MILITARY COUNCIL, NATIONAL GOVERNMENT

文物档案

该件文物是1926年文绍珍由湖南郴州寄给在石门的父母的明信片，二级文物，1952年2月由湖南省石门县人民政府拨交。明信片长14厘米，宽9.5厘米，纸质。明信片的正面印有紫色图文，文字为“大地主和军阀们的金钱就是人民的膏血”；图片为一双象征大地主和军阀的手，将一个个象征人民的小人，放进石磨中磨成金钱，流入大地主和军阀的皮包。明信片背面的上方印有国民党党徽和“邮政信片”四字，两侧分别为象征工农兵联合起来的“镰刀、斧头和步枪”图标以及国民党的党旗。下方印有“国民政府军事委员会政治训练部印行（十五年五月）”并配以英文翻译。中间为文绍珍所写的家书，内容为：“湘西石门北乡沿市交，文泽香先生收，绍珍寄于郴州，六月十九日”“父母亲大人：前在广东写的信想已收得。男此次派在江西工作，于昨日抵郴州，明日起程赴衡州。沿途均清吉无念，后再禀。敬请福安！”

历史印记

1926 年北伐战争开始，国民革命军东路先遣军成立。文绍珍在内的数十名学生共产党员，被调入先遣军中从事政治工作。这张明信片的内容正是文绍珍将其从广东动身前往江西工作，路过郴州和衡州的行程告知父母，是文绍珍多封家书中弥足珍贵的一张明信片。明信片上的图文反映了当时北伐战争打倒帝国主义支持下的北洋军阀的反动统治，实现国家独立和统一的民主革命任务。

这张明信片对研究文绍珍的生平履历和家庭情况、北伐战争的目的和进程以及国民革命军东路先遣军的历史提供了宝贵的资料。此外，明信片上的图案设计也反映了大革命时期的特殊历史背景，具有较高的历史价值。

李得钊烈士
在狱中创作的《烦闷》诗稿

李得钊（1905—1936），又名林子明，浙江永嘉人，中共党员。1924年加入中国社会主义青年团。1925年转为中共党员，被派往莫斯科东方大学学习。1927年2月回国，受共产国际和中共中央的委派在广州、武汉、南昌等地为东方大学招收学员。1928年在团中央工作，编辑《红旗》杂志。1930年调中共中央特科秘书处工作。1933年在中共中央特科总务部、上海中央局工作。1934年6月因中共上海中央局机关遭破坏被捕，解至南京。1936年牺牲于狱中。

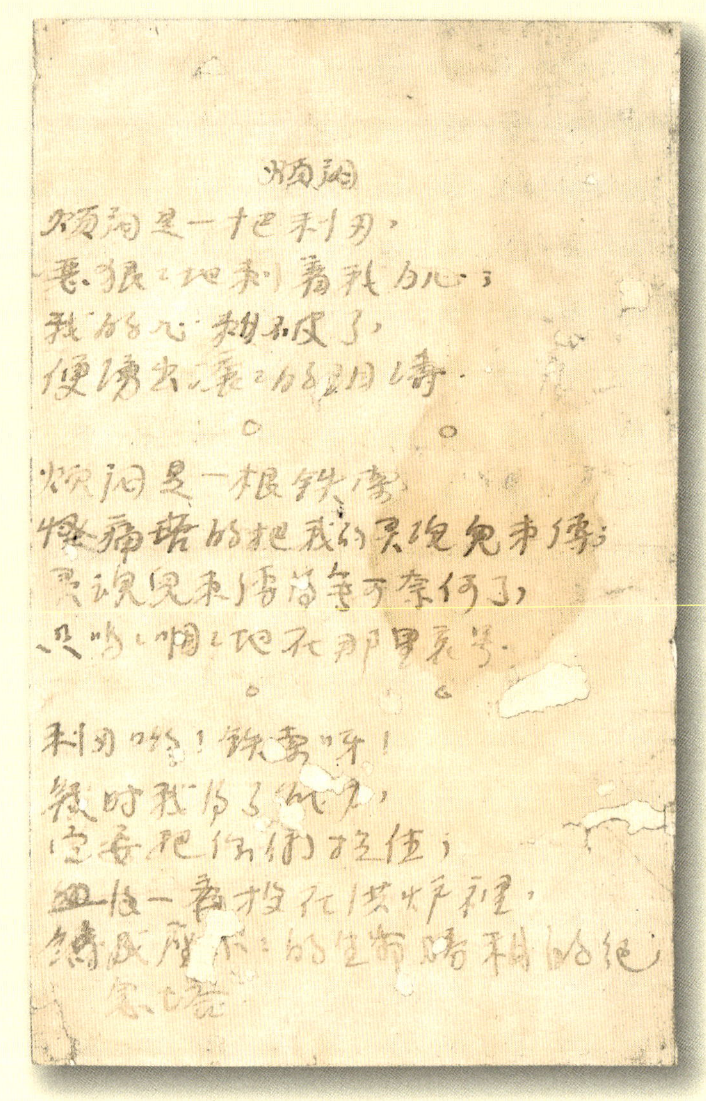
烦闷
烦闷是一把利刃，
恶狠狠地刺着我的心；
我的心刺破了，
便涌出滚滚的泪涛。

烦闷是一根铁索
怪痛苦的把我的灵魂儿束缚；
灵魂儿束缚得无可奈何了，
只呜呜咽咽地在那里哀号。

利刃哟！铁索呀！
几时我得了能力，
定要把你们捉住，
然后一齐投在洪炉里，
铸成座小小的生命胜利的纪念塔。

烦闷是一把利刃，恶狠狠地刺着我的心；我的心刺破了，便涌出滚滚的泪涛。

烦闷是一根铁索，怪痛苦的把我的灵魂儿束缚；灵魂儿束缚得无可奈何了，只呜呜咽咽地在那里哀号。

利刃哟！铁索呀！几时我得了能力，定要把你们捉住，然后一齐投在洪炉里，铸成座小小的生命胜利的纪念塔。

文物档案

该件文物是李得钊在狱中创作的《烦闷》诗稿，二级文物，1951 年由浙江省温州市永嘉县人民政府拨交。纸稿长 9.5 厘米，宽 14.5 厘米，纸质，红色横条纸。这首诗以“烦闷”为题，共计 3 小节，描述了李得钊身处狱中的心情。

历史印记

李得钊在担任《红旗》报社编辑、兼做团中央工作期间，在《红旗》《列宁青年》等报刊上发表了《苏联共产主义青年团概况》《中国学生以往的光荣和今后的去路——纪念五四运动》等文章，将文学与革命结合起来，指导中国革命运动中的青年群体学习社会主义和共产主义的新思想。1934 年李得钊因中共上海中央局机关遭破坏被捕，在敌人的拷问下仍严守党的机密，次年被移送到国民党中央军人监狱。

艰苦恶劣的服刑生活没有消磨李得钊的意志，他在狱中坚持每天学习，准备着出狱后继续为党组织做更多工作。李得钊在狱中写下的这首抒情诗——《烦闷》，生动地描述了他的痛苦和彷徨，然而清醒的理智和信仰的力量又激励着他继续抗争。他在诗中将黑暗势力隐喻为“烦闷”“铁索”和“利刃”，表达了即使被黑暗势力折磨，也绝不妥协的坚贞不屈和对光明和斗争胜利的无限信心。这首诗既是李得钊自我心情的真实写照，也是他对自己、对同狱难友的勉励鼓舞。

邓振询烈士
在华中局扩大会议上关于苏南工作的报告

邓振询（1904—1943），又名邓仲铭，江西兴国人，中共党员。1928年加入中国共产主义青年团。1929年转为中共党员。1932年任江西省职工联合会执行委员、组织部部长、委员长。1933年任全国手工业工会委员长。1934年1月任中华苏维埃共和国中央执行委员兼劳动人民委员，同年10月参加长征。1936年任中华全国总工会西北执行局委员长。1937年任陕甘宁边区政府民政厅厅长兼工农厅厅长。1938年任中共江西省委副书记。1939年任中共皖南特委书记。1940年任中共苏皖区委书记。1943年3月任苏南行政委员会、苏南区行政公署副主任，8月在南京近郊反“扫荡”战斗中牺牲。

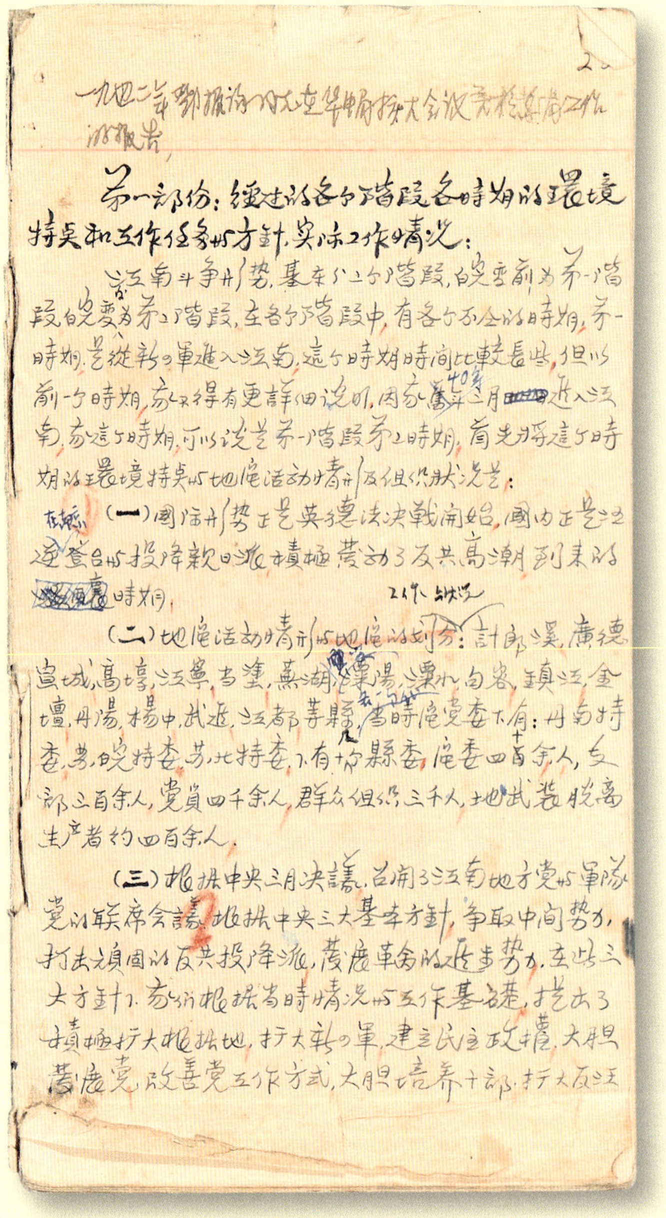
一九四二年郑振洵在华中局扩大会议关于苏南工作的报告

第一部份：经过的各个阶段各时期的环境特点和工作任务的方针，实际工作情况：

江南斗争形势，基本分二个阶段，皖变前为第一阶段，皖变后为第二阶段，在各个阶段中，有各个不同的时期，第一时期是从新四军进入江南，这个时期时间比较长些，但以前一个时期，不必得有更详细说明，因为总40年三月……进入江南，为这个时期，可以说是第一阶段第二时期，首先将这个时期的环境特点与地区活动情形及组织状况是：

（一）国际形势正是英德法决战开始，国内正是汪逆登台的投降最积极发动了反共高潮到来的时期。

（二）地区活动情形与地区的划分：计溧阳、广德、宣城、高淳、江宁、当涂、芜湖、溧阳、溧水、句容、镇江、金坛、丹阳、扬中、武进、江都等县，当时党委下有：丹南特委、皖特委、苏北特委，下有县委，党委四百余人，支部三百余人，党员四千余人，群众组织三千人，地武装脱离生产者约四百余人。

（三）根据中央三月决议，召开了江南地方党的军队党的联席会议，根据中央三大基本方针，争取中间势力，打击顽固的反共投降派，发展革命的进步势力，在此三大方针下，为了根据当时情况的工作基础，提出了积极扩大根据地，扩大新四军，建立民主政权，大胆发展党，改善党工作方式，大胆培养干部，扩大反汪

文物档案

该件文物是 1942 年 2 月邓振询在华中局扩大会议上关于苏南工作的报告，二级文物，1980 年由邓振询的妻子李坚真捐赠。报告长 10.5 厘米，宽 16 厘米，纸质，共计 18 张，由邓振询的警卫员抄写，红色及蓝色修改部分为邓振询本人字迹。

阶段茅山时期各个地区都有不同发展，有的地区变坏，有的地区变好，有的完成了任务，有的保持原状，有的受到严重的损失，基本上说各个地区是不平衡的发展。

37

（三）目前各地一般的情况：

A. 各地组织状况，分布和活动的区域，自六月前和六月后到现在因各地组织有新的划分，无法把现在的实际情况了解，只能将各地的报告作一简略的比较

地区	县委	区委	支部	党员（六月前）	党员（六月后）
浙西北	3	14	52	900	400
郎广区	4	6	44	500	938
太湖区	5	12	131	910	1214
宜溧金阳	5	25	145	1223	1397
路南（即茅山）	5	25	179	1085	1800
南渡	3	不详	不详	100	500
东路 西路	5	31	422	3404	4000
东路 澄锡虞 苏常太	不详	不详	不详	1500	不详
统计	29	89	973	9630	10249

（注）1. 浙西北400人，一方面划了一部份给南渡特委，另一方面因党破坏损失关系等。

2. 党划进溧阳一部份，统计八月份。

3. 太湖区有锡南、苏西、东西山 180人未统计在内

4. 茅山有转恢复大约了此数（九月份统计）

历史印记

为了加强苏南抗日根据地的建设，1940 年 2 月，邓振询调任中共苏皖区委书记。在这期间，他积极发展抗日民族统一战线，建立、发展和巩固党的组织，开展群众运动，发展地方武装，建立抗日民主政权，使苏南抗日根据地得到巩固和发展。1942 年 2 月 14 日至 3 月 5 日，中共中央华中局在苏北阜宁城西北单家巷召开第一次扩大会议，会议由刘少奇主持。邓振询在会议上做了关于苏南工作的报告。

该报告分为两大部分，第一部分是各个阶段、各个时期的环境特点和工作方针、任务及实际工作情况；第二部分是对过去工作的检查。该报告详细地从苏南各地组织状况、分布与活动的区域、地区人口数、经济及地方武装、民众组织及自卫队等方面进行了统计，全面地分析介绍了苏南地区的各项工作。这份报告反映了邓振询坚决贯彻党中央的各项方针，也是他为把苏南建成新四军挺进苏北的桥梁而奋斗的有力证明。

杨斌烈士
参股的药店股东台执

杨斌（1911—1948），原名谢远源，化名陈月亭等，湖北石首人，中共党员。1936年在北平大学法商学院读书时加入中国共产党。1938年任中共中央东南分局青委委员、民先队负责人。1941年任新四军驻上海办事处主任。1943年任中共苏中区党委秘密工作部部长。1944年10月任苏中五地委城市工作部部长。1945年任中共中央华中分局二地委组织部部长。1947年4月任中共中央华中分局十地委副书记兼城工部部长。1947年5月因华中十地委遭到破坏而暴露身份，在上海被捕，解至南京。1948年4月牺牲。

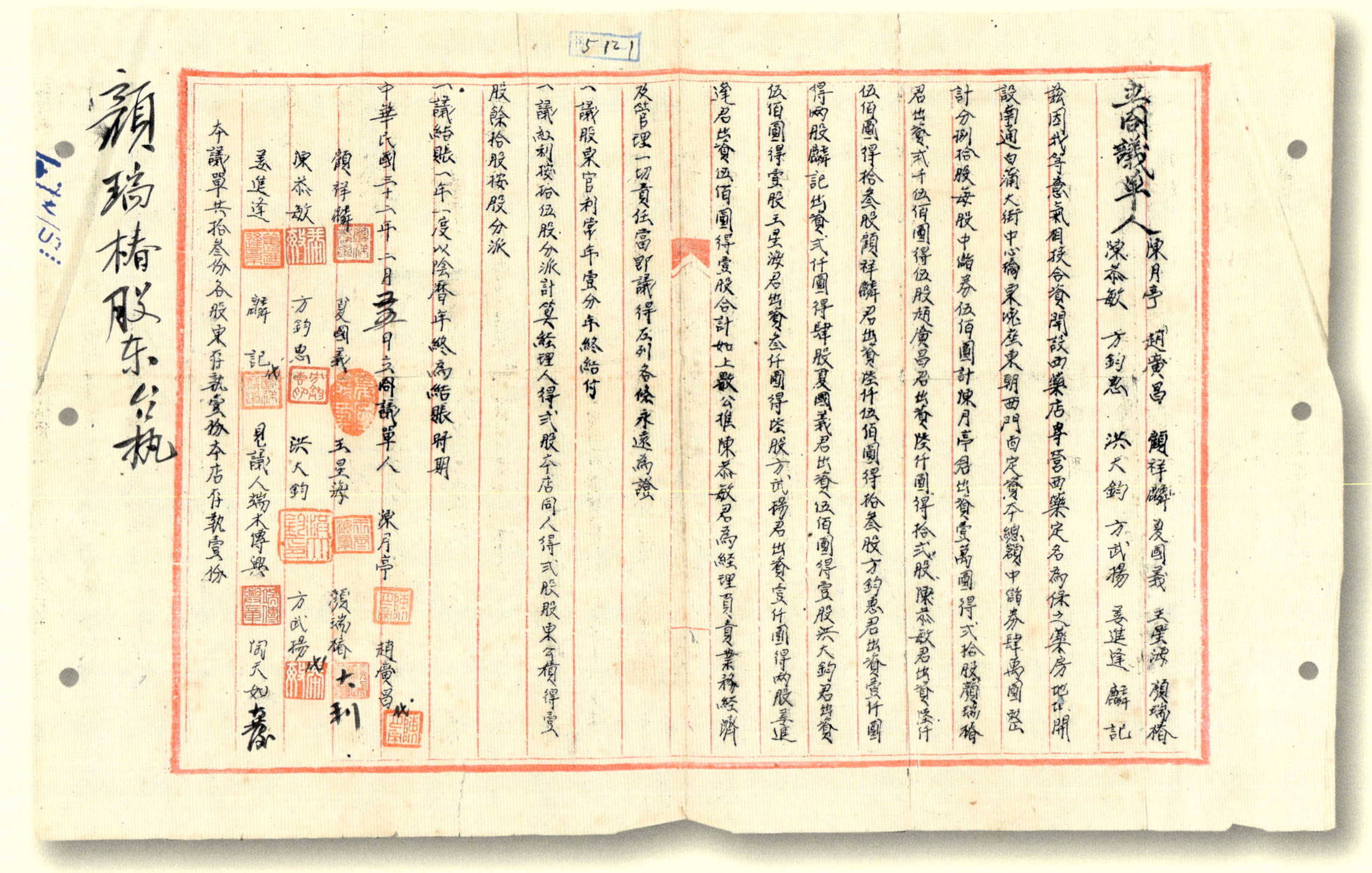

立合議單人 陳月亭 趙賡昌 顔祥麟 夏國義 王星海 顔瑞椿 陳恭敏 方鈞忠 洪大鈞 方武揚 姜進達 麟記

茲因我等意氣相投合資開設西藥店專營西藥定名爲保之藥房地址開設南通白蒲大街中心橋東堍座東朝西門面定資本總額中儲券肆萬圓整計分捌拾股每股中儲券伍佰圓計陳月亭君出資壹萬圓得弍拾股顔瑞椿君出資弍千伍佰圓得伍股趙賡昌君出資陸仟圓得拾弍股陳恭敏君出資陸仟伍佰圓得拾叁股顔祥麟君出資陸仟伍佰圓得拾叁股方鈞忠君出資壹仟圓得兩股麟記出資弍仟圓得肆股夏國義君出資伍佰圓得壹股洪大鈞君出資伍佰圓得壹股王星海君出資叁仟圓得陸股方武揚君出資壹仟圓得兩股姜進達君出資伍佰圓得壹股合計如上數公推陳恭敏君爲經理負責業務經濟及管理一切責任當即議得左列各條永遠爲證

一議股東官利常年壹分年終給付

一議紅利按拾伍股分派計算經理人得弍股本店同人得弍股股東合得壹股餘拾股按股分派

一議結賬一年一度以陰曆年終爲結賬時期

中華民國三十二年二月五日立合議單人 陳月亭 趙賡昌 顔祥麟 夏國義 王星海 顔瑞椿 陳恭敏 方鈞忠 洪大鈞 方武揚 姜進達 麟記

見議人 端木傳興 陶天如

本議單共拾叁份各股東存執壹份本店存執壹份

顔瑞椿股东台执

文物档案

该件文物是化名为陈月亭的杨斌与颜瑞椿、陈恭敏等12人签订的“保之药房”的股东台执，三级文物，1980年由陈恭敏捐赠。股东台执长38.2厘米，宽25.5厘米，纸质，签于1943年，就12人合资开设“保之药房”的股份权益做详细划分，协定内容包括药房名称、药房地址、资本总额、每股定分、每人份额、决议条例等。落款有各股东签名，加盖个人私章，并约定“本议单共拾叁份，各股东存执壹份，本店存执壹份”。这份台执为颜瑞椿股东所执。

历史印记

参加革命工作后，杨斌一直战斗于隐蔽战线，从事秘密工作。白蒲镇位于日军占领的南通、如皋之间，具有承南起北之地利，是苏北根据地通往上海的要地。1943 年，杨斌化名陈月亭，在白蒲镇以“保之药房”的名义建立了党的地下工作站，开展地下活动。杨斌凭借“保之药房”股东兼会计的身份，帮助组织传递情报，并与“保之药房”经理陈恭敏、股东顾祥麟建立了白蒲最早的党支部。

这份留有“陈月亭”（即杨斌）姓名和签字盖章的台执，字迹清晰、保存完整，是杨斌等中共党员在白蒲镇开展革命工作的直接证明，充分展现了其在隐蔽战线的机智勇敢。同时，这份珍贵的民国股份协议执据，生动反映了当时医药业的情况，对研究民国时期的经济发展及股份制合资模式具有一定价值。

赵良璋烈士穿过的皮夹克

赵良璋（1921—1948），别号野雪，江苏六合人，中共党员。1939年考入国民党空军军士学校。1941年任国民党空军第十一大队飞行员。1946年8月任北平国民党空军第二军区司令部总务科参谋，同年冬加入中国共产党。1947年10月因北平地下情报系统遭破坏在南京被捕。1948年10月牺牲。

文物档案

该件文物是赵良璋穿过的皮夹克，一级文物，1955 年由赵良璋同狱难友朱铁华的兄长朱以平捐赠。皮夹克肩宽 47 厘米，衣长 60 厘米，皮革质，翻领，短款门襟拉链式样，美国加州制造，带浅棕色内衬，皮夹克袖口及下摆处均为针织罗纹拼接，拉链两侧各有一带盖口袋。

历史印记

1939年赵良璋考入国民党空军军士学校，并被派到国外培训。1941年毕业后分配至国民党空军第十一大队任飞行员。民国时期，航空技术尚不发达，飞机无法完全密闭，机舱内风大、温度低，飞行员一般都会配备防风保暖的皮夹克。在抗战时期，与腰齐平的短款皮夹克也备受追捧。1945年抗日战争胜利前夕，赵良璋对国民党空军中的种种腐败行为大失所望，毅然决定离开国民党空军，北上延安参加革命。1946年冬，赵良璋加入中国共产党，根据当时革命的需要，他接受了党组织的安排，继续留在国民党空军从事地下工作。

1948年10月，赵良璋就义前，从身上脱下了这件皮夹克，赠给同狱难友朱铁华留作纪念。朱铁华是在赵良璋的感召下参加革命活动的，同案被捕后，受到赵良璋的掩护。这件皮夹克凝聚着赵良璋对革命战友超越生死的革命情谊，也是共产党人精神血脉赓续的另一种方式。

赵良璋烈士刻的“野雪”印章

文物档案

该件文物是赵良璋1947年在北平刻的“野雪”印章，三级文物，1984年由赵良璋的妻子蒋平仲捐赠。印面长1.2厘米，宽1.2厘米，印章高5厘米，水晶质。这枚印章通体透明无杂质，顶部切割成四棱台造型，印面阴刻篆体“野雪”二字，有红色印泥使用痕迹。

历史印记

1941 年，赵良璋毕业后被分配到国民党空军第十一大队任飞行员，渴望能驾驶着“铁鹰”上阵杀敌立功，为国效力，但由于国民党反动派消极抗日，壮志未酬。不甘沉沦的赵良璋努力研读进步书报，自修音乐，学习创作，并以“野雪”为笔名，在当时的《新音乐》月刊及大众歌曲集上发表了《假如我为了真理而牺牲》《我不能放下枪》等歌曲，激励广大同胞积极抗日，救亡图存。赵良璋所谱的歌曲曾在当时的爱国进步青年群体中广为流传，并在八路军、新四军中广为传唱。

这枚刻有“野雪”二字的印章，充分展示了赵良璋在书法和篆刻上的艺术造诣，也是对赵良璋在音乐领域创造的优秀文化成果的直接证明。这枚具有象征意义的印章刻于 1947 年的北平，彼时赵良璋已加入中国共产党，开展地下斗争。作为全国范围内为数不多留下一批歌曲作品的烈士，赵良璋不仅在进步音乐道路上不断求索，更是将坚定的爱国主义精神和大无畏的牺牲精神融入了音符。

卢志英烈士
使用过的怀表

卢志英（1905—1948），原名卢志江，又名卢涛，号育生，山东昌邑人，中共党员。1925年加入中国共产党。1929年在上海中共中央军事部做情报工作。1931年九一八事变后，被中共中央军委派往杨虎城部，做统一战线工作。1932年11月在南京从事统战工作和情报工作。1934年3月打入国民党赣北第四区保安司令部，后担任中共中央军委军事特派员。1939年底被派往上海搜集日军情报。1940年10月任苏北联合抗日部队副司令员兼参谋长。1942年1月受中共中央华中局、新四军派遣到上海，开展情报和采购军需物资等工作。解放战争时期在南京、上海等地从事情报工作。1947年因叛徒出卖，身份暴露在上海被捕，解至南京。1948年12月牺牲。

CHRONOMETER
Mido

文物档案

该件文物是卢志英在上海工作时使用的怀表，一级文物，1958 年由卢志英的妻子张育民捐赠。表盘直径 4 厘米，表链长 20 厘米，玻璃、金属质。表盘上有英文“CHRONOMETER Mido”字样，说明该表是获得官方机构认证的美度牌高精度钟表，误差极小。表盘刻度为阿拉伯数字，下方是独立秒盘及秒针。

历史印记

1925 年，卢志英加入中国共产党。此后，受党派遣，卢志英冒着生命危险从事策反和情报工作。那时的上海形势复杂，卢志英谨慎小心、不畏艰险地游走在各方势力中，建立秘密联系点，一次次为党组织搜集关键信息。

这块卢志英随身携带的怀表便是他本人近 20 年地下斗争工作的见证物，一直伴随着他从事艰苦卓绝的革命斗争，指针不停歇，革命工作不休止，指针每走动一下，卢志英心中便多了一份为共产主义事业奋斗的决心。

卢志英烈士穿过的西装

文物档案

该件文物是卢志英穿过的西装上衣，一级文物，1958年由卢志英的妻子张育民捐赠。西装肩宽48厘米，衣长67厘米，哔叽面料，呢面光洁平整，纹路清晰。西装呈青灰色，戗驳领，两侧各一个带盖口袋，双排六粒扣，右臂袖扣三颗，左臂袖扣由下往上第三颗遗失，西装背缝处有一条被撕开的裂口，长度约30厘米。

历史印记

抗日战争爆发后，卢志英回到上海，中共党组织指示他到江南一带发动群众参加抗日游击战争，扩大人民武装。1940年，卢志英担任苏北联合抗日部队副司令员兼参谋长，坚持敌后抗日游击战争。卢志英以他军事上的丰富知识和经验，对联抗部队初期的组织工作贡献很多。

由于日本侵略者和国民党反动派对抗日部队实行经济封锁政策，军火及军用器材的供应工作遇到很大困难。1942年，党组织决定让卢志英到上海做军用物资的供应工作，卢志英毫不犹豫地负担起这项任务，他以商业活动为掩护，在上海设法购买军火、电讯器材、医疗设备、各类药品，并通过各种秘密途径，运送到苏北。

卢志英根据党组织的指示在宁、沪一带坚持地下工作。1947年3月2日下午，由于叛徒的出卖，卢志英在上海八仙桥青年会门口不幸被捕，敌人千方百计企图迫使他说出党组织的机密，但都被他严词拒绝。卢志英被捕后，国民党特务到他家中搜查，撕破了这件上衣的背缝，企图从中找到共产党的文件。这件被撕坏的上衣生动形象地反映了白色恐怖下革命斗争中最惊心动魄的一幕，体现了以卢志英为代表的隐蔽战线工作者英勇不屈的钢铁般革命意志。

周镐烈士
在解放战争期间的日记本

周镐（1910—1949），又名周治平，湖北罗田人，中共党员。1927年考入黄埔军校武汉分校步兵科。1934年任国民政府军事委员会调查统计局武汉站站员。1938年任国民党军队少校谍报队队长。1943年任军统局南京站少将站长（公开身份是汪伪军事委员会军事处第六科少将科长）。1946年加入中国共产党，任中共中央华中分局京沪徐杭特派员，负责国民党军队的策反及情报工作。1949年1月在淮海战役中策反刘汝明部起义时不幸被捕，解至南京，不久牺牲。

備忘錄
周治平

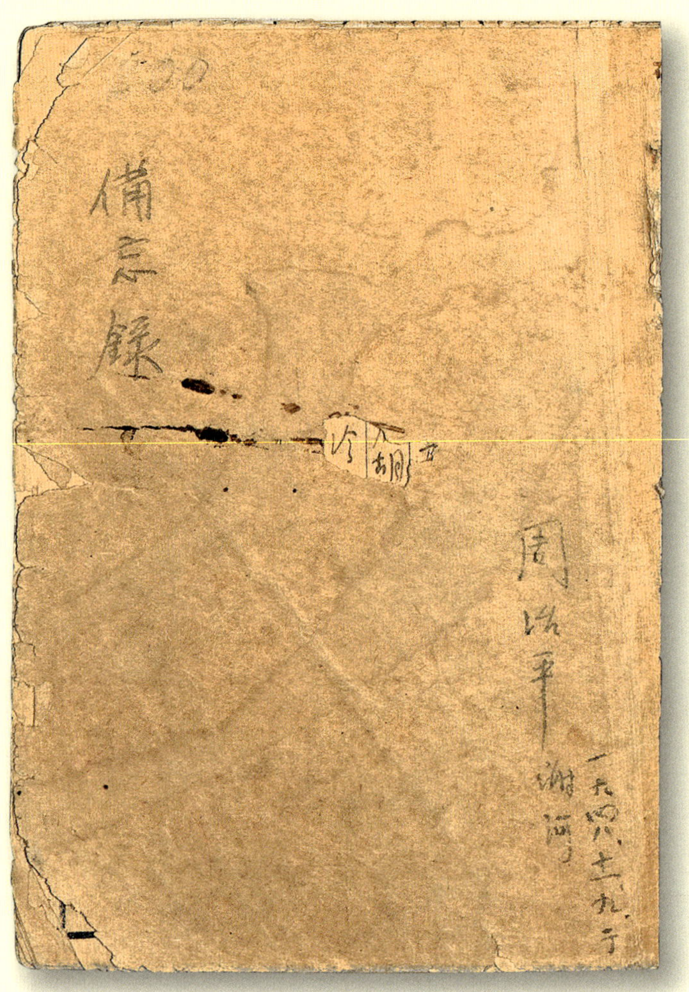
備忘錄
周治平

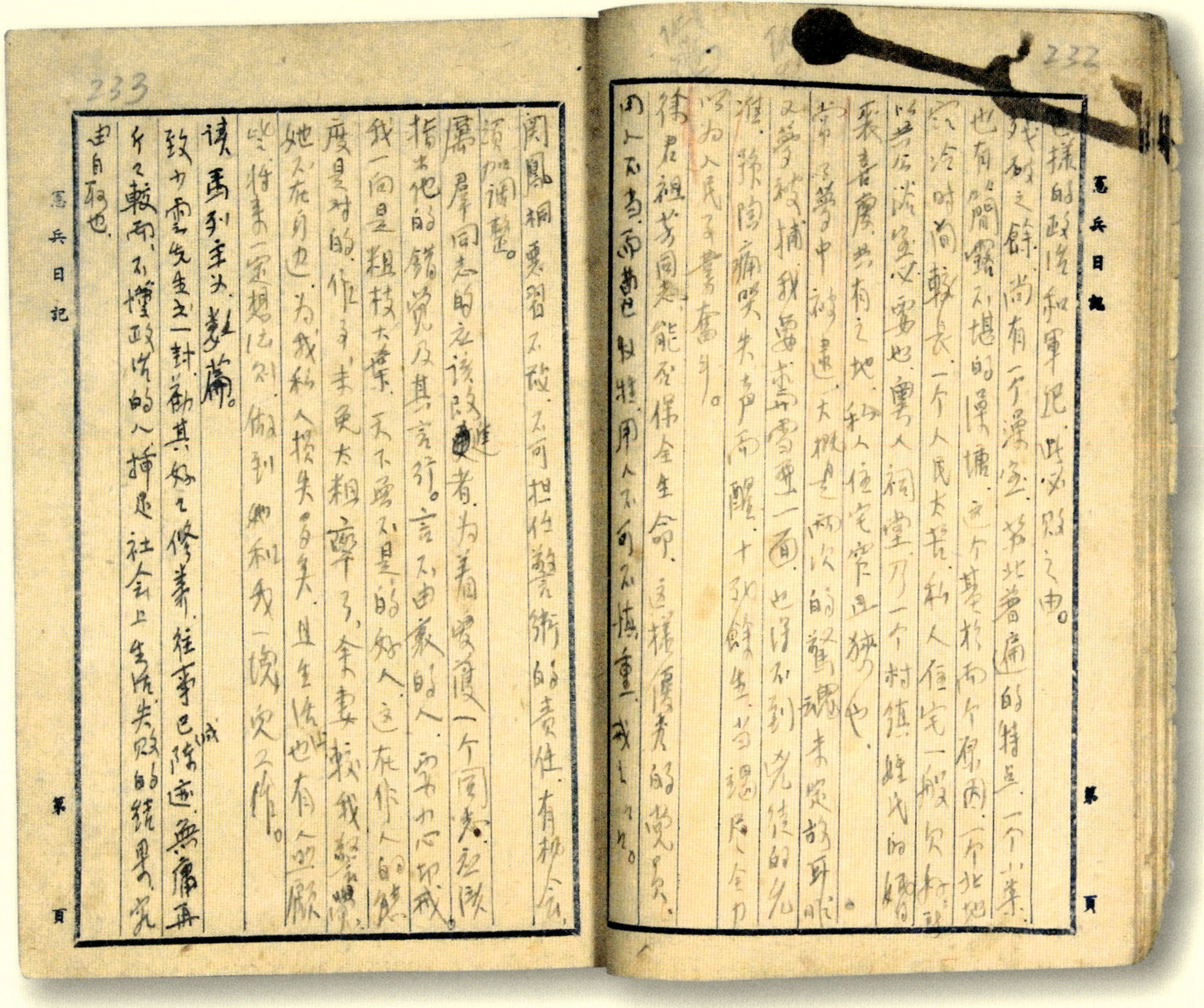

文物档案

该套文物是1948年周镐的日记本，一级文物，1984年由周镐的妻子吴雪亚捐赠。日记长13厘米，宽18厘米，厚0.8厘米，纸质，共两册，线装，封面有周镐亲笔写下的“备忘录，周治平”字样，并注明日期。一册为1948年9月23日至11月8日的日记，另一册为1948年11月9日至1949年1月4日的日记。日记内页上方写有日期及页码，部分内容用蓝色或红色铅笔进行标注。

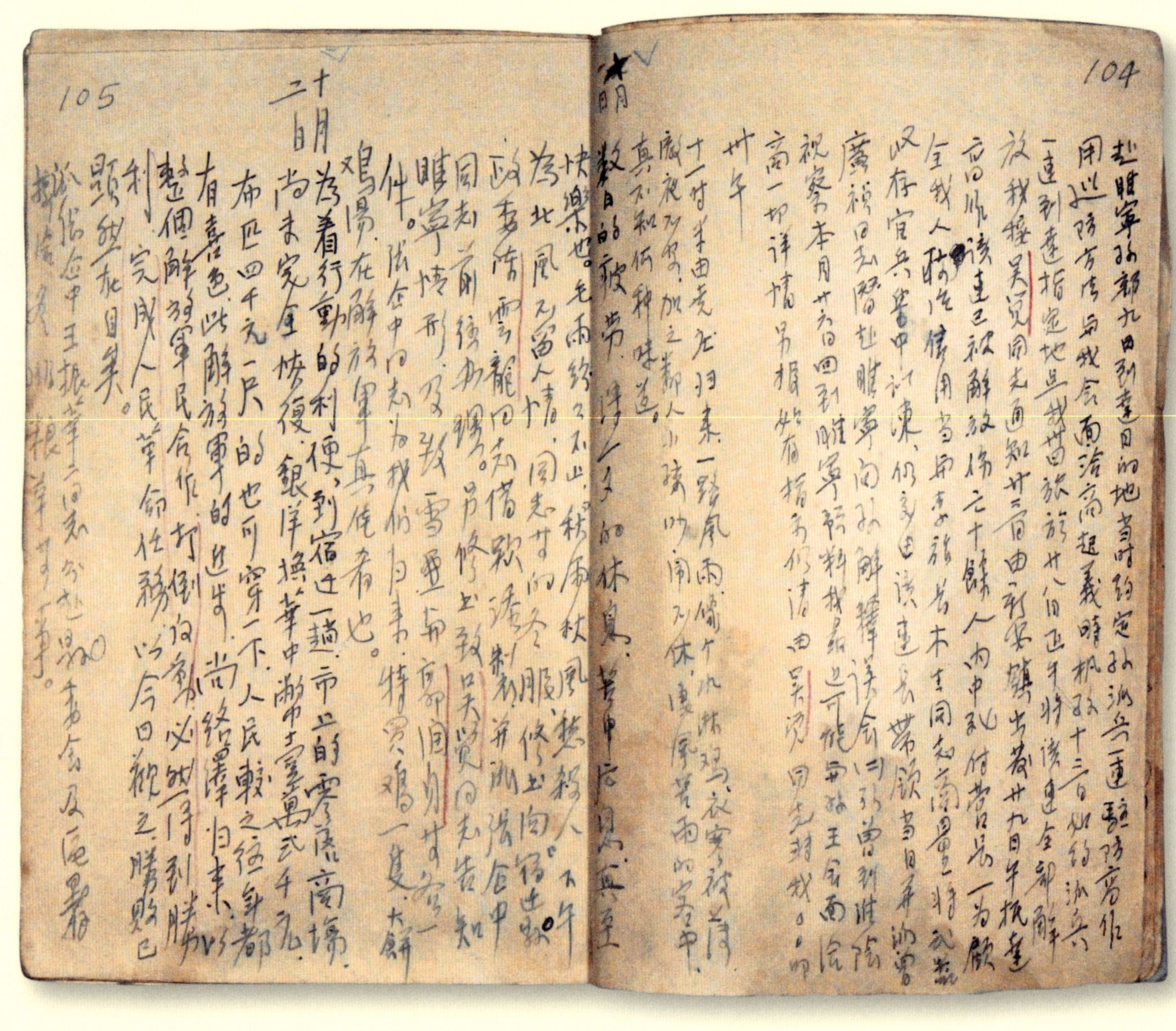

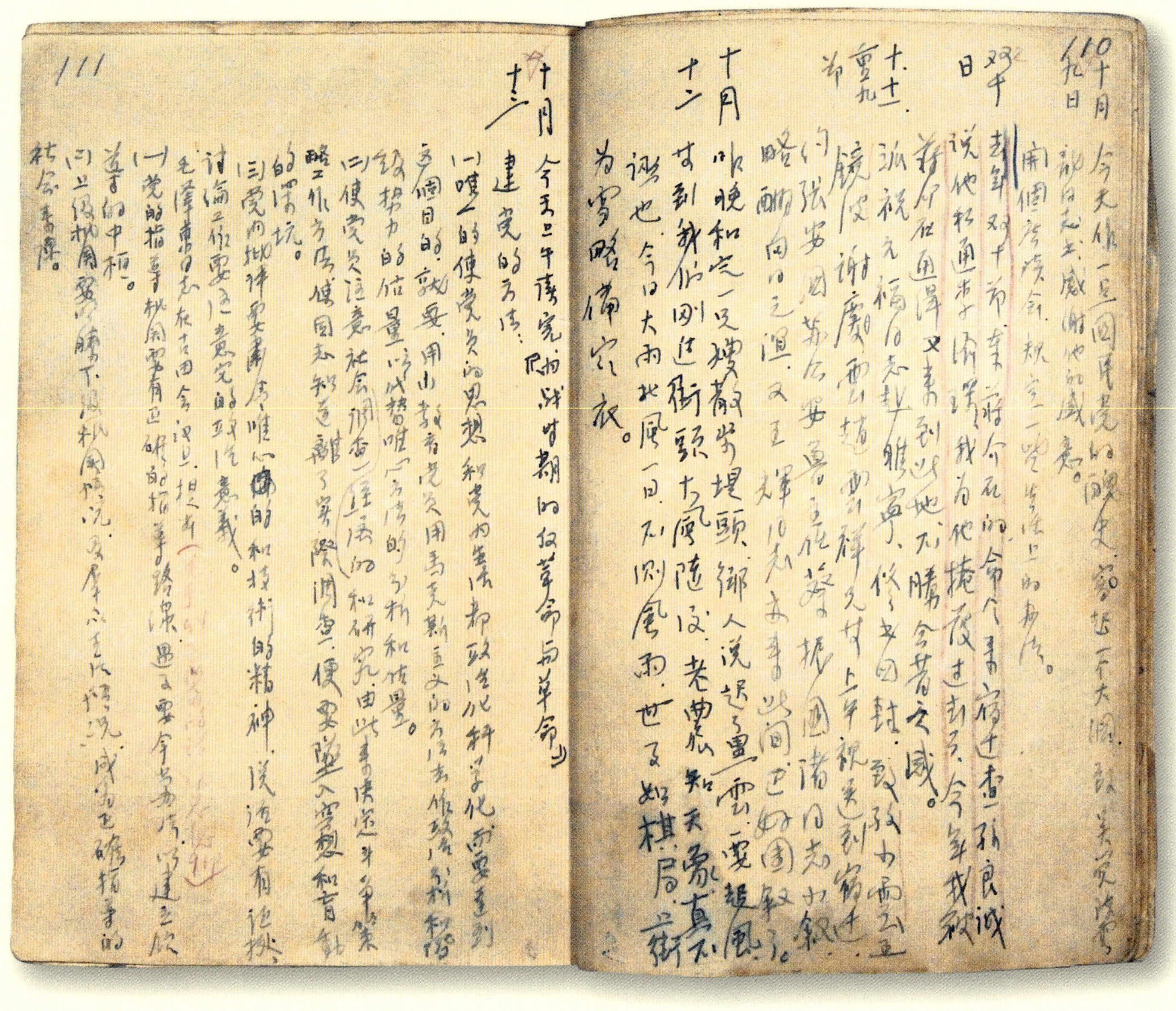

历史印记

1946 年，周镐因国民党内部的矛盾和利益冲突被捕入狱，出狱后他对国民党内部派系之间的勾心斗角反感至极。同年，在中共地下情报员徐楚光的引导下，周镐加入了中国共产党，主要负责对国民党军队的策反及情报工作。

周镐抓紧一切可利用时间学习进步书籍与文件，并在日记中做了笔记。他先后阅读学习了《大众哲学》《内战时期的反革命与革命》《论联合政府》，还学习了“毛泽东同志在古田会议上提出的《关于纠正党内的错误思想》”“毛泽东同志提出的开会方法”等，并规定自己与随行各同志要“学习大众生活”“长期革命绝对不允许有两种生活”。

1948 年 11 月 6 日，淮海战役拉开序幕，前线环境艰险，策反工作艰巨，这些都没有难倒周镐，他在日记中写下“只要准备吃苦，准备牺牲，天下无难事了，成功和失败也就在此”，表达了他做好为人民解放事业斗争到底的决心。日记还详细记载了周镐当时往返于解放区和敌占区，同我军及敌军高级将领接触会见的情况，对研究淮海战役史具有重要的史料价值。

祝元福烈士使用过的路证

祝元福（1921—1949），山东掖县人，中共候补党员。1943 年考入南京汪伪中央军官学校。1947 年被吸收为中共候补党员，历任中共中央华中分局第六工作委员会政治交通、通讯联络组组长等职。1949 年 1 月在淮海战役中策反刘汝明部起义时被捕，解至南京，不久牺牲。

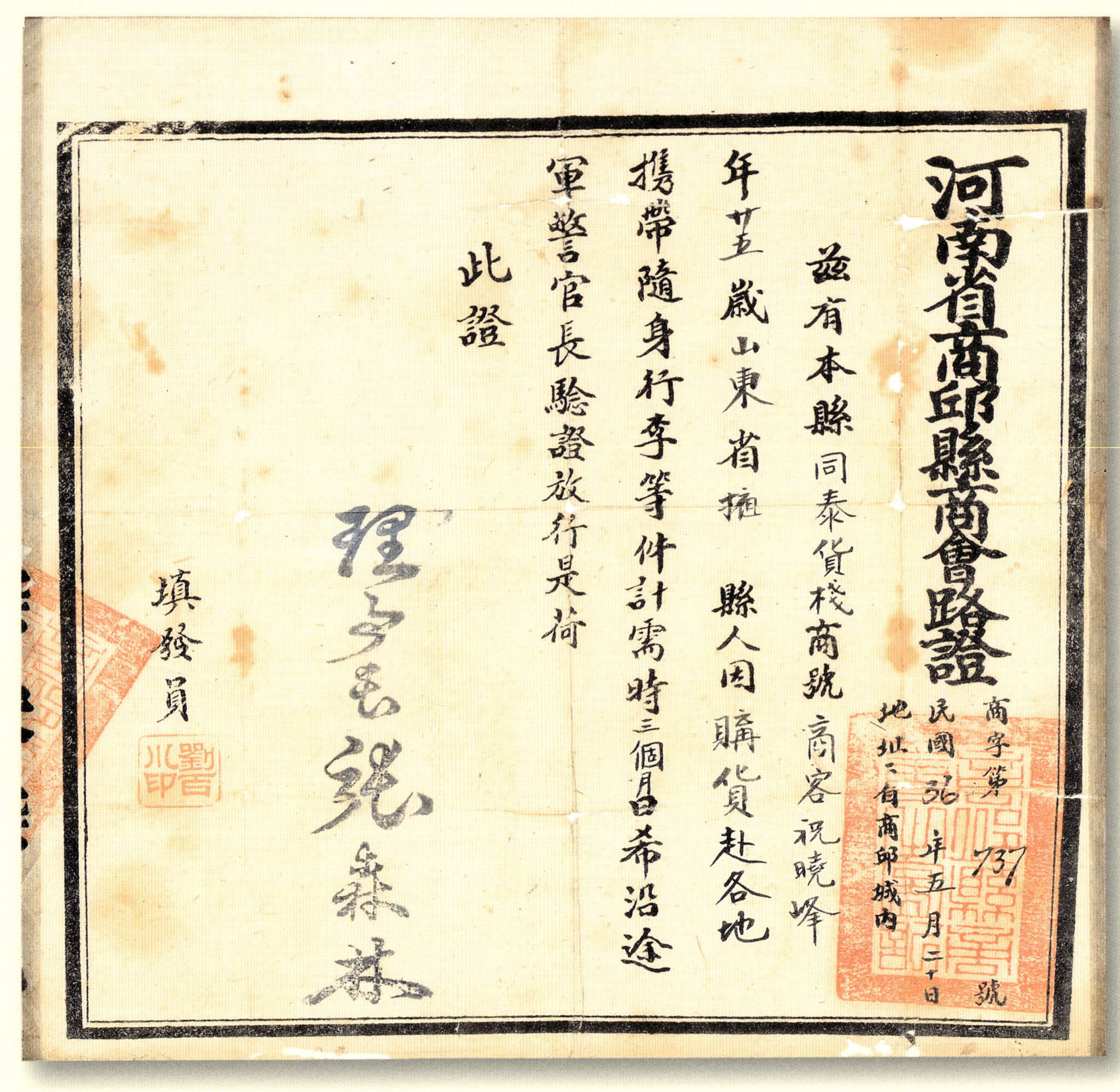
河南省商邱縣商會路證

商字第737號

民國26年五月二十日

地址：自商邱城內

茲有本縣同泰貨棧商號 商客祝曉峰

年廿五歲山東省掖縣人因購貨赴各地

攜帶隨身行李等件計需時三個月日希沿途

軍警官長驗證放行是荷

此證

填發員

文物档案

该件文物是祝元福使用过的路证，三级文物，1992年由祝元福的兄弟祝元寿捐赠。路证长21.7厘米，宽20.3厘米，纸质，由河南省商丘县商会颁发，编号为商字第737号，颁发时间为“民国36年（1947）五月二十日”。证明内容为“兹有本县同泰货栈商客祝晓峰，年廿五岁，山东省掖县人，因贩货赴各地，携带随身行李等件，计需时三个月，希沿途军警官长验证放行是荷，此证”，落款为“理事长张森林”。两枚印章分别为“商丘县商会之图记”及填发员“刘百川印”。

历史印记

在国民党南京中央陆军学校期间，祝元福和中共中央华中分局第三工作委员会其他同志一道，秘密在南京开展地下活动，搜集和转送了不少有价值的军事情报。他还协助徐楚光做了争取谢庆云和国民党军统少将周镐的工作。1946年6月，他与王振华一道在河南省商丘县建立了中共三工委的又一个秘密联络点，以秘密身份在蒋管区活动，从事秘密情报策反工作。

这张对外使用的商会路证，是二联单中的一部分，另有存根，说明民国时期的票单使用比较完善，对研究河南省商丘市商会的发展和民国时期路证的使用具有一定的价值。同时，这张化名为“祝晓峰”的路证能够直接反映当时蒋管区戒备森严的情形，是祝元福等地下工作者在敌区中心从事危险秘密工作的历史侧影，充分诠释了深入虎穴、斗智斗勇的隐蔽战线精神。

铁窗遗珍

Go up!

12,1,1935

一九三六年春，余由北平回南京，到城北模範監獄看綱淋同志，這是第三次到模範監獄去看她的。她自繡這禮物送我。那知那次會面就是最後一次相見，這禮物成了遺物了。那時她穿着灰色棉襖，頭髮分梳兩辮子，面色紅潤，情神愉快，現在想來，依在眼前。解放後我住家單牌樓四條，出門就見模範監獄，但是綱淋同志何處去了，被國民黨反動派殘殺了。這遺物告訴我們：快起來，為綱淋同志復仇。

平首三 一九四九、七、二八 追記於南京。

陈君起烈士
在狱中画的水彩画

陈君起(1885—1927),女,原名陈墨云,又名陈振,江苏嘉定(今属上海)人,中共党员。1924年加入中国社会主义青年团,年底加入中国共产党,创建南京妇女问题研究会。1925年任共青团南京地委妇女委员。1926年任国民党南京市党部妇女部部长。1927年任中共南京地委妇女委员,同年4月10日夜参加中共南京地委紧急扩大会议时被捕,数日后牺牲。

文物档案

该套文物是陈君起在狱中画的两幅水彩画，二级文物，1962年由陈君起之子曾鼎乾捐赠。画作“晴月归鸦晚”长27.5厘米，宽17.5厘米，纸质。黑墨勾勒出乡村院落的一角，院外是一片茂密的草地，一轮圆月悬于夜空。院内的房屋仅露出尖顶，院墙边伸出几株高大的绿色树木，枝蔓溢出墙外，红色花瓣飘散，几只乌鸦在月光下回归巢穴，左上方题有“晴月归鸦晚，落花满地愁”。画作“瘦梅虽老”长19.7厘米，宽29.4厘米，纸质。苍瘦遒劲的枝干上缀满了盛开的梅花，金黄色花蕊星星点点，左上方题有“瘦梅虽老，犹鲜艳耐寒”。

历史印记

陈君起入党后，作为南京妇女问题研究会的负责人，她积极参加社会活动，为女性发声。她声援上海五卅运动，参与和记洋行罢工，与恽代英、萧楚女、张应春共同探寻中国的未来。1926 年 10 月不幸被捕后，陈君起恪守党的纪律，始终以家庭妇女的身份自称。她在狱中依旧寄意丹青，坚持作画。

这两幅水彩画，无论是水彩的运用还是留白的处理都非常准确生动。画作“晴月归鸦晚”整体线条简练，颜色干净。画作“瘦梅虽老”作于陈君起第一次被捕入狱后，诗画结合，立意更为深刻。迎雪吐艳、凌寒飘香的梅花，自古以来便是铁骨冰心和清洁高雅的象征，也成为陈君起的人格写照。这两幅水彩画充分展现出以陈君起为代表的革命女性，勇敢挣脱命运的束缚，在国家和民族危难时刻挺身而出，用她们的坚毅顽强，传达出时代女性不屈不挠的人生态度和革命意志。

史砚芬烈士
在狱中创作的《夜莺啼月》诗稿

史砚芬（1904—1928），又名余晨华，江苏宜兴人，中共党员。1927年春加入中国共产主义青年团，不久转为中共党员，同年秋任共青团宜兴县委书记，10月当选为共青团江苏省委候补委员。1927年11月任中共南京市委委员兼共青团南京市委书记。1928年春任共青团江苏省委巡视员，5月在南京台城召集共青团中央大学支部会议时被捕，9月牺牲。

P.1

夜鶯啼月

（一）

第一景对話

在某一年的八月十五，
一輪明月在碧天高掛，
一隻夜啼鶯展翅飛來，
和明月兒对話。

（独嘆）

"流，々，々，長是這般流，々；
流々長是這般流，々，々；
一年容易，習々的涼風又吹到了中秋。
思往事，不堪回首！
什麼是舊恨？什麼是新愁？
——這一篇糊塗賬啊！
何時始能休？"

P.2

（質訊）

"啊！美丽的明月呀！
你是這般的逍遥，這般的自由！
無牽無挂，無拘無束，長是碧天遨遊！
听遍了鈞天的妙樂，看厭了[illegible]的宇宙！
然而啊！你又為何——
常是這般的多怨，這般的多愁？
果何不樂？心頭[illegible]，眉頭深鎖！"

（月訴）

"流，々，々，長是這般流，々；
流々，長是這般流，々，々；
一年容易，習々的涼風又吹到了中秋。
思往事，不堪回首！
什麼是舊恨？什麼是新愁？
——這一篇糊塗賬啊！
何時始能休？

"夜啼鶯！你有妙囀的白話，動人的歌喉；
我啊！我有愁思萬縷，纏繞廢腸無人收！"

文物档案

该套文物是史砚芬在狱中创作的《夜莺啼月》诗稿，二级文物，1952 年由史砚芬的同狱难友刘德超捐赠。诗稿长 13.9 厘米，宽 18.6 厘米，纸质，共 11 页。首页为诗作标题，“夜莺啼月”四字呈扇形排布。第 2 页以圆月、树木、人物等元素构成地上人仰望天上月、天上月映出地上人的画面，左下角标注有史砚芬姓名拼音的首字母“S.Y.F”。第 3 至第 11 页为诗作正文，分为两个部分，第一部分内容以夜莺与明月的双视角展开双向对话，第二部分为夜莺独白。

历史印记

史砚芬在轰轰烈烈的北伐战争时期加入中国共产党。1927 年冬，史砚芬被任命为共青团南京市委书记，组织青年学生开展斗争。1928 年，史砚芬在参加共青团中央大学支部会议时被警察逮捕。敌人在肉体上摧残他，逼他承认自己是共产党人，都遭到他的严词拒绝。

这首《夜莺啼月》写于史砚芬在狱中的艰难时刻，他用手中的笔作为武器，用夜莺与明月的对话，揭露国民党统治的黑暗，表达对共产主义美好理想的向往。这首散文诗作构思精巧，比喻精准，描述精彩，配以寥寥数笔勾画的图，充分展现了史砚芬在文学和艺术方面的素养。

贺瑞麟烈士
在狱中创作的《九月日记》手稿

贺瑞麟（1909—1928），又名何瑞林，江苏徐州人，中共党员。1925年加入中国共产主义青年团，不久转为中共党员。1927年10月任中共南京市委委员兼共青团南京市委书记，11月任团市委组织委员。1928年3月任共青团南京市委书记，7月因中共南京党组织遭破坏在南京焦状元巷14号的住所被捕，10月牺牲。

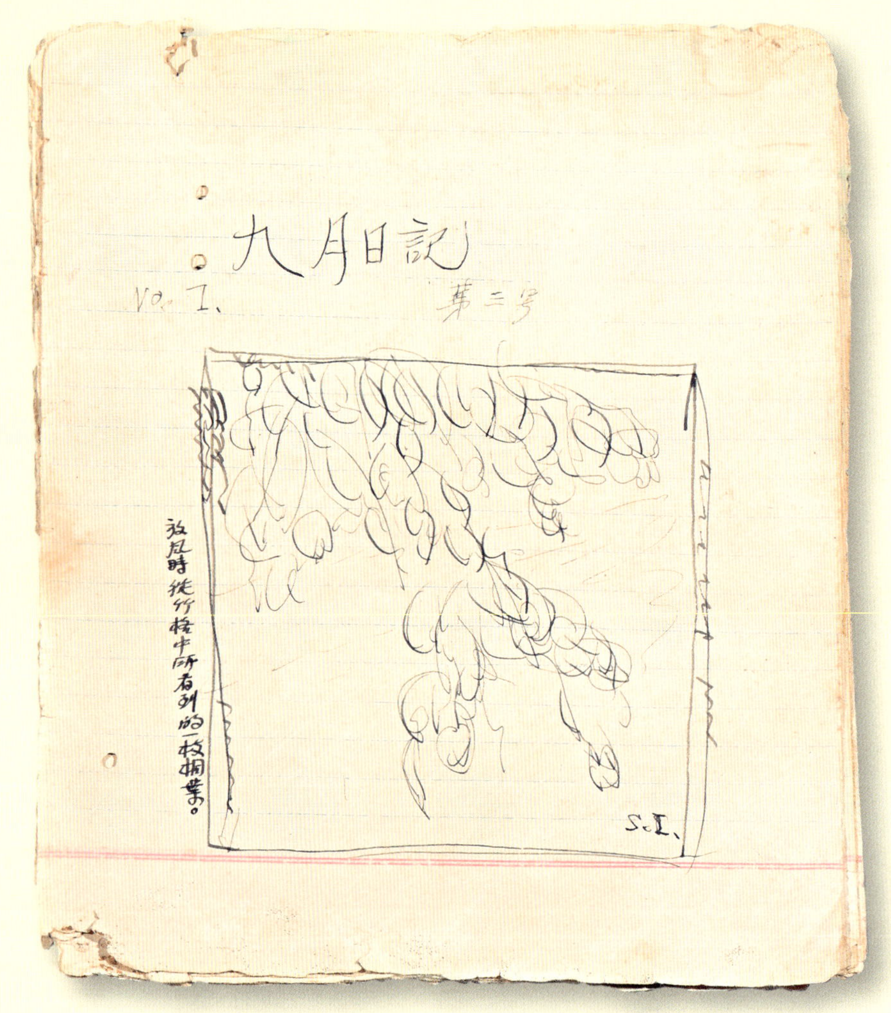

文物档案

该件文物是1928年贺瑞麟在狱中创作的《九月日记》手稿，一级文物，1952年由贺瑞麟的同狱难友刘德超捐赠。日记长16厘米，宽20.6厘米，厚0.3厘米，纸质。日记内页为蓝色单行条纹，书脊处完全断裂。封面抬头写着“九月日记”四个大字，下一行写着“NO.1”“第三号”，正下方画了一幅画并在左边附注“放风时从竹格中所看到的一枚桐叶”。里面记录了贺瑞麟1928年8月30日至1928年9月6日的8篇日记。

从各自不同的行为中，我得到几个启示：第一是幼稚病者，主要的现象是问题发生时惊惶［慌］失措，一无主张，事后大吹大谈，妄加推断，混乱事实；第二是怯懦分子，碰到一点刺激，面孔立时改变，两目发呆，牙齿有时格格作响，很久很久说不出话来，他们多没有第一类人会讲漂亮话；第三是伤感症，这种人碰到一件事马上联想到自己，大有人死我死人存我存的气象，事实是怎样，他们是不管的。在实际上这三种人都是同样的滑稽，同样的没有好大希望。

今而后，我的生命是怎样？谁也不能决定，已经终究成了已［以］往，凋残了的玫瑰是不会复返的，我只有如梦如痴的［地］追逐着未来，直到我生命的末刻！

东隅已逝，桑榆非晚，亡羊补牢，机尚未失，我今后只有更加爱护我自己，以完成我梦里的事业！事实上我的生命已经不完全属我，我怎能任意戕害呢？我鲜艳的美梦尚未完成，我不应该这样浪漫、颓废、消沉！

历史印记

1928年3月，贺瑞麟接任共青团南京市委书记，7月，在中共南京党组织遭受第三次大破坏时再次被捕，关押在国民党首都卫戍司令部看守所。在狱中，贺瑞麟不停思索在失去自由、生命即将结束的时候还能为党做点什么。他决定开始写日记，将敌人的残酷暴行和被捕人员狱中斗争的情况详细记载下来。

《九月日记》作为贺瑞麟狱中日记的开端，从亲历者的角度记录了革命志士的铁窗岁月，是革命志士在敌人监狱里生活斗争的真实写照，更记述了贺瑞麟从“个人英雄主义者”转变为“无产阶级革命者”的思想历程。狱中的贺瑞麟饱经折磨、形销骨立，预感到自己最终的命运，他托付即将出狱的同狱难友刘德超将日记交给党组织，希望能为党组织做最后的贡献。这份日记是极为珍贵的革命文物，更是一名共产党员面对死亡的心迹历程。

贺瑞麟烈士
在狱中创作的《死前日记》手稿

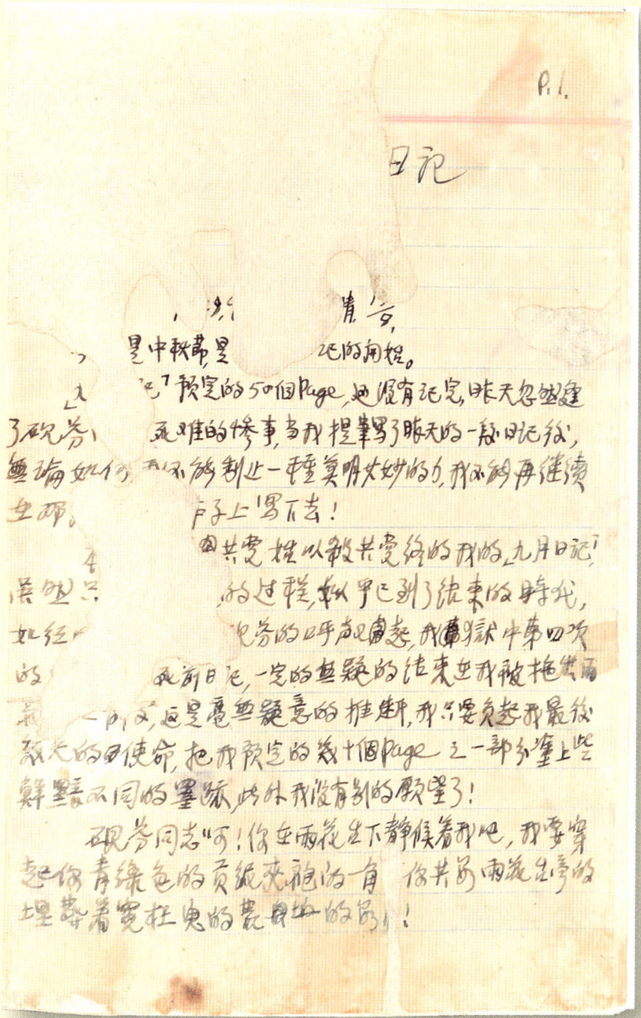

文物档案

该件文物是1928年贺瑞麟在狱中创作的《死前日记》手稿，一级文物，1952年由贺瑞麟的同狱难友刘德超捐赠。日记长16厘米，宽20.6厘米，厚0.8厘米，纸质。日记本由蓝色硬质封面及多页蓝色单行条纹内页组成，主要内容页的右上角标注有页码。里面记录了贺瑞麟1928年9月28日至1928年10月5日（其临刑前一周）的8篇日记。经岁月洗礼，整本日记松散，封面残缺严重，多数页残破，于2018年完成修复。

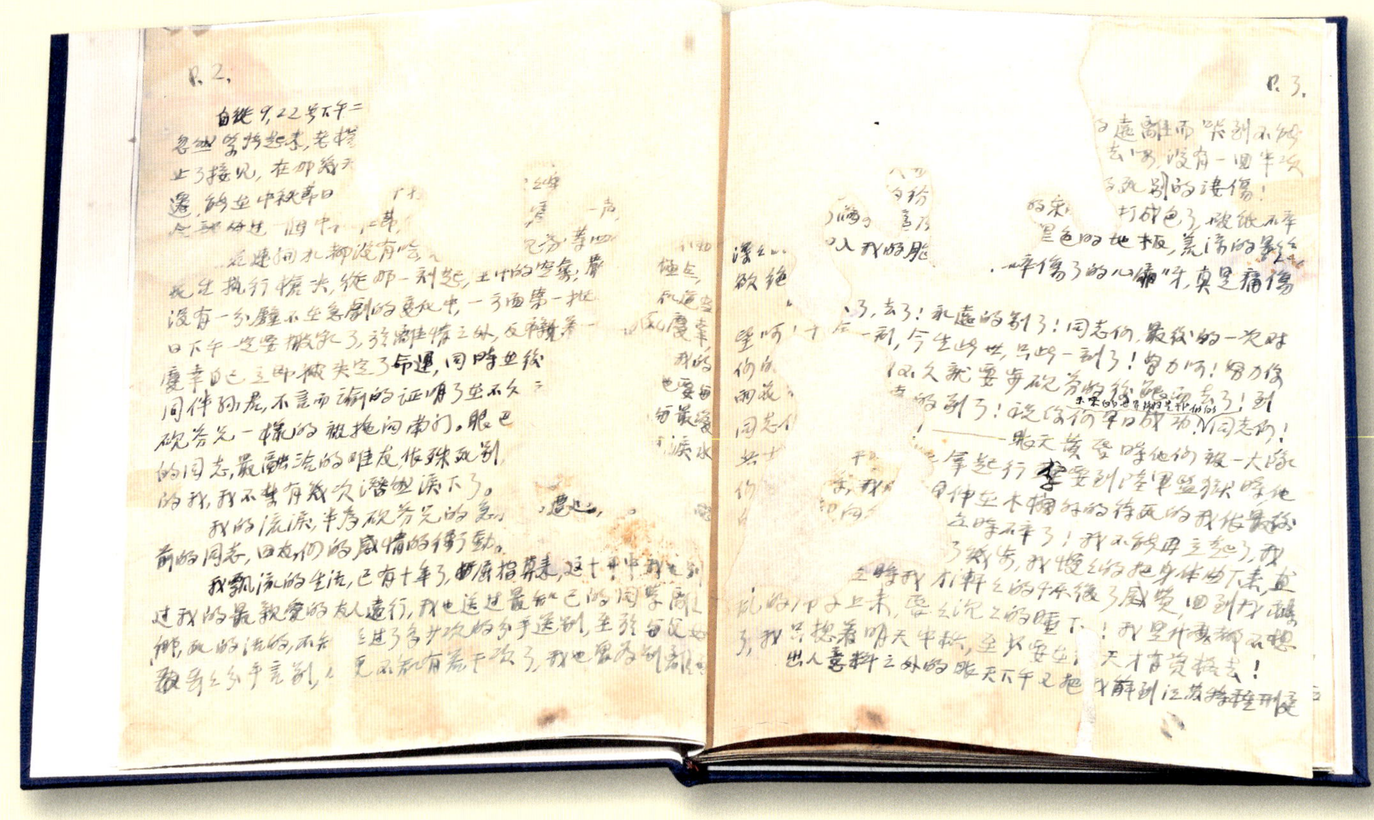

自从9月22号下午二时起，我们被紧关着的号子忽然紧张起来。老杨请求保释放不许。许多难友都停止了接见……啊，去了，去了！永远的别了！同志们，最后的一次对望啊！千金一刻，今生此世，只此一刻了！努力啊！努力你们的前途。我，我不久就要步砚芬的后尘而去了！到雨花台去了，永远的别了！祝你们早日成功！未来的世界终归是我们的！

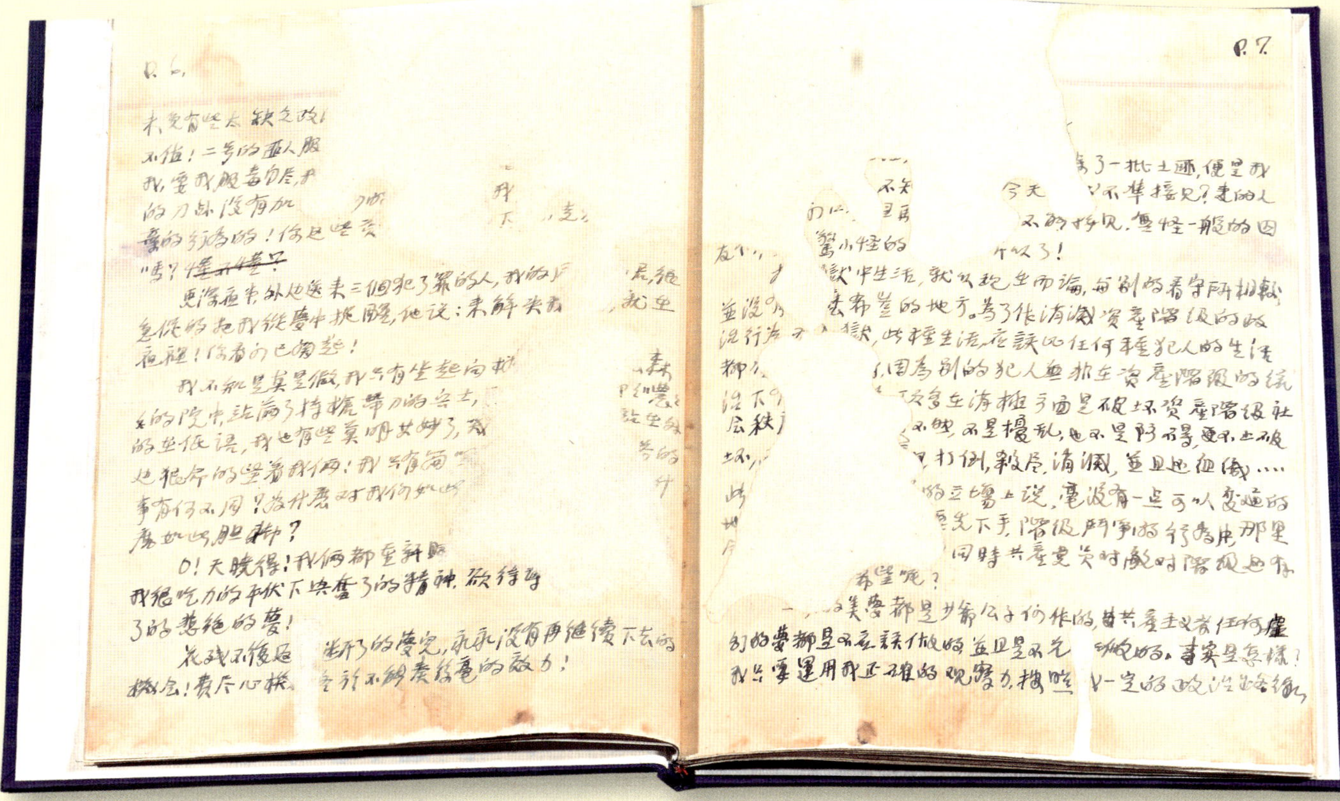

阶级斗争的行为中，那［哪］里能容得下妥协与和平？同时，共产党员对敌对阶级还有求饶与优待的希望呢？

上述的美梦都是少爷公子们作［做］的，共产主义者任何虚幻的梦都是不应该做的，并且是不允许做的。事实是怎样？我只要运用我正确的观察力，按照我一定的政治路线决定。

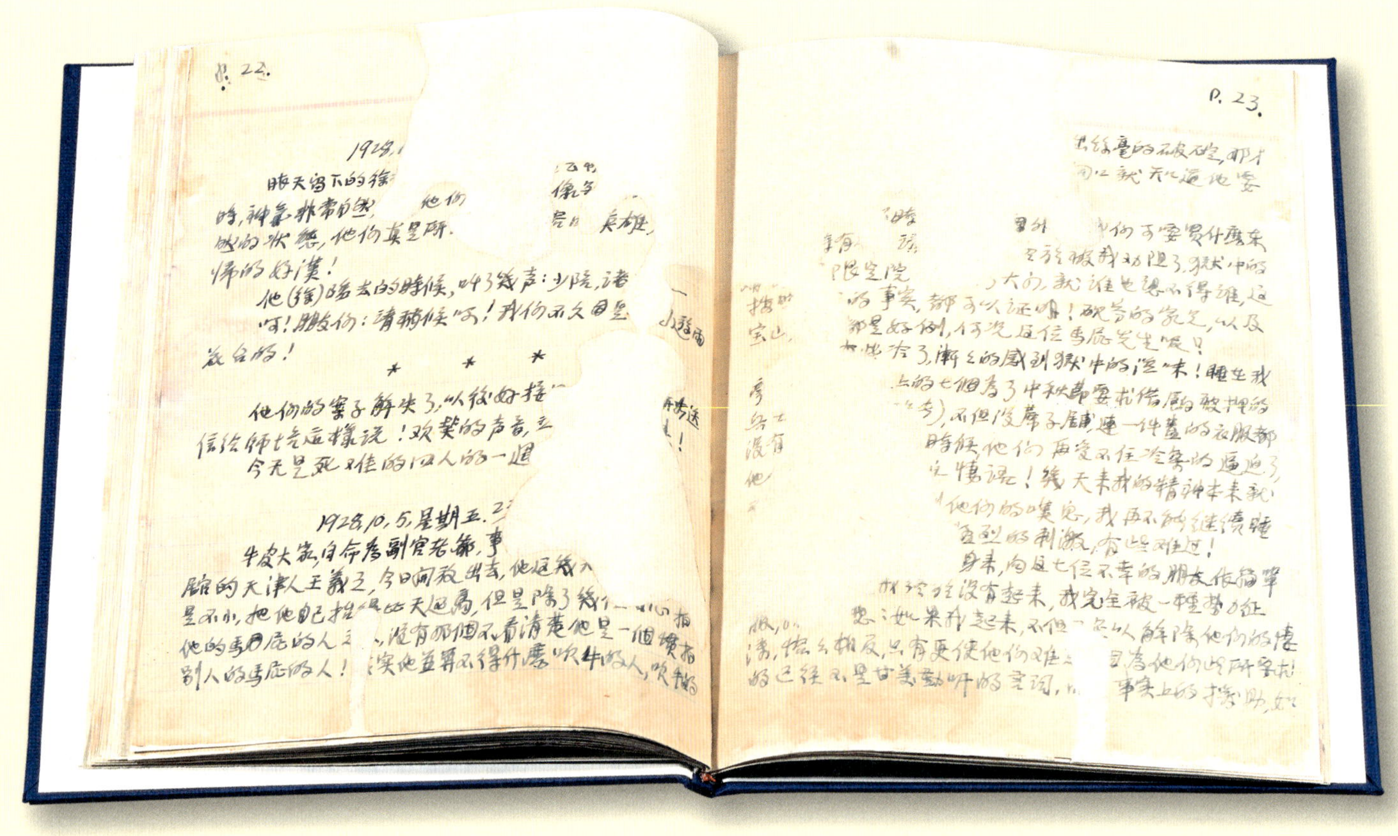

我暗自想，如果我起来，不但不足以解除他们的凄凉，恰恰相反，只有更使他们难过。因为他们此所要求的已经不是甘美动听的言辞，而是事实上的援助，如同无产阶级目前的艰难处境，不是同情的泪水，而是勇敢地打碎旧社会彻底分配的革命行动的实惠！

历史印记

贺瑞麟被捕入狱后，一直坚持用笔记录下狱中生活。这段时间里，贺瑞麟饱受与难友生离死别的心灵折磨，尤其当记录到一幕幕壮烈告别的情景时，他忍不住潸然泪下，甚至几次停笔。《死前日记》始于1928年9月28日（农历八月十五），这天正值中国传统的中秋佳节，但贺瑞麟已无法与家人团圆了。

这本《死前日记》将当时革命志士在狱中的黑暗生活和顽强斗争详细记录下来，是史砚芬、齐国庆、王崇典等烈士狱中经历的重要佐证。日记同时深刻反映了贺瑞麟对于狱友们慨然赴死的深深震撼，也更坚定表达了他绝不背叛党和革命的决心，记录了共产党人最真实的所思所想，是反映早期共产党人狱中斗争的珍贵史料。

郭纲琳烈士
狱中刺绣手帕之“get up!”

郭纲琳（1910—1937），女，又名郭英，江苏句容人，中共党员。1931 年考入上海中国公学大学部，同年加入中国共产主义青年团，年底转为中共党员。1932 年在共青团上海法南区委、沪西区委工作。1933 年春任共青团江苏省委内部交通，8 月任共青团无锡中心县委书记。1934 年初任共青团上海闸北区委书记，同年 1 月，为组织上海大昌德绸厂罢工，她前往海宁路祥麟里的秘密开会地点时被捕，解至南京。1937 年 7 月牺牲。

Get up!
12,1,1935
一九三六年春，余由北平回南京，到城北模範監獄看綱琳同志，這是第三次到模範監獄去看她的，她自繡這禮物送我。那知那次會面就是最後一次相見，這禮物成了遺物了。那時她穿着灰色棉襖，頭髮分梳兩辮子，面色紅潤，精神愉快，現在想來，依在眼前。解放後，我住家單牌樓四號，出門就是模範監獄，但是綱琳同志何處去了，被國民黨反動派殘殺了。這遺物告訴我們：快起來，為綱琳同志復仇！
平首三 一九四九·七·六 追記於南京。

一九三六年春，余由北平回南京，到城北模范监狱看纲琳同志，这是第三次到模范监狱去看她的。她自绣这礼物送我。那［哪］知那次会面就是最后一次相见，这礼物成了遗物了。那时她穿着灰色棉袄，头发分梳两辫子，面色红润，情神愉快，现在想来，依在眼前。解放后我住家单牌楼四号，出门就见模范监狱，但是纲琳同志何处去了，被国民党反动派残杀了。这遗物告诉我们：快起来，为纲琳同志复仇！

巫省三

一九四九·七·二八追记于南京

文物档案

该件文物是郭纲琳在狱中刺绣的手帕，一级文物，1951 年由郭纲琳的兄长郭纲伦捐赠。手帕长 48 厘米，宽 37 厘米，棉麻质，边缘不规整。手帕上方的蓝色花卉用不同色彩的绣线营造出明暗交错的效果。手帕正中间绣有“get up!”（起来！）同样巧妙设计为渐变色。下方留有日期“12.1.1935.”。手帕右下方是一段追记，落款为“巫省三，一九四九年·七·二八追记于南京”，主要记述了这块手帕的来源。

历史印记

郭纲琳出身于江苏句容一个大户人家。她祖父在句容县城开泰和生布店，兼营百货，在句容天王寺还开了祥和分号，由她父母经营。郭纲琳受过良好的教育，在刺绣等多方面都很有造诣。郭纲琳被捕后，始终保持着高昂的革命斗志，与敌人进行了不屈不挠的斗争。监狱的艰苦从未磨灭她的抗争信念，她在狱中完成了许多饱含新鲜革命意蕴、具有革命英雄主义色彩的绣品。

这块刺绣手帕上绣的“get up!”（起来！）是烈士发出的铿锵有力的号召声，鼓舞着同志之士的意志。追记的作者巫省三是郭纲琳表姊妹张禄春的丈夫，张禄春家境贫寒，常由郭纲琳接济，得以维持生计。1936 年春，巫省三到南京“城北模范监狱”探望郭纲琳，郭纲琳将这块手帕作为礼物赠送给他。追记直观记录了郭纲琳在狱中仍面色红润、神情愉快的状态。巫省三写这篇追记时，国内局势尚未完全稳定，革命斗争仍在继续，可见烈士坚贞不屈的精神在不同时代都发挥着振奋人心的作用。

郭纲琳烈士
狱中刺绣手帕之“long live”

Long
live

文物档案

该件文物是郭纲琳在狱中刺绣的另一件手帕，一级文物，1951年由郭纲琳的兄长郭纲伦捐赠。手帕长19.5厘米，宽19厘米，棉麻质，四周采用卷边工艺。手帕对角分布着一颗红色五角星和红色爱心图案。红色五角星中间有一图形镂空，红色爱心左侧配以紫色花朵和浅色叶子装饰，里面绣有“long live”（万岁）的英文字样。

历史印记

郭纲琳被捕后，面对审讯和诱惑，她始终没有暴露自己的身份。最后国民党当局以郭纲琳犯有“危害民国紧急治罪法”所列之罪，判刑8年，于1934年5月押解南京模范监狱执行。郭纲琳身处狱中，以针为笔、以物明志，誓死捍卫革命信仰。这块颇具设计感的手帕，既是郭纲琳刺绣功底和审美水平的完美展现，还是其接受过良好高等教育的具体表现。刺绣的红色五角星及“万岁”表达出烈士坚定的革命理想信念和对党的无限忠诚，意义非凡。

郭纲琳烈士
在狱中磨制的鸡心形铜片

文物档案

该件文物是郭纲琳在狱中磨制的鸡心形铜片，一级文物，1951 年由郭纲琳的兄长郭纲伦捐赠。铜片最长处 2.5 厘米，最宽处 1.5 厘米，厚度不足 1 毫米，由铜元打磨而成，表面刻有“永是勇士”四个字，穿有红白编织绳。

历史印记

在狱中，郭纲琳见到了何宝珍、帅孟奇、钱瑛等一批革命女同志，监狱的艰苦生活从未磨灭她们的抗争信念。关押期间，郭纲琳参与、组织和领导了3次狱中绝食斗争，其中规模最大的是支持太平洋赤色职工国际书记牛兰夫妇的斗争，绝食坚持了7天，敌人被迫做出让步。

在监狱中，郭纲琳利用身边工具，细细打磨出的这枚铜鸡心是她坚贞不屈革命意志的形象写照。“永是勇士”是烈士革命心志的鲜明表达，也是对自己短暂而精彩的生命历程的总结。这枚铜鸡心也启示当代共产党人，永远不要忘记革命者的身份，永远做到对党忠诚，永远保持斗争勇士的精神和气概。

郭纲琳烈士
在狱中磨制的桃心形铜片

健

文物档案

该件文物是郭纲琳在狱中磨制的桃心形铜片，一级文物，1951 年由郭纲琳的兄长郭纲伦捐赠。铜片最长处 2.2 厘米，最宽处 2 厘米，厚度不足 1 毫米，由铜元打磨而成，上端有一小孔，一面刻有“健”字样，另一面刻有“美”“k”字样。

历史印记

在狱中，郭纲琳不但和难友们组织在一起与敌人斗争，而且为了表达对共产主义信仰的坚定信心与敌人顽强抗争的坚定决心，她积极利用磨制铜心、制作刺绣等方式锤炼意志、表达心声。这枚刻有“健”“美”的铜片，说明郭纲琳虽身陷囹圄，但并没有丧失信心。她渴望自己拥有“健”“美”的身心，能够一直和敌人战斗下去，同时也反映了她对“真、善、美”世界的渴望。

郭纲琳烈士
狱中刺绣枕套之“起来”

起来
15.9.1935.

文物档案

该件文物是郭纲琳在狱中刺绣的枕套，一级文物，1951 年由郭纲琳的兄长郭纲伦捐赠。枕套长 34 厘米，宽 25 厘米，棉麻质。枕套右上方是一只展翅飞翔的灰白大雁，尽显奋发昂扬之态，左下方绣有“起来”的字样，黄白丝线巧妙碰撞为渐变色，“起来”下方绣有日期“15.9.1935.”。

历史印记

虽然监狱生活非常艰苦，但是郭纲琳在狱中常常克服困难，利用磨尖的竹签等手边工具刺绣。一般大雁体型较大，体羽大多为褐色、灰色或白色，这件枕套上的大雁形象逼真，充分展现了郭纲琳不俗的刺绣功底。

大雁忠诚守信、坚韧不拔、刚毅合群、纪律严明的高尚品质素来为人所称道。郭纲琳在枕套上绣大雁，用来激励自己的革命斗志；“起来”是对同狱难友们和自己的鼓励，鼓励同狱难友们像大雁一样坚定方向，一直朝着自己的目标飞翔，要与敌人不屈不挠地斗争下去，才能取得最终的胜利。

郭纲琳烈士
狱中刺绣枕套之“To struggle for truth!”

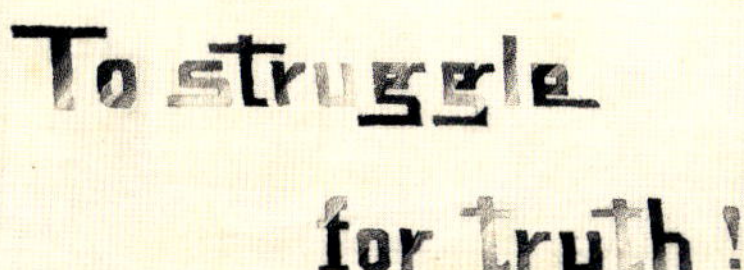
To struggle
for truth!

9. 1. 1935.

文物档案

该件文物是郭纲琳在狱中刺绣的另一件枕套，一级文物，1951 年由郭纲琳的兄长郭纲伦捐赠。枕套长 66.5 厘米，宽 43.5 厘米，棉麻质。枕套正中间绣有“To struggle for truth!”（为真理而斗争！），呈现黑白渐变效果。左下方绣有一橘一黑两只相互嬉戏的小猫，富有生趣，并绣有日期“9.1.1935.”。

历史印记

在被关押期间，郭纲琳始终保持着顽强的斗志和乐观精神。“To struggle for truth!”（为真理而斗争！）是郭纲琳发出的呐喊，充分表现了烈士对共产主义崇高理想的坚定信念和为探求真理而奋斗终身的决心。两只小猫毛色真实自然，神态憨厚可爱，活灵活现，是烈士积极乐观心态的直观体现。刚劲有力的“To struggle for truth”与温顺乖巧的小猫，二者刚柔相济、相得益彰，将郭纲琳内心的坚毅与柔和表现得淋漓尽致。

谢士炎烈士
在狱中创作的诗稿

谢士炎（1910—1948），又名谢天纵、谢世楠，湖南衡山人，中共党员。1938年毕业于国民党陆军大学。1940年任国民党八十六军四十六团团长。1945年任国民党北平第十一战区长官部作战处少将处长。1947年2月加入中国共产党，秘密从事革命情报工作，9月因北平地下情报系统遭破坏被捕，解至南京。1948年10月牺牲。

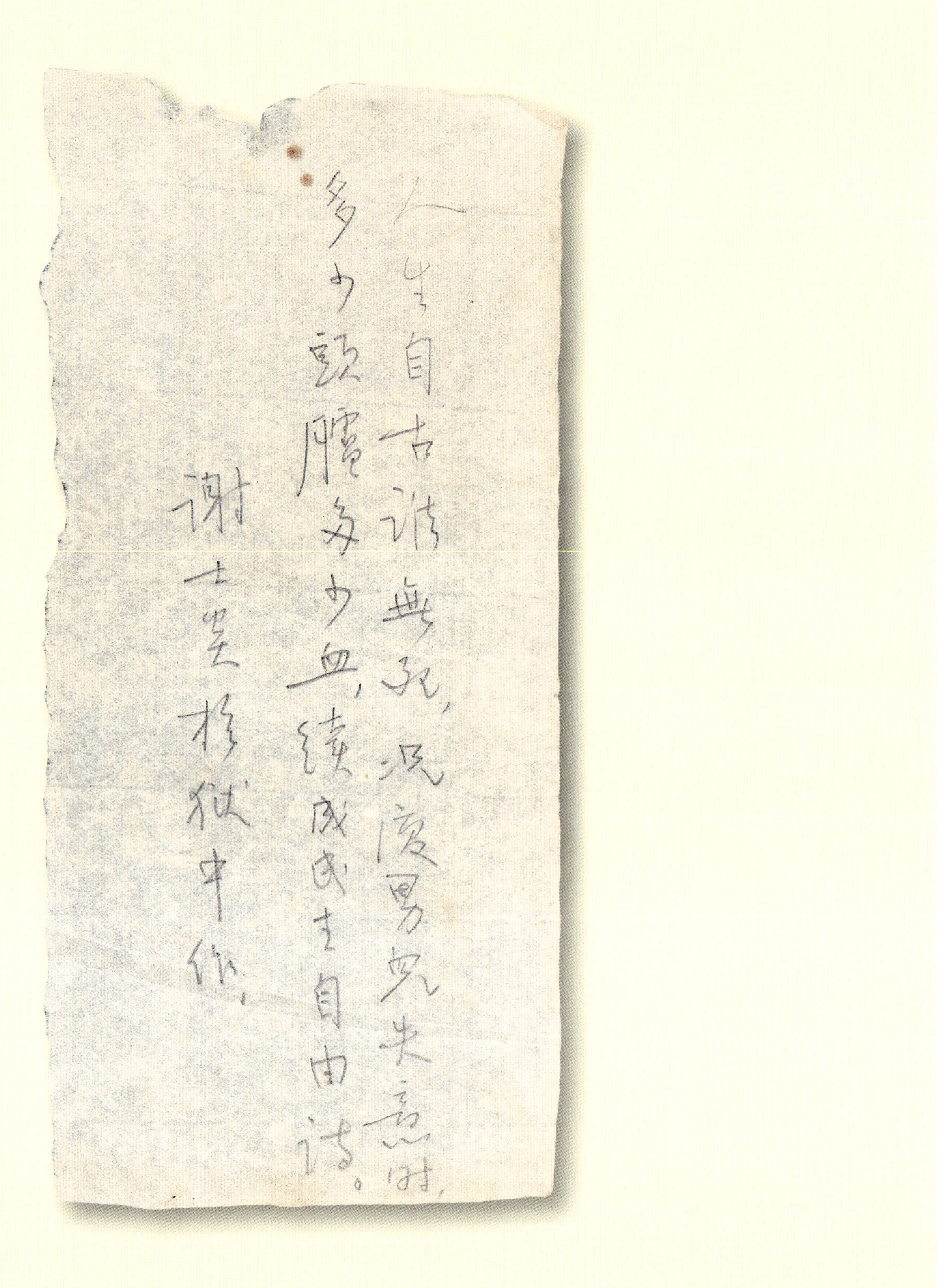
人生自古谁無死，况復男兒失意时，
多少頭顱多少血，續成民主自由诗。
谢士炎狱中作，

文物档案

该件文物是1948年谢士炎在狱中创作的诗稿，一级文物，1961年由中共中央调查部拨交。诗稿长9.5厘米，宽18.4厘米，纸质，边缘不规整。内容为：“人生自古谁无死，况复男儿失意时。多少头颅多少血，续成民主自由诗。”字迹刚劲有力，落款为“谢士炎于狱中作”。

历史印记

抗日战争胜利后，蒋介石集团表面上与共产党和谈，暗地里却积极准备内战。同时，在各地负责接收的国民党要员大多贪污腐化，抢夺民财。谢士炎厌恶国民党内部争权夺利、贪污腐败的行为，决定弃暗投明，并于1947年2月在叶剑英亲自主持下秘密加入了中国共产党。在从事革命情报工作中，谢士炎多次将国民党军队的作战计划及时报告到中共中央，为解放战争的胜利做出了重要贡献。

1947年9月，北平地下党电台负责人被捕叛变，供出了中共在华北、东北、西北、华东等地军事情报系统的许多重要线索及地下党组织的秘密，谢士炎因此被捕。在狱中他常常仗义执言，斥责敌人，维护战友。谢士炎在国民党中央军人监狱中写下的这首狱中诗，充分表现了他坚贞不屈，视死如归的革命气概，讴歌了无数仁人志士为实现民主自由理想而英勇牺牲的革命精神。

赵良璋烈士
在狱中写给狱友的绝笔信

赵良璋（1921—1948），别号野雪，江苏六合人，中共党员。1939年考入国民党空军军士学校。1941年任国民党空军第十一大队飞行员。1946年8月任北平国民党空军第二军区司令部总务科参谋，同年冬加入中国共产党。1947年10月因北平地下情报系统遭破坏在南京被捕。1948年10月牺牲。

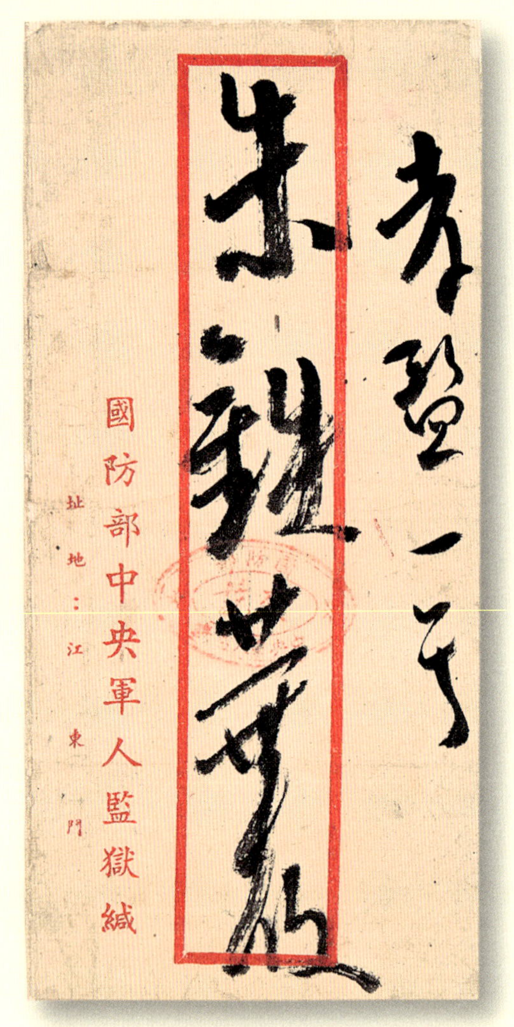
孝監一号
朱鐵華收
國防部中央軍人監獄緘
址地：江東門

文物档案

该件文物是赵良璋写给同狱难友朱铁华、朱璧谱和冉瑞甫的信，一级文物，1956 年由解放军 2531 部队拨交。信封长 9.9 厘米，宽 20.9 厘米。信笺两张，长 19 厘米，宽 25.5 厘米，均为纸质。信封上写着“孝监一号朱铁华收”。信封左下方印有“国防部中央军人监狱缄，地址：江东门”。信纸抬头印有“国防部中央军人监狱用笺”，信纸及信封均加盖国防部中央军人监狱章。

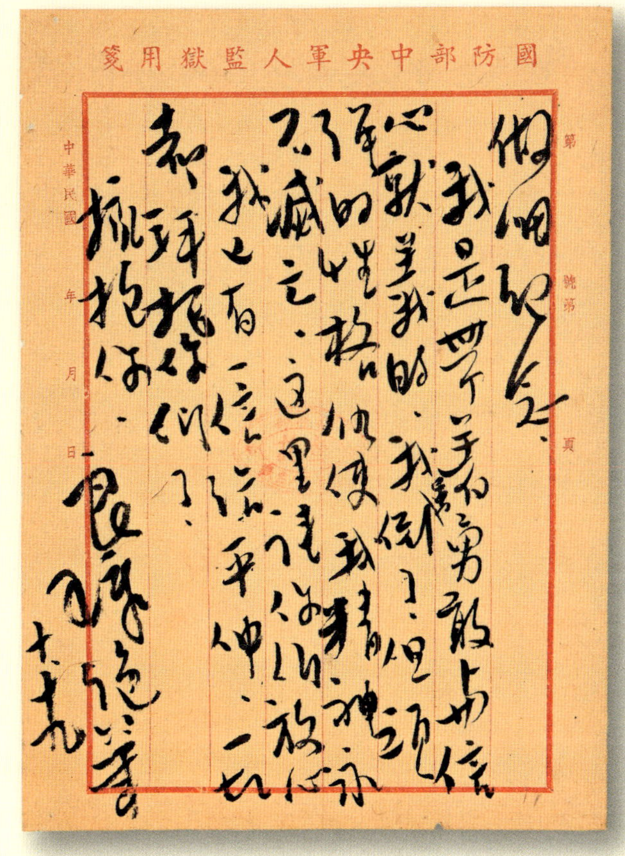
國防部中央軍人監獄用箋

我是帶着勇氣與信心就義的，我雖倒了，但頑強的性格仍使我精神永不滅亡。

良璋絕筆

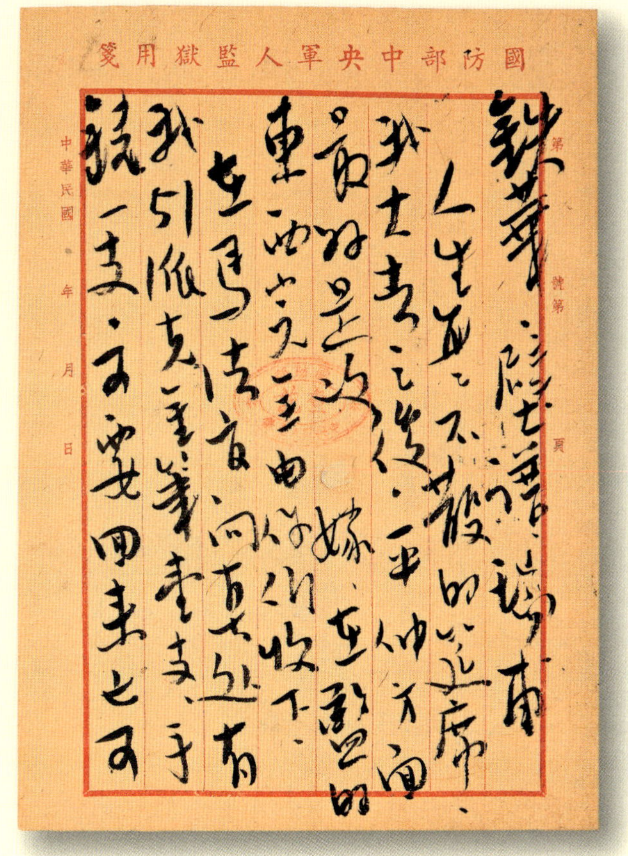
國防部中央軍人監獄用箋

历史印记

1947 年 9 月，中共设在北平交道口京兆东街 24 号的地下情报组织遭到国民党保密局的破坏，赵良璋被捕入狱。1948 年 10 月 19 日，赵良璋被国民党中央军人监狱判处死刑，宣判后，监守让其写下遗书，他当即给同狱难友写下了这封诀别信，信中他表达了希望妻子蒋平仲改嫁的心愿，并交代狱友可将其遗物留作纪念。

赵良璋牺牲后，他的同狱难友朱铁华和朱璧谱向朋友们筹集经费，以赵良璋家人的名义将烈士的遗体赎回并火化。据朱铁华回忆，敌人非常凶残，赵良璋头部及胸部中弹，然而面部表情却平静自然，正如他的信中所写："我是带着勇气与信心就义的，我虽倒了，但顽强的性格仍使我精神永不灭亡。"赵良璋的绝笔书字迹刚劲有力，充分展现了革命志士视死如归、从容就义的浩然正气。

骆何民烈士
在狱中写给妻子的绝笔信

骆何民（1913—1948），原名骆家骝，又名骆仲达，江苏江都人，中共党员。1930 年加入中国共产党。1932 年任共青团上海沪西区委宣传部部长、组织部部长。1938 年任长沙《国民日报》社编辑。1939 年任衡阳《开明日报》社总编辑。1946 年在上海从事《文萃》杂志的印刷出版工作。1947 年 7 月因《文萃》杂志社遭破坏后暴露身份，在上海被捕，解至南京。1948 年 12 月牺牲。

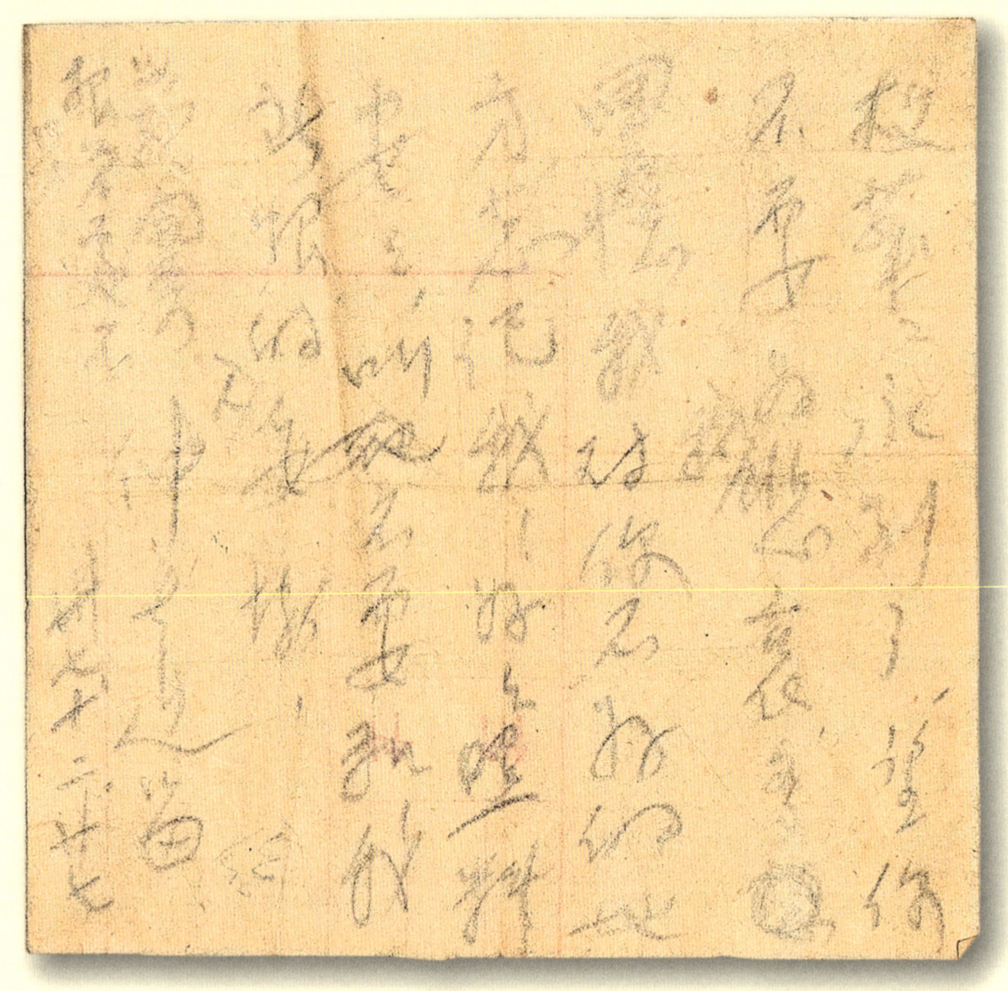

文物档案

该件文物是骆何民在狱中写给妻子的绝笔信，一级文物，1959 年由骆何民的妻子费枚华捐赠。信纸长 9.4 厘米，宽 9.0 厘米，纸质。骆何民用铅笔匆匆书写，内容为：“枚华：永别了。望你不要为我悲哀，多回忆我对你不好的地方，忘记我！好好照料安安，叫她不要和我所恨的人妥协！”左上方另有“母亲，开万报兄处不另！”的补充，最后落款为“仲达留，卅七·十二·廿七”。

历史印记

骆何民曾担任过《国民日报》《开明日报》编辑，一直以笔杆为刀枪，致力于党的文化战线斗争工作。1946 年骆何民在上海从事《文萃》杂志的印刷出版工作，1947 年不幸被捕，这也是他投身革命以来第 7 次被捕。

这封信是骆何民就义前写给妻子费枚华的。他在狱中敏锐地察觉到敌人的打算，利用艰苦环境，在临刑之前匆匆写下这封绝笔信。骆何民与妻子费枚华不仅是爱情伴侣，更是革命战友。这封信是遗书，也是“情书”，这仓促中留下的短短几十字，饱含了骆何民对妻子的挚爱、对孩子的依依不舍，更饱含了对敌人的痛恨。这封信充分展现出一个革命者视死如归、永不屈服的大无畏精神，也可以看到共产党人钢铁般的坚定意志和不可动摇的革命信念。

图书在版编目（CIP）数据

红色之证：雨花台烈士纪念馆革命文物选录 / 雨花台烈士纪念馆编. -- 南京：南京出版社
ISBN 978-7-5533-4032-6

Ⅰ. ①红… Ⅱ. ①雨… Ⅲ. ①革命文物 - 介绍 - 南京 Ⅳ. ①K871.6

中国版本图书馆CIP数据核字（2022）第245275号

书　　名：红色之证——雨花台烈士纪念馆革命文物选录
编　　者：雨花台烈士纪念馆
出版发行：南京出版传媒集团
　　　　　南 京 出 版 社
社址：南京市太平门街53号　　邮编：210016
网址：http://www.njcbs.cn　　电子信箱：njcbs1988@163.com
联系电话：025-83283893、83283864（营销）　025-83112257（编务）

出 版 人：项晓宁
出 品 人：卢海鸣
责任编辑：翟聪睿
装帧设计：王　俊
责任印制：杨福彬

排　　版：南京新华丰制版有限公司
印　　刷：南京爱德印刷有限公司
开　　本：787 毫米 × 1092 毫米　1/12
印　　张：30
字　　数：230千
版　　次：2023年3月第 1 版
印　　次：2023年3月第 1 次印刷
书　　号：ISBN 978-7-5533-4032-6
定　　价：280.00 元

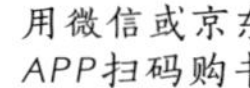
用微信或京东
APP扫码购书

用淘宝APP
扫码购书